阅读成就思想……

Read to Achieve

心理学普识系列

BORN LIARS
Why We Can't Live Without Deceit

说谎心理学
那些关于人类谎言的有趣思考

[英] 伊恩·莱斯利（Ian Leslie）◎ 著
张蔚 ◎ 译　马皑 ◎ 审译

中国人民大学出版社
· 北京 ·

图书在版编目（CIP）数据

说谎心理学：那些关于人类谎言的有趣思考 /（英）伊恩•莱斯利（Ian Leslie）著；张蔚译. -- 北京：中国人民大学出版社，2022.1
ISBN 978-7-300-30036-8

Ⅰ. ①说… Ⅱ. ①伊… ②张… Ⅲ. ①谎言－心理学分析 Ⅳ. ①C912.69

中国版本图书馆CIP数据核字(2021)第249520号

说谎心理学：那些关于人类谎言的有趣思考
［英］伊恩•莱斯利（Ian Leslie） 著
张蔚 译
马皑 审译
Shuohuang Xinlixue：Naxie Guanyu Renlei Huangyan de Youqu Sikao

出版发行	中国人民大学出版社		
社　　址	北京中关村大街31号	邮政编码	100080
电　　话	010-62511242（总编室）	010-62511770（质管部）	
	010-82501766（邮购部）	010-62514148（门市部）	
	010-62515195（发行公司）	010-62515275（盗版举报）	
网　　址	http://www.crup.com.cn		
经　　销	新华书店		
印　　刷	北京联兴盛业印刷股份有限公司		
规　　格	160mm×235mm　16开本	版　次	2022年1月第1版
印　　张	15　插页2	印　次	2024年1月第4次印刷
字　　数	200 000	定　价	65.00元

版权所有　　侵权必究　　印装差错　　负责调换

Born Liars
Why We Can't Live Without Deceit

推荐序

张蔚同学又出新的译著了,高产的牛人,必须给他点赞。特别是这本译著的原书名还有点儿"雷人"——《为什么不说谎我们就活不下去》(*Why We Can't Live Without Deceit*),这种将说谎上升到人生观高度去认识的提法我在过去看过的文献中还真没见过。细细品来,未必是作者别出心裁,只是喊出了一句大实话,一句你我不大好意思在大庭广众下承认的话。

我们习惯于在分辨谎言时给出恶意与善意的"二分法"判断,由于标签的不同,可预期的结果也就必然有了损失与收益两种截然相反的可能性,又在人类趋利避害本能的驱使下引发消极或积极的不同应对。其实,给谎言打标签的方式挺没劲的,谎言就是谎言,假的永远不可能是真的,善意的谎言也未必在蝴蝶效应下一定导致与善意者动机一致的结果。我也同意在说谎的问题上,我们更应该追根溯源地去考察其源、流、变,因为没人不说谎。

本书的作者采用了从宏观到微观逐步聚焦的方式证明他的假设,由此也就形成了历史的厚重感。

首先他高举高打,用进化心理学和社会生物学起势,并且邀请了亚当、夏娃作为主要演员，剧终时我们发现上帝说了谎，因为吃了苹果并不会死，仅可以孕育新的生命，既然上帝都无法免俗，何况你我这些凡人，说谎也就成了可以理解的事情。实际上，作者希望传递的就是一个理念：既然人类包括个体的生存与发展离不开与环境的互动、与人的交往，那么也就必然会因自我保护之类的种种原因而说谎。说白了，不说谎，你就无法适应你必须面对的情境。当然，如果用诚实就可以解决问题，大多数人是不会选择说谎的，因为说谎会让你产生焦虑、内疚、防御的心理负荷，会感觉不舒服，绝对没有光明正大令人踏实。但无论人类还是动物，无论远古还是当下，说谎都无法避免。

然后作者从神话回到科学，对谎言、虚构的心理机制及背后的脑机理进行了微探，以期向读者说明，真正难以矫治的病理性说谎者是有独特"硬件"也就是生物学缺陷的。在此基础上，作者话锋一转，进入影视作品比较感兴趣且读者同样感兴趣的领域——如何从身体语言识别一个人是否在说谎、如何在审讯中揭露谎言，以及如何用生理多导仪开展测谎等我比较熟悉的领域。从我个人的经验来说，观察匹诺曹鼻子的长度以判断对方是否在说谎这事儿真的有实验室价值，而在实践中，尤其是审讯当中使用肉眼真不如测谎仪准确，而且误报率高，风险比较大。当然，作者并没有强调教人如何破案，只是介绍了谎言识别的方法与原理。

在接下来的章节中，作者以认知心理学、决策心理学、心理健康、心理调适等理论为基础，从个体和微观的层面论证了说谎在认知协调、身心平衡这些事关你我人生幸福问题上的作用，让我们领略其核心主题——你想活下去，就必须适应，适应就免不了说谎。我就想有没有不说谎而只说真话的人呢？真有。幼儿早期的孩子，他们为所欲为，想咋地就咋地；还有另一种可以为所欲为的人，就是拥有至高无上权力的人。说白了，不说谎是一种完全的自由，说明没有什么可以来束缚你。人类社会几千年历史上演的所有剧目，其实都是个人、国家、族群用财富、武力、计谋等方法追寻上行社会流动，以获得对环境的控制、垄断，获取自由最大化也就是利益最大化的过程。想想挺可怕的，为了不说谎，人类会付出生命。仅仅将说谎视为道德讨论的范畴真的太 out 了，而从人类生存与发展之本能需求出发，认识到说谎是你我适应环境的一项生存技能，虽然我们都希望事事诚信，但这只是希望。

十分欣赏张蔚同学的选择，他将一本通俗易学的科普专著奉献给读者。了解谎言的进化，探究其背后的科学，让我们不仅能够了解自身，也可以更加宽容他人。作为当下犯罪心理学领域的前浪，我真诚祈盼像张蔚这样的后浪更加汹涌澎湃，早日赶超前浪。你看，这其实也是谎言，没有哪拨前浪不希望自己永远在潮头当引领者的，但这不现实，历史不允许。

马皑

中国心理学会法律心理学专业委员会主任
中国政法大学犯罪心理学研究中心主任

Born Liars
Why We Can't Live Without Deceit

译者序

当今社会对谎言的态度非常微妙：一方面，我们唾弃它；另一方面，我们又不得不承认，谎言存在于我们的每个生活片段中。我们会在某些情况下运用它，至于为什么，理由太简单了，因为说谎可以规避风险、谋求合作、促进发展。

这可能让你觉得一时难以接受，但如果回看人类发展的历史长河，你就可以很清晰地领悟谎言在我们祖先进行的部落与城邦的战争中所发挥的作用。在可获得资源极其有限的情况下，你该如何有效地生存下去呢？对此，曾经有研究者说过"人们看上去很诚实"这样的话，这是对那些兵戎相见或者坐在谈判桌前的成年人把谎言运用得淋漓尽致的写照。在当时的环境下，似乎说谎把生存变成了一场战术性游戏；但同时，一个完全不一样的世界在低年龄段的儿童身边形成。

大多数的父母把谎言视为孩子成长的天敌，哪怕是从孩子嘴里蹦出一个字都会紧张得不行，甚至会因此对孩子进行严厉的堪称苛刻的训诫，试图在儿童阶段对孩子说谎这种行为进行完全的扼杀。很多教育家、哲学家也都对说谎有着类似的看法。这种截然不同的态度，不禁会让我们产生疑问："说谎这个行为到底会给我们带来什么？"而从孩子到成年人的这种转变，是否又意味着，说谎是我们作为人类所与生俱来的呢？

回顾历史，很显然不能很好地对此给出答案，我们需要一些科学手段的介入，但是又不能直接把他人抓来研究，所以动物进入了我们的视野。在争夺交配权以及藏食物的时候，科学家们看到了黑猩猩的欺骗；在装死躲避来自天敌的威胁、伪装后捕捉猎物的时候，科学家们看到了蛇的欺骗。当然了，这些都是自然抉择下的生存手段，那么作为高等智慧拥有者的我们呢？是否也遵循着这种抉择而进行说谎行为呢？

在探究的路上，研究者慢慢地产生了一种想法，即是否应该从我们的中枢大脑进行一番探究。而在《说谎心理学：那些关于人类谎言的有趣思考》这本书中，确实有人这么去做了！针对谎言的大脑研究似乎开启了一个潘多拉的魔盒，说谎的生理和深层次心理机制都被逐渐找到。

在我们惯常的观念中，说谎者或者骗子是怎样的人呢？是走投无路、投机取巧的人，还是有恃无恐的人呢？对说谎行为的研究可能会颠覆我们的观念，因为说谎被认为是一个高度集成的、有难度的行为，说谎者需要多方面的支持，比如想象力、应变能力、观察能力甚至即时反馈的能力，他需要专注于自己的谎言，同时试图说服对方也专注于这个情境，这就需要说谎者感觉通道全开、注意力高度集中，并且修辞精准。当我们知道这些时，回看那些"臭名昭著"的骗子，是否又会站在科学的角度发出惊叹呢？

其实，本书也针对孩子的说谎行为进行了一些讨论，我们单从趋利避害的这种天性来看待这个问题的话，也可以理解。孩子在用这种没什么成本的方式，去规避自己可能遇到的问题。特别是在不止一个孩子的家庭中，说谎行为经常出现在家长问孩子"谁做的"这个问题上。很显然，孩子说谎除了有避险的动机外，还因为他们并不明白谎言会给自己带来怎样的长久影响和后果。有一些研究者认为，说谎行为与智力水平相关，孩子在八岁之前的说谎行为并不需要被严厉地矫正，因为这代表着他们想象力的飞速发展。但这个观点似乎并不能被大多数的家长所接受，谁又会因为想象力这种"虚无"的东西而让自己的孩子承担成为骗子的风险呢？在这本书里，也许可以找到一个不一样的解读，特别是书中列出的举世闻名的科学家幼子的例子，不失为一个生动又直接的展现。

不要担心这本书会成为一本枯燥的学术书籍，它看起来并不是，至少在我翻译的过程中看起来不是。书中充满了各种针对人类为什么说谎所做的实验和很多案例，读起来不仅不枯燥，反而充满了趣味。当然，本书可以给你的似乎也并不仅限于心理学和儿童成长层面的内容，历史、哲学、脑科学这些看上去深奥的知识，在现实的层面实际上多少都有涉及，不过不要担心，所有这些都以一种轻松的方式予以呈现。

希望这本书中所阐述的观点、所做的实验、所得出的结论，可以为关于说谎的认知带来一点点升级。

与其谴责说谎是一种道德的扭曲，不如说它是一种我们与生俱来的天性。

Born Liars
Why We Can't Live Without Deceit

前　言

> 是蛇骗了我，我才吃了那苹果。
>
> 　　　　　　　　　　夏娃

《圣经》告诫我们，说谎使人堕落。那些伟大的哲学家，比如伊曼努尔·康德（Immanuel Kant）等，也都毫不含糊地对说谎进行口诛笔伐。我们也会教导我们的孩子不要说谎，因为说谎这种行为是歪曲事实的，是反常的，同时也是万恶之源。如果把说谎排在大家痛恨行为的第二位，怕是没有什么行为可以排第一了。

当然，我们口中的说谎者，一般都指的是别人。撕破脸的恋人互相指责对方是骗子；选民宣称所有的政客都是骗子；宗教人士指责无神论者蔑视真理，而无神论者则指责那些去教堂做礼拜的人让这个世界最大的谎言得以延续。在这些争论中，人们的立场其实并不重要，重要的是所有我们提到的场景之中所蕴含的基本话语逻辑都是一样的：我是一个说真话的人，而你正试图用一个自私的谎言来欺骗我。

奇怪的是，与偷窃、性虐待或谋杀不同，说谎是我们每个人都会犯的道德罪行，而且其出现频率甚高。心理学家贝拉·德保罗（Bella DePaulo）曾让

说谎心理学

Born Liars: Why We Can't Live Without Deceit

147位被试在一周时间内对他们在社交活动中故意误导他人的次数进行记录，据被试报告显示，这些被试平均每两天说谎三次，但这个数字极有可能是一个保守的估计。另一位研究人员罗伯特·费尔德曼（Robert Feldman）发现，初次见面的陌生人一般会在10分钟内撒三次谎。

日常生活中，也同样可以说谎言无处不在：比如当人们觉得身体不舒服时，通常会和关心自己的人说"我很好，谢谢关心"；又或者当我们看到长得有点像外星人、确实不那么好看的新生儿时，嘴上却还要说着"这孩子长得真好看"；抑或是当我们迫不及待撕掉包装精美的礼物纸的瞬间，发现里面包的并不是心仪的礼物，脸上却还要露出很兴奋、很开心的表情。我们大多数人都曾经有过假装愤怒、悲伤的情况，也或多或少地经历过并没有那么喜欢但却口口声声说着"我爱你"的情况。但对于我们大多数人来说，这些谎言就好像我们对他人厨艺流于表面的夸奖一样，并不是有意为之的。我们告诉自己的孩子，在收到奶奶给的生日礼物时，要充满感激地面带微笑。有时甚至我们还要补上一句提醒，类似"如果不这样做，圣诞老人今年可能就不会来给小朋友送礼物了"。马克·吐温曾经说过："人人都会说谎，不分时间，不分场合，谎言会出现在人们的睡梦中、嬉笑声中，或者在哀悼之时。"

我们不仅对禁止说谎会做出例外的规定，而且有时甚至会热情地赞美谎言。比如，一位医生告诉一位失去妻子的丈夫，他的妻子是在一场车祸中当场死亡的，并没有遭受太多的痛苦，但真相却是他的妻子在难以承受的痛苦中挣扎了几个小时之后才离世的。在这种情况下，虽然医生并没有和死者家属说实话，但我们依旧会为医生所展现出的同情心交口称赞。又比如，一名足球经理在自己的球队上半场落后两球，且内心感到绝望无比的情况下，依旧鼓励着他的球队，让他们相信自己可以追回比分，这个时候我们就会称这位足球经理为鼓励型的领导者（如果恰好球队确实追平，甚至还反超了，那我们对这种想法就会更加坚定）。还有一种情形，我们会对那些有助于我们人际交往的谎言持鼓励的态度，比如向你感激的人道谢，与其说是表达谢意，不如说是出于礼貌，这样的礼貌正是出在我们并无真情实感却不得不表达的时候。这种被人们赞同的谎言，实际上就是我们通常说的"善意的谎言"，但是要让我们明确地指出是什么使得谎言变得善意的时候，我们很快就会在其纷繁的成立条件和矛盾之中迷失。

说谎一点都不简单。近年来，越来越多的来自不同学科领域的学者一直在研究说谎在我们日常生活中的复杂作用。这些学者观察了孩子的说谎行为，观察了一个人说谎时大脑所发生的变化，并将人类的说谎行为与那些和我们最相近的灵长类动物进行了比较。他们的发现推翻了之前对说谎行为进行的假设。回想自己刚开始对说谎行为进行研究时，那时的我认为说谎的倾向是人类进化过程中的一种设计缺陷，总有一天会随着人类的继续进化被解决掉。但实际上，后续的研究给了我一个截然相反的结果——说谎推动了人类的进化。我自以为知道如何去识别说谎者，但是我错了。我曾经将说谎看作精神不稳定的表现，但我发现那些善于说谎的人往往表现得比我们其他人更加稳定；我认为我们总是对自己诚实，但经过了解后我发现，实际上我们连自己都会骗。自欺欺人更多的时候是一种必需而非问题，能给我们带来工作上的成功、更健康的身心和更幸福的人际关系。同时，对说谎的研究还让我得出了一个惊人的答案，那就是如果我们被剥夺了说谎的权利，那么等待我们的将是疾病、沮丧或疯狂。

简言之，说谎其实并不是我们本性的扭曲，而是一种天性。故意欺骗以及对欺骗具备识别的能力是我们人类所独有的，并且在我们拥有的每一种关系中都发挥着作用。如果不先对欺骗这种行为进行一番了解，我们就不可能了解人类社会，甚至不可能了解我们自己。

在这一部分的最开始，我引用了夏娃在伊甸园面对指责时的辩解之词。但在那个几乎尽人皆知的故事中，谁才是真正说谎的人呢？答案一定不是蛇。因为蛇所做的只是怂恿这对年轻的夫妇吃掉苹果。如果真要去探究谁是说谎者，那答案的指针就可能指向上帝，因为是上帝告诉亚当和夏娃，哪天他们若吃了苹果就会死。不管怎样，亚当和夏娃最终还是吃掉了苹果，但他们并没有死。站在这个角度，我们至少可以说，上帝在这个故事中并不诚实。那如果连上帝都没有办法做到完全不说谎，我们这些人中又有谁可以呢？

Born Liars
Why We Can't Live Without Deceit

目 录

| 第 1 章 | **智慧因欺骗而来** / 001

　　欺骗让人类进化得更聪明 / 001
　　动物有趣的欺骗行为 / 005
　　欺骗能力与智力的关联性 / 009
　　人类是天生的骗子吗 / 011

| 第 2 章 | **平生第一次说谎** / 017

　　说谎的孩子 / 017
　　孩子从几岁开始说谎 / 020
　　说谎的孩子会读心术 / 024
　　如何让孩子学会不说谎 / 029
　　如何对待说谎的孩子 / 034

| 第 3 章 | **虚构症患者是骗子、艺术家还是疯子** / 039

  虚构症患者中的超级大骗子 / 039
  虚构症患者中的艺术天才 / 045
  虚构症患者是精神病吗 / 054

| 第 4 章 | **如何识破谎言** / 059

  识别谎言不容易 / 059
  出卖你的面部表情 / 062
  如何从言谈中辨别真伪 / 067
  我们为什么会高估识别谎言的能力 / 070
  答题赢百万诈骗案疑点重重 / 073
  安贫乐道之人与愤世嫉俗之人谁更容易上当 / 079
  如何识别间接欺骗 / 081

| 第 5 章 | **测谎仪真能识别谎言吗** / 085

  测谎仪的诞生与应用 / 085
  新一代测试诚实的机器管用吗 / 095

| 第 6 章 | **我们的大脑为什么要欺骗自己** / 111

  我们的感知系统是如何被愚弄的 / 111
  你做出的"决定"真的是自己的"选择"吗 / 117
  人人都有会说谎的大脑 / 120
  认知失调与无限自我让谎言大行其道 / 128

第 7 章　自欺欺人的好处和风险　/ 139

我是个能控场的好人　/ 139

高效能人士的自我欺骗　/ 145

战争中的武力与欺骗　/ 150

政治家应诚实　/ 154

第 8 章　谎言也能成良药　/ 157

安慰剂之歌　/ 157

充当麻醉剂的盐水带来的启示　/ 160

梅斯梅尔的催眠术是医术还是骗术　/ 164

第 9 章　谎言在我们生活中的力量　/ 175

广告商向公众兜售的是谎言吗　/ 175

为什么欺骗能减轻疼痛　/ 183

第 10 章　你会撒"善意的谎言"吗　/ 191

谎言真有好坏之分　/ 191

"心理保留"应对"门口的凶手"　/ 196

不同宗教与文化对谎言的立场　/ 202

第 11 章　如何做一个诚实的人　/ 211

诚实是我们要努力追求的　/ 211

想诚实就要对自己的确定性抱持怀疑　/ 212

为错觉保留必要的空间　/ 214

第 1 章

Born Liars
Why We Can't Live Without Deceit

智慧因欺骗而来

这无关道德，只为生存。

摘自乔治·斯坦纳（George Steiner）所著《通天塔之后》（*After Babel*）

| 欺骗让人类进化得更聪明 |

丹尼尔·笛福（Daniel Defoe）在 1719 年出版的小说《鲁滨孙漂流记》（*Robinson Crusoe*）中，讲述了这样一个故事，主人公鲁滨孙·克鲁索（Robinson Crusoe）发现自己独自一人流落荒岛，他能不能顺利地活下去完全取决于他那快速学习其他技能的能力。他必须建造住所，收集食物，并保护自己免受外部危险的伤害。于是他挖了个洞穴，用石头和木头制作工具，打猎，养羊，种玉米，甚至学会了制作陶器。在岛上的最初几个月，乃至几年里，他都孤身一人，身边仅有一只鹦鹉陪伴，这样的生活持续了十几年，直到鲁滨孙

从登岛的一群野蛮人手里救下了一个本来要被吃掉的野人,并称呼他为"星期五",从此"星期五"就成了他的同伴,他教"星期五"英语,并使他皈依基督教,再后来他们两人一起营救了更多的被野蛮人囚禁的人,并开始建立一个小型社会。

近几年,科学家在试图解释与人类智力相关的问题时,也会讲一个与鲁滨孙这段神话般经历类似的故事。在这个故事版本中,人类驾驭了大自然,并为那些我们熟悉的物体(如石头等)赋予了新的用途,比如用来制作工具,或以新的方式运用我们自己的身体,这使得我们人类变得越来越强壮和聪明。随着时间的推移,不断的进化让那些有能力适应这些新方式、新方法的人得以生存,同时我们的大脑也变得比以前更加强大。你能明白这个故事之所以会产生如此大的影响力,是因为它让我们人类看起来高贵、心灵手巧并且强大。作为人类,我们似乎不得不接受这样的标签和定位,但是对于我们卓越的心智而言,这显然并不是一个完全令人满意的解释。

纵观漫长的进化历史,人类的大脑可能是其中最令人印象深刻,同时也是最为神秘的成就了。原始人的大脑容量仅为现代人的三分之一,但是在大约150万到200万年前的某个时候,我们祖先的大脑却以相当快的速度开始了扩展,而科学家一直无法确定其原因。我们的大脑实际上是一个能耗巨兽,它虽然只占了我们身体质量的一小部分,但却吞噬着我们身体五分之一的能量。更大的脑容量意味着需要更多的食物,而更多的食物又意味着更大的风险,更高的智商对人类来说似乎是一种极危险的奢侈品。当我们对大脑进行探究时,还有一个比较难理解的点,那就是人类的大脑比类人猿的大脑在体积上要大得多,但两者生存的环境是相似的,人类98%的基因也都与类人猿共享,那这种大脑体积的差异又是从何而来的呢?这似乎是在告诉我们,人类大脑的发展从某个时刻开始很突然地把类人猿抛在了身后。这就好像托比和莎拉的故事一样,这对能力相似的兄妹,在学校的头几年里,彼此成绩不相上下。但突然从某一个学期开始,托比领先了,他可以解出很难的问题,并且每一次的考试都考得还不错，有时候你甚至会怀疑托比是不是在作弊。

近几十年来，在对人类的高智商进行解释时，出现了一种以善于欺骗为核心的观点——欺骗让我们变得更聪明。提出这个观点的科学家认为，在鲁滨孙荒岛求生这个世人皆知的故事里，我们漏掉了一个必不可少的重要因素——其他人，即鲁滨孙之外的"星期五"的出现。

尼古拉斯·汉弗莱（Nicholas Humphrey）是现代学术界里面少有的全能型选手。他对人类大脑的功能有着浓厚的研究兴趣，并始终认为任何学科之间都是可以交叉的，并且觉得烦琐艰苦的实证研究方法相当无趣。他有自己的一套学术研究方法，一般情况下，他会选择一个特定的研究领域，然后针对现在该领域内研究者正在进行探究的问题重新进行构想，并在此构想的基础上提出一个大胆的假设。接下来，他并不会去针对此假设进行论证，提出之后就把自己的目标转向新的研究领域去了。但是假设已经提出了，那这个领域中的其他研究者，就有必要去论证这个假设，这些想去证明的研究者，就会花大量的时间去证明汉弗莱所提出假设的正确性，并且往往到最后，结论还真的就如汉弗莱所假设的那样。

1976年，汉弗莱像往常一样，用自己特有的方式在人类进化的激辩中插了一脚。他发表了一篇名为《智力的社会功能》（The Social Function of Intellect）的论文，在这篇论文中，他针对"人类智力是在我们的祖先与自然的斗争中进化而来的"这个传统观点提出了一个很不一样的假设。他认为：

我们之所以对智力抱持着这样的观点，是因为我们一直对《鲁滨孙漂流记》这本书中所讲述的故事进行着错误的解读，我们一般都会认为鲁滨孙那段独自生活、完全依靠自己艰难度日的时光是他所经历的最困难的时光。但也许"星期五"的出现，才是那个真正给他带来巨大压力的转变。在长时间的独处之后，鲁滨孙必须学习（或重新学习）如何与另一个人相处，与和自己一样的高智力等级生物进行交流与合作。"星期五"在整个故事里对鲁滨孙都非常忠诚，这是他们交流与合作的其中一个前提。但是我们不妨来思考一个问题，如果鲁滨孙并不信任作为自己同伴的"星期五"呢？那这个故事中的鲁滨孙可能就真的要时刻保持警惕了。当然，我们还可以做另一种假设，就是如果故事中出现的不止一个"星期五"呢？同时还出现了叫"星期一""星期二"和"星期三"或"星期四"的另外几个男性或女性同伴，如果是这样的情况，鲁滨孙的故事又会如何发展呢？很难相信我们的祖先进化出如此卓越的智力，仅是为了去应付那些生存过程中出现的实际问题。

当然，制造出一个工具确实需要一点头脑，就像当捕食者朝你冲过来的时候，你要记得爬到树上躲避一样，但是这些并不一定需要创造性。当某个物种中的某一个成员经过努力或者是很偶然地发现了这样的技术，这个物种中的其他成员接下来所要做的其实就是机械地复制它。但是还有一些物种，尤其是我们人类自己，其实是具有惊人的预见和创新推理能力的，这种能力被汉弗莱称之为"创造性智力"。我们可以想象出很多新奇的场景，并以此为基础去计划我们的反应；我们甚至可以在事情发生之前就"预见"它们，然后，如果足够幸运的话，这种预见会成为现实。人类所展现出的这种想象力从何而来？汉弗莱认为，这也许是从旧石器时代那些存在于社会生活中的挑战带来的。

人类及其直系祖先所生活的群体比其他灵长类动物更庞大，也更加复杂。更大的群体在带来更多安全感的同时，也带来了更多的流言蜚语和更加激烈的竞争。虽说群体中的每个成员都要依靠他人的帮助才能生存和发展下去，但在争夺食物和配偶的过程中，每个成员又都必须学会如何去利用和超越群体中的其他成员，或者至少要学会如何避免被别人利用和超越。在这样的环境中，生存变成了一场战术游戏，而在这场游戏中，你必须提前进行思考，并把那些已经发生的事情深深地印在自己的脑海里。这就意味着，你必须要牢记每一张你见过的脸，必须知道今天早上或上周谁对你做了什么、谁是你的朋友、谁是你的敌人。这还意味着，你需要去预估你的行为可能对别人产生的影响，以及其他的行为可能对你的影响，你必须在混沌不堪且不断变化的情况下完成我们上面提到的所有事情。

汉弗莱认为，人类在社会中苟活比与大自然打交道需要更多的智慧。毕竟，树木不会四处乱窜，石头也不会设法骗走你的食物。当我们的祖先离开森林来到开阔的大草原时，他们复杂的社会生活需求与新环境所带来的挑战融合到了一起，这就好像一只强有力的大手，从背后猛地推了我们的祖先一把，这一推，智力进化突飞猛进，智人由此诞生。

动物有趣的欺骗行为

这观点看上去就很"汉弗莱"。多年来，"社会智力"假说一直都因为缺乏证据而固步于争议漩涡的中心，汉弗莱的论文就像是向生物学家发出的挑战一样。但直到20世纪80年代，理查德·伯恩（Richard Byrne）和安德鲁·怀特（Andrew Whiten）决定迎战之前，这篇论文和其中提出的观点都一直处于被忽略的状态。伯恩和怀特是苏格兰圣安德鲁斯大学的两位年轻的灵长类动物学家，他们希望通过对汉弗莱所提出的假设的验证来为自己正名。为了达到此目的，他们把研究目光投向了社会行为的一个特殊方面——欺骗。这两位踌躇满志的研究者先是在简·古道尔（Jane Goodall）的相关研究中找到了黑猩猩实施欺骗的例子，之后又在南非德拉肯斯堡山的实地考察中，目睹了狒狒所做出的欺骗行为：

一只年轻的狒狒因为攻击群体中的另一只狒狒而与几只年长的狒狒发生了冲突，这其中也包括了它的母亲。当这只年轻的狒狒听到年长的狒狒们发出咄咄逼人的吼叫声，并越过山丘冲过来准备教训自己时，它突然做出了一个观望的姿势：用后脚站立，凝视着远处的山谷。因为它的这个姿势，那些冲过来准备教训它的年长狒狒们停了下来，因为这个姿势让它们认为远处有捕食者或敌人正在靠近，于是也无一例外地朝那个方向看去。虽然最后证明远处的山谷里什么也没有，但那些咄咄逼人冲过来的年长狒狒，也因为分心去观察远方莫须有的敌人，而忘记了它们最初跑过来的目的。

对黑猩猩的观察，也发现了类似的行为模式：

两只年轻的黑猩猩在地上疯狂地刨着，试图寻找一些被埋藏起来的食物。当它们察觉到有一只年长的黑猩猩靠近时，它们会立刻停下来离开刚刚刨的地方，并在附近走来走去，抓耳挠腮，看上去就好像它们无所事事一样。但是，当年长的黑猩猩走远后，它们立刻就会回到原来的地方继续挖刨，取得食物。

让我们再来看一只狒狒的行为模式：

一只成年雄狒狒将一只雌狒狒推搡出了觅食的区域。这只被赶出去的雌狒狒似乎并没有对此表现出抗议或退缩，而是立刻望向雄狒狒，邀请它与自己一起去攻击和驱赶一只在附近独自觅食的无辜狒狒，这个邀约很顺利地得到了雄狒狒的支持。在雄狒狒冲上去攻击和驱赶无辜的年轻狒狒的瞬间，雌狒狒就回到了它自己的领地内，继续进食。

很多人会把这些现象当成茶余饭后谈论的轶事，但伯恩和怀特却不这么认为，他们严重怀疑这些灵长类动物故事的背后潜藏着一套逻辑。他们一开始听到这些描述的时候，就意识到灵长类动物尤其是类人猿（黑猩猩、大猩猩和猩猩）都是说谎的惯犯，而这个意识结果，又反向推动着他们对智人进化的过程进行着思考。在我们祖先所处的生存环境中，似乎存在着这样一种定律，即你越善于预测自己的行为可能对他人产生的影响，以及他人的行为可能对你自己产生的影响，你就越有可能生存下来。基于这个定律，我们可以做出一个判断，就是那些更擅长说谎和欺骗的人，在远古生存环境中，会享有更多的生殖繁衍优势。因为他们更擅长用这样的方式去达到自己的生存目的，比如骗取本不属于自己的食物等。当然，反过来也是这个道理，那些更善于发现谎言的人也更容易生存，因为他们能够比较轻易地避免被他人欺骗。正如进化心理学家大卫·利文斯通·史密斯（David Livingstone Smith）所说的：“在一个处处是

第 1 章
智慧因欺骗而来

谎言的世界里,谁拥有测谎仪,谁就能占优势。"在物种进化的阶梯上,每上一个台阶,我们就会变得更加擅长说谎和欺骗,也更擅长甄别谎言,这样的结果导致了进化的"军备竞赛"。可能所有的物种,包括我们人类,都会进化得更善于记忆、更善于预判,也会在这种看似微妙的游戏中,进化得更善于思考别人下一步会做什么以及为什么要这样做。

在研究初期,伯恩和怀特发现,他们在这个问题上所进行的思考和取得的阶段性成果很难公开发表。因为,说谎和欺骗在人类进化中的作用并不是他们两人所处的领域中绝大多数人会去认真对待的一个话题。像我们其他人一样,科学家其实也有自己的偏见和知识盲区。所以,当一个如此不符合我们自我形象的观点被提出时,遇到如此大的阻力也就不足为奇了。如果你深信,我们人类是通过各种独创技术和诚实的努力所进化而来,那你就必然很难接受伯恩和怀特的发现和所提出的观点。

但是,进化过程中的自然选择,并不会因为诚实而对我们有所偏袒,所以依旧存在很多的物种,把欺骗作为一种生存的必要手段去践行。举个例子,东方猪鼻蛇在受到威胁的时候,会选择通过翻滚、散发恶臭和吐信子来装死。又比如,在印度尼西亚巴厘岛附近水域发现的拟态章鱼,可以随意伪装成至少15种不同的海洋生物,这种伪装的目的就是为了更好地吸引猎物或抵御捕食者。鸟类中也不乏善于欺骗者,比如鸻鸟。当捕食者靠近时,雌性鸻鸟为了将捕食者引开,会主动从巢中飞出,并假装自己的翅膀断了,以此把捕食者的注意力引向自己,而不是巢中的幼鸟。其实不只是动物,甚至在植物中也存在善于欺骗者。比如,北非的镜兰就会开出一种特殊的小花来吸引潜在的授粉者。这种小花并没有花蜜,但它会用一种特殊的诡计来吸引那些粗心的授粉者,蓝紫色花蕊像极了一只正在休息的雌黄蜂的翅膀,而厚厚的红色长须则很像雌黄蜂腹部的绒毛,乍看上去,俨然就是一只雌黄蜂,这对于那些好色的雄蜂来说,无疑是无法抗拒的诱惑。

1982年,一本同时吸引业界学者及普通读者注意力的新书,为伯恩和怀特这种看似危险的想法带来了一些新的动力。这本扣人心弦的作品正是弗兰斯·德瓦尔（Frans de Waal）所写的《黑猩猩的政治》（Chimpanzee Politics）一书。这本书描写了荷兰阿姆斯特丹动物园中一群被圈养的黑猩猩之间不断变化的权力关系，读起来就像黑帮题材电影的剧本一样，其中有联盟的形成、瓦解和重组，有被操纵的个体，有预谋的暴力行为，甚至还有针对雌性的争夺和诱惑。德瓦尔基于他的结论，针对人类的政治活动也提出了些许意见，并且在书中还引用了尼克科洛·马基雅维利（Niccolo Machiavelli）所著的《君主论》（The Prince）中的名言："既然人是不守信用的、可怜的、低等的生物，那作为统治者，就必须知道如何成为一个伟大的说谎者和骗子。"

伯恩和怀特无一不对德瓦尔的作品着迷，尤其是书中那些对谎言与欺骗赤裸裸的描写：

一只名为普伊斯特的成年雌性黑猩猩正追着一个和她有竞争关系的雌性对手到处跑，她追上对手并且绕到了前面，却很神奇地什么也没做，僵持了几分钟后，隔着一段距离的普伊斯特向她的对手伸出一只张开的手，看上去似乎是在示好。这个时候，那只年轻的雌性黑猩猩变得很犹豫，一边环顾四周，一边慢慢地靠近普伊斯特，她显然不确定普伊斯特是什么意思，所以脸上还带着那种因为紧张而产生的不自然的微笑。但普伊斯特看上去却很坚定，那只似乎预示着友好的手也一直悬在半空，伴随着年轻雌性对手的靠近，普伊斯特开始轻轻地喘气，这种动作一般情况下会出现在黑猩猩亲吻对方之前。但是，并没有什么亲吻发生，普伊斯特这个时候突然扑了上去，抓住对手，紧接着就是狠狠的一口。

德瓦尔把黑猩猩的这一举动称为"具有欺骗性的和解提议"，任何去过游乐场或看过电视剧《黑道家族》（The Sopranos）的人都不会对这种行为感到陌生的。

《黑猩猩的政治》这本书的成功，给围绕灵长类动物欺骗行为进行的研究带来了新的合理性基础，伯恩和怀特也终于在1988年出版了他们合著的《马基雅维利式的智慧》(*Machiavellian Intelligence*)一书(书名也是受德瓦尔的启发所起)。在这本书中,伯恩和怀特对他们发现的所有关于欺骗的例子进行了收集和再分类,划分为戏弄、假装、隐藏和分散注意力等几个主要类别,并提出了一个令人不安但又非常有力的论点,即我们的智力始于"社会操纵、欺骗和狡猾的合作"。《马基雅维利式的智慧》这本书的出版,可谓他们二人的高光时刻,书中所提出的理论观点不仅在进化理论领域,而且在包括了从心理学到经济学的整个社会科学领域都极具影响力。

欺骗能力与智力的关联性

伯恩和怀特认为,智力和欺骗能力之间具有某种关联性,并找了很多的例子来佐证这一论点,使其可信度更高,但依旧存在着需要进一步补足的地方,那就是他们仍然缺乏确凿的证据来对这个论点进行支撑。正在他们二人对此一筹莫展之时,罗宾·邓巴(Robin Dunbar)这位来自利物浦大学的人类学家,为他们提供了一些帮助。

邓巴同样也受到了汉弗莱提出的社会智力理论的启发,他指出,尽管所有的灵长类动物都有与其体型相关联的体积较大的大脑,但生活在大群体中的狒狒的大脑却显得格外地大,而生活在小群体中的黑脸狒狒的大脑,相比之下却显得异常地小。基于这一发现,他想去弄清楚一个问题,即灵长类动物是否需要一个更大的大脑来处理更大社会群体所展现出的那种复杂性。假如你处于一个五人小团体中,那你就可能需要去掌握 10 种不同的关系,以便你自己可以在团体中成功地驾驭各种社会动态。也就是说,你需要知道谁与谁是结了盟的,哪些人值得你花些时间去多关注一下,哪些人又不值得你这么做,仅是这几点,听上去就已经够难的了。设想一下,如果你正处于一个 20 人组成的团体中,那就意味着,你有多达 190 种双向关系需要去掌握,其中 19 种涉及你自己，171种涉及团体中的其他人。还有更重要的一点是，我们需要意识到这种关系在团体扩大时进行的等量级增长。当这个团体扩大到近四倍时，这些需要掌握的关系的数量以及掌握它们所带来的智力负担，已经悄然增加了近20倍。

邓巴全身心地投入到世界各地关于灵长类动物的数据海洋之中，去寻找动物大脑大小和其通常生活的社会群体大小之间可能存在的统计学关系。他用物种大脑外层的新皮层的体积作为代表物种大脑大小的单位，而我们有时候也将这个部分称为负责大脑"思考"的部位，因为它所处理的是抽象、自我反思和前瞻性规划等工作，而这些又被汉弗莱认为是应对混乱社会生活所必需的东西；另一方面，在200万年前突然开始快速成长的也正是灵长类特别是人类大脑的这个区域。

通过研究，邓巴发现了两者之间存在的显著关联性，这种关联性非常显著，我们甚至可以仅通过对一个物种大脑新皮层大小的了解，就非常精确地预测出这个物种所处种群的大小。他甚至对人类所能应付的社交群体大小做出了一个大胆的假设，即根据我们大脑的大小，我们所能应付的社交群体大小应该约为150人，但并不是说我们可以随便找150个人去社交，这些人最起码得是那种你愿意和对方喝上一杯聊一聊的人。邓巴并没有停下自己对这个问题的梳理和研究，他随后对人类学和社会学文献进行了全面的梳理和回顾，并且得到了一个足以让所有人感到震惊的结果，他发现许多人类社会群体的粗略平均数：从狩猎采集社会到现代军队以及公司部门，都正好是150人。

受到邓巴研究结论的鼓舞，理查德·伯恩与一位名叫纳迪亚·库柏（Nadia Corp）的年轻研究员合作，开始了一项有关欺骗行为和大脑体积之间关联性的论证研究。伯恩和库柏的研究围绕着野生灵长类动物欺骗行为的一系列观察结果展开，这些观察结果的数量已经比伯恩和怀特提出他们开创性假设的初期多了很多。伯恩和库柏研究后发现，一个物种中欺骗行为出现的频率与这个物种大脑中新皮层的大小成正比。夜猴和狐猴的新皮层体积相对较小，所以它们可以称得上是所有灵长类里面最坦荡的了；相反，包括类人猿在内的那些称得上最具欺骗性的灵长类动物，则有着体积最大的新皮层。这个发现印证了最初的理论观点，欺骗的手段越高明，或者说越精通欺骗之道，相对应的大脑体积就会越大。

但是，伯恩并没有试图去测量智人这种拥有最大新皮层体积的动物的欺骗能力，某种层面上来说，根据研究所发现的关联性，就可以准确地推断出智人欺骗能力的等级，也确实不需要再多此一举。至于哪个物种会卫冕欺骗之王，可能所有人心中都已经有了一个心照不宣的答案了。

人类是天生的骗子吗

19世纪中叶，美国娱乐大亨和美国马戏团创始人菲尼亚斯·泰勒·巴纳姆（Phineas Taylor Barnum）收购了位于纽约的美国博物馆，这个博物馆收藏了一批在当时来说非常奇特的人和动物的标本，其中包括长着胡子的女人、一头大白鲸和一对引起巨大争议的连体婴。开放展览之后，反响异常火爆，但同时巴纳姆意识到一个问题，用现代零售业的话来说，就是"通路流量"的问题。由于展览太受欢迎，人们在一个展览点前面驻足的时间越来越长，场地随之变得越来越拥挤。巴纳姆为解决这个问题，找了一个极其生僻、晦涩的表示出口的术语，搭配上一个"出口"的标志，贴在了展览的必经之路上做指引。参观者一眼看上去，以为这个标志是下一个奇特标本的指引，就很兴奋地跟着标志指示一直走，结果走着走着就发现自己莫名其妙地走出了博物馆。

我们可以从这个故事中引申出一个被普遍接受的针对谎言的定义，即谎言是带有欺骗意图的虚假陈述。在了解这个谎言的定义后，我们来举一个例子。如果我告诉你巴黎是比利时的首都，即使你知道我在说谎，一般也不会指责我骗人。你可能会认为我说错了，或者我是在开玩笑。也就是说，如果说假话的人相信自己所述属实，那说假话的人其实就不算是在说谎。但是如果听的人明确地意识到说假话的人是知道巴黎并不是比利时的首都，并且知道说假话的人这么做是以利己为目的（比如想让你输掉常识问答游戏）时，听的人就会把这种说假话的行为定义为撒谎。

正如巴纳姆的故事所告诉我们的，人可以通过说出真相来撒谎，也可以通过撒谎来给出真相。比如在让-保罗·萨特（Jean-Paul Sartre）以西班牙内战为背景创作的短篇小说《墙》（*The Wall*）中，当被法西斯分子判处死刑的囚犯巴勃罗·伊比埃塔（Pablo Ibbieta）被卫兵问及他的战友拉蒙·格里斯（Ramon Gris）的下落时，他误以为格里斯此时应该和他的表兄弟们躲在一起，为了给自己的战友拖延更多的时间，他告诉卫兵格里斯藏在墓地。然后，在卫兵发现被骗之前，他还有一个晚上的时间可以好好地想想自己被处决的事情。然而，不幸的事情还是在黎明破晓时发生了，格里斯已经搬到了伊比埃塔向卫兵报告的藏身处，随后格里斯在墓地被捕，伊比埃塔反而因为告发了自己的战友被释放。在这个故事中，伊比埃塔的本意是向卫兵撒谎、欺骗他们，但实际上，却无意间把真相告诉了他们。

谎言是狡诈且变化多端的东西。我们会为了简化一个复杂的故事或保护自己的隐私，或者为了摆脱不太喜欢的社交场合去撒一个小谎，比如，"周四吗？很抱歉，我那晚要去上一节低音管演奏课"。有些人也会为了掩盖不端行为或得到他们想要的东西而去撒一些弥天大谎，比如那些存在于违法犯罪行为及对他人的操纵行为中的谎言。我们甚至还可以将谎言分为作为与不作为的谎言。作为的谎言指的就是很主动地去撒一个明确的谎，比如谎称自己是一名警察；不作为的谎言则是避重就轻，比如和对方诉说自己激情似火的情爱生活却没有提到和自己约会的是对方的妻子。另外，我们有时候也会为了得到别人的赞美而说谎，比如："我钓到了一条非常大的鱼，但我把它放了"，或者是一位士兵对自己英勇行为所做出的异常夸张的描述等。甚至，还有为了保护自己或他人免受身体或精神伤害而说出的谎言。

第 1 章
智慧因欺骗而来

还有另一种说谎的类型，就是我们可能都遇到过那种纯粹为了好玩而说谎的人，他们通常会用虚构的情节去修饰他们所讲的故事。这么做的原因，只是这会让他们在别人面前显得更加有趣。"我是你一生中见过的最精于此道的骗子。想想就觉得太可怕了！"这句话出自《麦田里的守望者》（*Catcher In The Rye*）中14岁的英雄主人公霍尔顿·考尔菲德（Holden Caulfield）之口，他接着说："如果我在去商店买杂志的路上，遇到某个人问我去干什么，我可能会非常自然地说我正要去看歌剧，这是多么可怕的行为啊。"

在本书中，我会经常交替使用"欺骗"和"谎言"这两个词，但这并不是我的无意之举，交替使用是因为这两个词之间确实有所区别。伟大而古怪的美国魔术师杰里·安德鲁斯（Jerry Andrus）在他的职业生涯中始终坚守着自己的原则——从不说谎。尽管事实上，我们都知道，他的魔术效果呈现和所有其他魔术师一样，都需要依赖对观众进行视觉上的欺骗去达成，但是安德鲁斯通过对自己魔术的设计，使得表述上的诚实和手法上的欺骗在自己的魔术中达到了共生。就比如，他会在把某张特定的牌从一整副牌中变出来之前告诉观众"这看起来好像是我把牌放在了这副牌的中间"，而不是说"我把牌放在了这副牌的中间"，注意他的这个话术。这个话术增加了他魔术表演的难度，因为他在魔术开始之前就提醒了他的观众，即将要表演的这个魔术很可能存在着欺骗，但无论怎么说，这是安德鲁斯给自己设定的挑战。我们可以从定义上对谎言和欺骗进行一个简单的区分：欺骗是囊括了任何形式的、具有误导意味的企图，它可能是一种语调、一个微笑、一个伪造的签名或一面投降的白旗；而谎言则主要指的是言语上的东西，它是一种特别的口头欺骗形式。

事实上，我们人类所具有的在适应旧石器时代社会生活需求过程中所习得的掩藏真实动机的能力，也同样随着语言的出现得到了加强。虽然学术界对这种变化发生的时间充满了各种各样的推断，从5万年前到50万年前都有，但有一点可以肯定，那就是这种变化将交流与行为分离开来，并因此为欺骗的发展带来了一次巨大的飞跃。当我们不用明确地指着食物让对方知道食物在哪里，而是可以通过言语来引导，让对方自己去寻找的时候，欺骗也就随之变得无限多样和复杂起来。

当我们去阅读那些描写灵长类动物欺骗行为的故事时，很可能会有不适与钦佩两种截然不同的感觉袭来。感到不适是因为这些故事似乎在非常明确地告诉我们，欺骗是我们与生俱来的特质；而同时，我们又会对这种狡诈、创造力和智慧感到钦佩。与之类似的完全不同且对立的反应，几乎贯穿于我们对待说谎的态度中，而且无论态度怎么变化，这种对立的感觉就在那里。在我们对自己能够编造不真实的谎言感到震惊的同时，又对自己所展现出的创造力叹为观止；不安于我们对虚假之言淡然处之的同时，又确信某些谎言有其存在的必要性。

"说谎无疑是一种让人深恶痛绝的恶习，"16 世纪的哲学家米歇尔·德·蒙田（Michel de Montaigne）写道，"如果我们意识到说谎的可怕和严重性，我们就会发现说谎这个行为比其他犯罪行为更应该被处以火刑。"其实，从奥古斯丁时代开始，神学家就已经对说谎开始了严厉的谴责，并把说谎定义为一种令人发指的罪行。伊曼努尔·康德曾经说过，并不存在善意的谎言，在任何情况下，说谎都是不正当的。

当然，也存在另外一些并不认同上述观点的思想家。这部分思想家认为，"我们可以或应该没有欺骗地生活"，这个观点本身就是荒谬的。"只有一个世界，"尼采说，"这个世界是虚假的、残酷的、矛盾的、误解的、无意义的……我们需要谎言来征服这个现实，征服这个'真相'，我们需要谎言来生存"。奥斯卡·王尔德（Oscar Wilde）则用了和尼采完全不同的轻松风格对谎言进行了阐述。他说，撒谎是人们用来逃避现实生活中那些令人难以忍受的沉闷的一种方式，而且这种方式显然非常受欢迎，只是撒谎本身确实需要一些技巧。之后，他哀叹道："谎言作为一种艺术、一门科学和一种社会乐趣正在衰落。"康德和蒙田可能会同意《伊利亚特》（*Iliad*）中的英雄阿喀琉斯（Achilles）的话，他说："心口不一的人，我恨之入骨。"然而在《奥德赛》（*Odyssey*）中，荷马（Homer）却将阿喀琉斯与"凡人骗术大师"放在一起进行了一番对比。这种对比的结果是，让奥德修斯（Odysseus）这个在战争和爱情中熟练地运用骗术并引以为傲的人成了更有吸引力、更人性化的英雄。

关于说谎的争论从来就没有停止过。从我们开始交谈以来，谎言就一直是我们七嘴八舌与窃窃私语的一部分，几乎包含了一切，如我们对自己生物性的认识、成为一个好人意味着什么，以及其他人到底在谈论我们什么，等等。虽然囊括众多，但有一点始终是可以肯定的，那就是我们的欺骗能力是与生俱来的，谎言往往很自然地就到了嘴边。文学评论家、人文主义哲学家乔治·斯坦纳（George Steiner）曾说过："人类说谎的能力对于人类意识的平衡和人类在社会中的发展是不可或缺的"。不管我们喜不喜欢，我们都是天生的骗子。

第 2 章

Born Liars
Why We Can't Live Without Deceit

平生第一次说谎

一个人意识的真正历史，往往始自他第一次说谎。

约瑟夫·布罗德斯基（Joseph Brodsky）

| 说谎的孩子 |

夏洛特四岁的儿子汤姆似乎对说谎毫不在意，他通过撒谎，把几乎所有问题都归咎于仅一岁的妹妹艾拉身上，并且一点都不觉得内疚。比如当夏洛特正在厨房忙时，客厅传来一阵打翻东西的声音，她赶忙走进客厅，发现地板上横着一盏台灯。汤姆这个时候就会指着艾拉，似乎是在邀请他的母亲加入征讨的队伍中来。而反观艾拉，她待在房间的另一边，丝毫没有注意到这一切，但汤姆依旧会坚持说是艾拉在找她最喜欢的洋娃娃时打翻了那盏灯。如果不是一岁的艾拉根本不可能以如此快的速度爬着离开事发现场，夏洛特可能都要相

信汤姆了。"汤姆很有说服力，"夏洛特告诉我，"他是个可怕的撒谎高手。"

夏洛特应该为汤姆的这种说谎行为感到忧心吗？如果你阅读过很多关于育儿的书籍和文章的话，那你肯定会斩钉截铁地给出一个肯定的回答。很多育儿指南的作者都呼吁父母对孩子的这种行为保持警惕。我从众多典型的互联网育儿指南中摘录了一段内容：

在我们考虑孩子为什么撒谎之前，有必要认识到撒谎可能是更严重问题的早期指标。患有社会行为障碍的儿童，这里主要指的是注意力缺陷多动障碍和行为障碍，都会在其幼年出现强迫性说谎的情况。

通常这些育儿指南的作者还会在书中对普通的、无害的谎言，以及强迫性说谎加以谨慎的区分，并说明在强迫性说谎的情况下，孩子会"频繁地、无缘无故地"说谎。如果套用此概念，夏洛特似乎应该对汤姆的说谎行为保持警惕与担心，因为毕竟如育儿指南所述，汤姆经常说谎，而且有时并不存在明显的动机。但当我问夏洛特是否考虑过就汤姆的说谎行为去看儿童心理咨询师时，夏洛特却笑着告诉我："他只是个孩子，甚至还没我坏呢。"

夏洛特对汤姆说谎行为所持的轻松态度，与下面这段文字的作者所持观点类似：

过了一会儿，我见到他（一个2岁零7个半月的孩子）从餐厅走出来，双眼放光，但举止却显得有些古怪、不自然或者可以说有点做作，于是我走进餐厅，想看看是不是有什么人在那里。餐厅里并没有什么人，反而被我发现了他偷偷拿的一些捣碎的糖，而这个行为是之前已经提醒过他不要做的。因为他之前从来没有因此受到过任何的惩罚，所以他展现出的那种奇怪的行为，应该不是因为恐惧，反而可能是兴奋情绪与内心状态的纠葛。两个星期后，我又一次看见他从餐厅出来，一边走一边小心翼翼地盯着自己卷起的围裙，这个状态同样显得很奇怪，所以我决定看看他的围裙里到底包了些什么，尽管他说什么也没有，并且反复要求我"走开"，但我还是发现了他卷起的围裙上渗出的泡菜汁，所以这实际上是一个精心策划的谎言。虽然这个孩子现在会有这些说谎的行为，但是，一旦他良好的情感体系被培养起来，他就会很快变得像所有人所希望的那样诚实、坦率和温柔。

上面这段文字出自查尔斯·达尔文（Charles Darwin）在1877年出版的一部名为《一个婴儿的传略》（*A Biographical Sketch of an Infant*）的小书。达尔文写这本书时已年近七旬，他是在翻阅了大量法国博物学家伊波利特·泰纳（Hippolyte Taine）对孩子智力发展所做的描述后，从中获得了很多启发，并翻出他保存的、早年围绕自己的第一个孩子威廉·伊拉兹马斯（William Erasmus）小名叫多德所做的记录。当他翻看这些记录时，不经意间就被自己为人父的那段时光所吸引，对自己的孩子充满了好奇，就好像他对自然界的好奇一样。当然，达尔文本身就是一位伟大的观察者，所以这本书中并不乏充满温情的细节观察，比如多德蹦蹦跳跳地走出餐厅，因为拿了糖而兴奋的"不自然但是发光的眼睛"等。尽管达尔文注意到了他孩子身上体现出的那些所谓的"道德感"迹象，但他并没有从道德的角度来评判他的儿子，他甚至没有因多德这个"精心策划的谎言"而感到不安或愤怒。

达尔文当时所写的这本小书很大程度上可以说是被忽视的，因为直到20世纪，以儿童心理发展为研究核心的"发展心理学"才开始得到学界真正的关注。不过话说回来，即使是到了20世纪末，也很少有人关注儿童何时以及为何说谎的问题。当我们对它进行讨论时，通常会把这个问题当作一种障碍，或一种可能引起犯罪行为的迹象。甚至直到今天，在我们的日常生活中，仍然会以类似的方式进行思考，且很少有父母可以接受自己的孩子是个天生的说谎者。话又说回来，如果你真的注意到你三岁的孩子在说谎，不必过分地担心，甚至作为父母，你应该庆幸孩子说出了属于自己的第一个谎言，就像孩子开口说第一句话时那样。

孩子从几岁开始说谎

会说谎几乎可以说是我们与生俱来的，婴儿甚至在学会使用语言之前，就开始时不时地展现出一些下意识形式的伪装行为了。英国朴次茅斯大学的法瑟德维·莱迪（Vasudevi Reddy）对育有年幼子女的父母进行研究时，发现了婴儿这些下意识的伪装行为，而这些行为正好符合伯恩和怀特在针对非人类灵长类动物进行研究时提出的欺骗分类（如戏弄、假装、隐藏和分散注意力）。比如，一名女婴不停地向前伸出自己的双手，似乎是在向自己的母亲索要一个温暖的拥抱，但当妈妈就此回应时，女婴却又立刻笑着跑开了。再来看几个例子：一个九个月大的婴儿就已经会在别人大笑时，为了表现得和别人一样而假装大笑；一个十一个月大的婴儿，在被要求吃东西时，会非常仔细地观察自己的母亲，一旦母亲背过身去，他就会立刻把面包抛掉等。莱迪说，那些最简单的欺骗行为"似乎或多或少都与幼儿早期在沟通上所做的尝试同时发生"。

不仅如此，大部分孩子说谎实际上就是始于习得语言的那一刻。在孩子2～4岁这个年龄段，所说的谎言通常都是以自己利益为出发点的，而且一般都比较简单，主要是为了不被惩罚或隐瞒自己的一些小错误，就像前面提到的达尔文对自己儿子的描写那样。而年龄非常小的孩子确实也不太擅长撒谎，所以经常会出现一种情况，就是一个三岁的孩子可能会在他父亲目睹他打自己的妹妹之后，依旧说出"我没有打她"这样的谎言；或者是一位家长走进厨房，发现他的女儿正站在椅子上，伸手去够放巧克力的架子，这个时候，孩子肯定会否认家长当下所指出的一切，但当家长就孩子站在椅子上的原因进行询问时，孩子反而会脱口而出"我需要够到那个……"这样的表达。心理学家约瑟夫·佩尔奈（Josef Perner）清楚地记得，他的儿子雅各布在不想上床睡觉时使用的借口就是大喊"我太累了"，虽然这个借口曾经成功过，但他却并没有意识到在这种情况下，这个借口并不能起到任何作用，甚至可能带来与他期望相反的效果。幼儿说谎，通常是为了达到简单的、防御性的目的，并且这些谎言一般都会在很短的时间内被孩子自己承认。从这个层面上来看，我们基本可以确定，三岁孩子的说谎行为是本能的、自发的，并且没什么技巧可言的。

然而到了四岁，情况就有些不同了。

匹兹堡大学曾经针对父母和老师进行过一项调查研究。其中有一个问题就是当孩子处于什么年龄时，其说谎行为是经过深思熟虑后做出的，换个问法就是，几岁的儿童在说谎时是能明确地认识到自己正在说谎的。研究者得到了各式各样的回答，差异很大，甚至有些母亲会天真地认为自己五岁半的孩子肯定还不懂"说谎"是什么（六岁似乎是很多人默认的判断儿童是否会说谎的一个年龄门槛）。不过参与调查研究的大部分父母都指出，他们的孩子在四岁前后就已经开始出现说谎了，而且说谎的技巧也会随着孩子年龄的增长和说谎次数的增多而不断地增强。这些父母不经意间的观察结果，被心理学家们用各种研究加以证实：在三岁半至四岁半之间，儿童确实展现出相对更高的说谎意愿与更熟练的说谎技巧。就好像我们之前提到的那个例子，如果被抓到伸手够巧克力的孩子是四岁的话，那么她可能会说自己站在椅子上是为了把玉米片放回原处，即使这样的说法在当下会被家长质疑，这个四岁的孩子还是会有很大的可能性面不改色地坚守自己的谎言。

在加拿大蒙特利尔市麦吉尔大学任教的儿童心理学系助教维多利亚·塔尔瓦（Victoria Talwar）将其毕生精力都倾注于儿童说谎心理与行为表现的观察研究之上，她对儿童是非观的发展方法与时间有着浓厚的研究兴趣，其中尤其关注儿童如何学习说谎，并将其列为自己的研究方向。为了对儿童说谎的意愿以及儿童说谎的技巧进行测试，塔尔瓦选择了已经很成熟并被人广泛熟知的"诱惑抗拒"范式进行实验，这个范式还有另一个传说中的名字——"窥视游戏"。

这个传说中的游戏在刚开始的时候，会要求参与游戏的孩子们先与塔尔瓦玩几个小游戏，以建立信任关系。当信任关系初步建立之后，孩子们会被告知接下来要一起玩一个猜谜游戏。这个猜谜游戏要求孩子们必须面墙而坐，实验者会在孩子身后拿出一个玩具，并且弄出点声响，而孩子们需要做的就是猜，猜背后这个声音是什么东西发出的，猜对三次就可以得到一个奖品。经过几道简单题目（比如玩具警车和发出哭声的玩具娃娃）的铺垫之后，研究人员会开始加入一些干扰题，塔尔瓦在这个阶段一般会拿出一个并不能发出任何指向性声音的玩具，比如填充玩偶之类的东西，同时打开一张声音非常小的音乐贺卡，这种不对应的情况，一般都会使孩子很迷惑，无法第一时间就给出一个答案。在孩子们思考并给出最终答案之前，塔尔瓦会故意说自己要出去一下，并且会同时提醒孩子在自己出去这段时间一定不可以回头偷看。虽然有言在先，但几乎所有参与游戏实验的孩子都无法遵守这个提醒，在房门关上仅几秒钟后就会转身偷看，而这些都被隐藏的摄像头在孩子不知情的情况下拍了下来。在塔尔瓦重新进门前，她会故意发出一些很响的声音，提醒孩子们自己回来了，并让孩子们有足够的时间转回去，紧接着在孩子们暗自得意并给出正确答案时，塔尔瓦会再一次询问孩子们在自己不在的这段时间有没有回过头偷看。

现在让我们来猜猜看，这些参与游戏实验的孩子是会说真话呢，还是干脆就撒个谎？一般来说，三岁的孩子在被问到之后，会立刻承认自己确实回头偷看了，但四岁的孩子却不会，并且还会坚持说自己并没有回头偷看，这种一边倒的情况会在孩子长到六岁时发生改变。六岁的孩子中，有95%的人会说谎，谎称自己并没有偷看。这个实验结果对于全世界三至五岁的孩子来说，无论国籍，都是适用的。

为什么一边倒坚持自己谎言的情况会出现在四岁孩子的身上呢？根据塔尔瓦所给出的解释，造成这个结果的原因，仅仅是因为孩子到四岁才会明确地意识到，其实自己是可以通过说谎来欺骗他人的。在将近一岁时，孩子们会意识到欲望是一个大家都有的东西，于是会通过一些明确的行为去得到自己想要的东西。这些行为中，有些确实可以帮助孩子达到目的，有些则不行。例如，有研究发现，九个月大的婴儿如果想要一个东西，就会一直盯着那个东西，并时不时对自己想要的东西笑，想以此引起成年人的注意，然后让成年人帮助自己把那个东西拿到自己可以触及的地方。又比如，两岁以下的幼儿已经可以明确地知道自己想要什么以及该通过什么方式获得——他们非常清楚在很多情况下，只要对着想要的东西发出尖叫，就可以得到它了。而当孩子长到两岁时，对父母各种各样情绪的感知就会出现，孩子同样也会意识到自己的一些行为可以影响这些情绪。所以，我们可以看到很多两岁大的孩子会频繁做出一些破坏性的行为，不断地挑战父母情绪的底线。

但在生命早期，尤其是幼儿阶段的早期，"别人的想法"这个词对孩子们来说依旧是不能理解的。比如，三岁的孩子会非常直接地认为巧克力放在高处的橱柜里，自己想要，就搬椅子开始往高处爬，但是这个时候的孩子并不知道只有自己会这么直接地考虑这件事，也就是说，成年人看待孩子爬椅子够东西这个行为，并不一定会像孩子所想的那么简单直接，而三岁之前的孩子往往没有办法意识到想法是因人而异的。这也就解释了一种生活中常见的情况，就是孩子会突然跑到你面前，很兴奋地跟你讨论一个你甚至从未看过的动画片细节，因为孩子会觉得，自己看过的，你肯定也看过，这种无法意识到他人想法的特点，要到孩子三四岁时才会发生改变。

在童话故事《白雪公主》中，邪恶的继母多次用魔法将自己变为淳朴的老妇人，对白雪公主进行迫害。白雪公主在为继母打开门的一瞬间，一个错误的认知产生了，她坚信自己帮助的是一个遇到困难的老妇人，而不是自己那邪恶的远在城堡中的继母。这个当下产生的认知错误，在我们成年人看来简直太明显了，对四岁的孩子来说，也特别地明显。我们之所以会这么想，完全是因为我们知道白雪公主并没有看到我们所看到的景象，没有看到继母用魔法乔装的景象，这对我们来说仅仅是故事情节的一部分。但是，对三岁以下的孩子来说却并非如此，这些孩子并不怎么喜欢《白雪公主》这个故事，这种不喜欢并不是因为孩子可能更加喜欢父母讲给自己的其他故事，而是因为三岁以下的孩子并不明白,为什么我们都知道老妇人是继母假扮的,白雪公主还是要给她开门,放她进屋呢?

发展心理学家用了一种相对而言更加正式的方式对被试接受他人观点的能力进行了测试,这种方式被称为莎莉-安妮错误信念测试。测试中会使用玩偶扮演两个角色,玩偶莎莉有一个篮子和一个弹珠,而玩偶安妮有一个盒子。莎莉出门前会把自己的弹珠放进篮子里保管,而当莎莉走后,安妮会从莎莉的篮子里拿出弹珠,放进自己的盒子里。那么,莎莉从外面回来时会去哪里拿她的弹珠呢?成年人都知道,莎莉肯定会径直走向她的篮子去拿自己放进去的弹珠。五岁的孩子在这个问题上似乎有着与成年人同样的判断——他们会直接指向莎莉的篮子。但是三岁的孩子所做出的预测结果则刚好相反,他们会指向安妮的盒子——弹珠真实的所在地,这就说明三岁的孩子并没有意识到莎莉当下可能产生的错误认知。孩子的行为告诉我们,只有当你领悟到别人有时候所坚信的东西与你不同时,你才可能考虑说谎。如果每个人坚信之事均相同,说谎就变得毫无意义了。

│说谎的孩子会读心术│

大多数孩子在三到四岁之间都会习得一种心理学家称之为"心智理论"的技术,换个比较通俗的说法,就是这些孩子学会了读心术。虽然"读心术"这个词听起来很玄幻,但实际上,我们每个人每天都在重复地做着这件事,只是我们对此丝毫没有察觉。比如,我们会对站在门口的推销人员来回打量,以决定是否应该信任他。又或者,我们在日常工作中时常会猜测老板是否对我们的绩效满意。而在电影中,这种场景也经常出现,我们会注意到电影的女主角决定结束关系并离开时,会回头看一眼站在身后的那个他,然后突然就得出了她仍然爱着他的结论等。我们这种窥视他人心理的技术和倾向是如此根深蒂固，以至于很多时候，我们会把人类的一些精神状态泛化到动物身上去。比如，相信我们的狗是懂得自己忏悔的；甚至会向非生命体的范围延伸，比如会在没有阳光时，责怪太阳可能没什么心情升起来，或者在海浪汹涌时指责大海的无情残酷等。

这种能力重要吗？如果我们试着去想象一个没有这种能力的世界，那这种能力对我们看待世界的方式所起到的重要影响就会跃然纸上了。发展心理学家艾莉森·高普尼克（Alison Gopnik）对此曾说过：

想象一个几个人围坐餐桌的场景，从我的视角看出去，在我视野的最前端是一个模糊的鼻子，然后鼻子前面是一双不断挥舞的手……我周围的椅子上，搭着几副皮囊，并且无一例外地都被套上了各种服装，这些皮囊都在以一种意想不到的方式扭来扭去……在靠近皮囊顶部的地方有两个不安地来回旋转的黑点，黑点的下面有一个装满了食物的洞，并且在不断地发出声音。想象一下，这些吵闹的皮囊突然向你走来，它们发出的声音越来越大，你不知道为什么，也不知道怎么解释，甚至不能预测这些皮囊的下一个行为。

上面这段高普尼克所做的描述，实际上就是一个令人印象深刻的"读心术"尝试，她试图用这个自己描述出的意象，把所有人一起拉入一个患有严重孤独症患者的意象世界。孤独症患者或阿斯伯格综合征患者（一种高功能的孤独症），都很难理解为什么其他人都有他们自己的想法和感受，以及他们对现实的看法。如果站在患者的角度上来看，我们大多数人在患者的眼中，都会变成可怕的骗子。

剑桥大学发展精神病理学教授西蒙·巴伦–科恩（Simon Baron-Cohen）是世界范围内研究孤独症的权威，他也是全世界第一个将缺乏读心能力确定为孤独症儿童关键认知缺陷的人。当他还在攻读博士学位时，就通过和孩子们玩"藏硬币游戏"来检查孤独症儿童的症状。

在游戏中，他会坐在孩子的对面，拿出一个硬币给孩子们看，然后把手背到背后去，将硬币藏到其中一只手里，再伸出来让孩子猜自己的哪只手握有硬币，紧接着与孩子互换角色，孩子藏，他来猜。

对于大多数四岁以上的孩子来说，充当这种带点欺骗意味的角色是件很容易也很有趣的事情，但是对于患有孤独症的儿童来说，这个游戏玩起来却着实存在一些难度。他们会当着所有人的面，将硬币从一只手转移到另一只手，或者在巴伦－科恩猜的同时就把其中一只手张开。之所以会出现这些看似低级的错误，主要是因为这部分孩子并不习惯对他人的想法进行持续的关注和追踪。他们会觉得有人可能正通过一些手段试图说服自己相信另一个真相的存在，并且这部分孩子的认知会因为这个想法而陷入困境。

这种天真很可能会让这部分孩子受到伤害。巴伦－科恩为我们讲述了一个患有阿斯伯格综合征的男孩的故事：

这个男孩在操场上玩的时候，另一群男孩走了过来，把他围了起来并要求看看他的钱包，这个男孩想都没想就直接把自己的钱包递了过去。接下来发生的事情可想而知，这群男孩拿着钱包撒腿就跑，而那个患有阿斯伯格综合征的男孩则震惊地站在原地。

其实远不只故事中所描述的这种情况，对欺骗的不理解还可能带来一些社交礼仪上面的问题。比如，一名孤独症患者可能会非常直接地告诉你，他并不喜欢你穿的衬衫。巴伦－科恩解释道，说出这个话的孤独症患者并不是想冒犯你，他只是在说实话，因为他根本无法想象别人会使用什么其他的方法或措辞来表达这一事实。虽然随着年龄的增长，孤独症患者对他人的理解能力也会逐渐提高，但他们对生活的看法却与非孤独症患者大相径庭。巴伦－科恩回忆起他带的一名患有阿斯伯格综合征的研究生曾对自己说过的话："我刚刚发现，人们并不总是把他们真实的意思表达出来。那你怎么知道如何去信任他们说出来的东西呢？"正如巴伦－科恩所言，这名研究生的发现，实际上就是典型的四岁儿童在游戏中所能学到的东西。

第2章
平生第一次说谎

所有读心术都可以说是有缺陷的或者是不稳定的，这也是谎言能成功的最主要的原因。我们中没有人能够完全探究清楚驱使人们实施行为背后的真实动因，或者是真正地理解菲利普·罗斯（Philip Roth）所说的"极其重要的其他人"。作为一个物种，我们确实很擅长通过所谓的读心术围绕其他人的想法来构建一个复杂的框架；但同时也很容易犯一些错误。生活中的很多喜剧就源于我们对他人意图的误读，比如在简·奥斯汀（Jane Austen）的《爱玛》（Emma）一书中，女主人公爱玛将埃尔顿先生对自己的关注错误地解读为他对自己朋友哈里特的钟情，但其实这种关注最真实的解释就是埃尔顿喜欢女主人公。除了喜剧之外，这种错误也同样可能是很多悲剧的根源：李尔王（King Lear）无法辨别自己的女儿考狄利娅所说出的爱情宣言背后蕴含的真实情感，也无法辨别其他女儿溢美之词背后的算计。这种误读其实就是生活的本质，这里我要再一次对罗斯所说的话进行引用："事实是，让人们变得越来越正确并不是我们生活的全部。活着其实就是不断地犯错，人们错了一次又一次，错误不断地出现，即使是仔细思考之后，错误依旧可能会从头再来。而这种不断犯错的方式，可能就是让我们意识到自己依旧活着的方式。"

虽然并没有人可以在读心方面做到完美，但不可否认的是，我们之中确实有一些人比其他人更擅长这项技能，而这部分人同时也更擅长说谎，如果他们选择说谎，无疑会成为出色的骗子。当夏洛特的儿子汤姆看到自己的母亲走进房间的那一刻，他就已经意识到母亲是想弄清楚他有没有打翻台灯，他索性赌了一把，试着用手指了指远处的妹妹，希望这可以改变母亲当下的判断。如果你想让我相信你是罗马尼亚的玛丽皇后，那你就必须对我所认为的罗马尼亚玛丽皇后的行事风格有个大致的了解。如果一名15岁的女孩想让她的父母相信她并没有抽大麻，那她就需要敏锐地理解需要做些什么才能让自己的父母真正放心。一个糟糕的说谎者可能指的是那些不善于揣测他人想法，但又想说谎的人（如果你稍微花点时间回想一下那些你可能目睹的、某人脱口而出滑稽且明显的谎言的瞬间，你马上就会明白我的意思了）。那些被称为"专家"级别的说谎者，往往都是专业的人类行为观察家。想想伊阿古（Iago）——一个曾经被称为"善于和别人打交道的人",曾微妙地点燃了奥赛罗(Othello)的怒火;或者看看比尔·克林顿,这位曾经的美国总统,同时拥有闻名于世的说谎者和肩负同理心的政治家两个身份。

除了读心术外,说出一个成功的谎言还需要另外两种关键的心理能力。其中之一是心理学家所说的"执行功能",执行功能是一项与提前思考、策略和推理相关的高阶心理技能(尽管"执行"一词在心理学中有明确的含义,但这些能力恰恰可以使儿童成长,让成人享受成功的职业生涯,管理大型组织或解决复杂的工程问题等)。一名四岁的孩子在说谎时必须同时拿捏好几种不同的心理过程:他必须确立自己的目标,借助错误的陈述找出如何实现目标的策略,然后执行他的策略,同时要注意自己的面部表情或叙述,防止自己的真实意图泄露。也就是说,他需要避免看上去很狡猾,或者避免在错误的时间说错误的话。这就意味着,说谎的孩子必须将大脑快速的思考与身体和情绪的自我控制结合起来。

另外,一个善于说谎的孩子同一时间也会展示出一种被称为创造性智力的心理能力,即在一开始就可以对不同的现实加以想象的能力,即使是非常简单的谎言,也需要想象力上的飞跃。汤姆必须能够预见艾拉爬过房间、打翻台灯的可能性,即使事实上她一直静静地坐在沙发上。在窥视游戏中,当孩子面对研究者的质疑时,智力水平更高的孩子会拼凑出某种答案,维多利亚·塔尔瓦记得有一个加拿大男孩试图根据贺卡发出的声音来证明他的猜测是合理的,他想要证明自己身后的玩具是一个填充足球。他解释自己听到的声音"听起来吱吱作响,就像学校体育馆里的足球一样",这个男孩所做出的解释,其实就是一次令人印象深刻的横向思维展示。

说谎并不是一件易事。可以说出一个称得上好的谎言的孩子,必须能够认识到真相,构思另一个虚假但连贯的故事,并在将自己倾向的那个情况灌输给别人的同时,在脑海中对这两个不同的版本进行同步处理,而且还需要时刻去思考对方当下可能产生的想法和感受。很难想象这是一个四岁的孩子可以做到的事情，所以，如果你发现你三岁的孩子撒了一个弥天大谎，不要介怀，不妨先赞叹一番吧。

如何让孩子学会不说谎

你可以对一个三岁孩子编造谎言的技巧表示钦佩，但并不需要为此感到自豪或者是庆幸这个孩子拥有这样的能力。当孩子四岁时，随着他们对这种新技能的运用，说谎次数也会随之激增。这个曲线会一直增长，直到孩子六岁左右，随着孩子在这个年龄段收到的"社会反馈"逐渐增多，孩子说谎的次数通常也会随之减少。也就是说，在一些公众场合，孩子们会慢慢地了解到，说谎带来的巨大好处背后，实际上也隐藏着非常沉重的代价。如果说谎的次数太多，老师和朋友们就会觉得他们不可信，自己也会因此变得不受欢迎。

这一点非常重要，并且在成年人身上也同样适用。大多数时候，说真话还是有效的，特别是对于我们这样高度社会化的生物来说，这是一种非常高效的沟通模式，可以在短时间之内达到双方默认的效果，正如亚伯拉罕·林肯的那句名言所述："你不可能一直愚弄所有的人。" 17世纪的英国思想家和散文作家托马斯·布朗（Thomas Browne）爵士在真理和谎言这个问题上，提出过一个与马基雅维利既对立又互补的观点：

真理的帝国如此宏伟，并被置于地狱之墙之内，在那里，魔鬼们每天都被迫说着真话；虽然魔鬼会在道德的真相上愚弄我们，但魔鬼自己却从不互相欺骗；我们需要理解，所有的共同体都是由真理维系并延续的，缺少了真理，地狱也不复存在。

尽管意大利人马基雅维利试图提醒我们，谎言似乎无处不在，即使是统治者在必要时也会对座下臣民撒谎，但布朗似乎并不这么看。真理是如此强大，这难道不是一件真正意义上的非凡之事吗？即使是魔鬼也依赖于它，因为"所有的共同体都是由真理维系并延续的"。布朗这个极具颠覆性的论点的真正含义是，我们对说谎这个行为的普遍厌恶，与其说是源于上帝赋予的道德或对真理的天生本能，不如说是源于我们保持社会生活车轮向前滚动的需要。大多数关于是否说谎的决定与当事人是天使还是魔鬼其实关系不大，我们说真话是因为它适合当下的我们，而我们说谎，其实也是出于同样的原因。

无论是在自己家里还是学校，大多数的孩子都在本能地对我们可能称之为"布朗定律"的东西进行学习，但依旧有一些孩子跑偏了，并没有加入这个队列。那些在年龄较大的孩子身上出现的持续说谎情况，通常可能代表着孩子内心更深层次的不适：这有可能是孩子发泄沮丧情绪、赢得他人关注或应对内心深处不安全感的一种方式。"说谎是一种症状。"维多利亚·塔尔瓦曾经这样定义。举个简单的例子，那些处在父母正在闹离婚的家庭中的孩子，在面对一些让自己感到无助的情况时，往往会通过一些操纵性的谎言对局势保持一定程度的控制。

用美国俄亥俄州欧柏林大学专门研究少年道德发展的南希·达林（Nancy Darling）博士的话说，说谎属于一种"自我强化行为"。谎言产生谎言，如果一个谎言能让一个孩子摆脱当下的困境，那这个孩子就有可能会再试一次，紧接着，他就需要更多的谎言来支撑自己的第一个谎言。我们都知道谎言来势汹汹：一旦你开口撒了一个谎，往往就需要另一个谎来圆它；而当你已经深陷谎言中时，继续说谎似乎比逃离这种怪圈反而感觉要更容易些；在你真正意识到这些之前，你只能靠说谎延续自己的生命。如果一个孩子对自己的全部认知都与谎言捆绑在一起，那真理可能就与他形同陌路了。多伦多大学教授、儿童研究所所长李康（Kang Lee）表示，八岁之前是扭转说谎者的黄金期，如果一个孩子在七岁后仍然习惯性地撒谎，他可能会在未来几年，甚至成年后继续这种持续性的说谎行为，因为这个孩子已经上瘾了、陷进去了。

越早让孩子认识到"说谎可能会导致自我毁灭"越好。孩子们要怎样才能学会不说谎呢？这个问题和他们一开始如何学会说谎一样有趣，也一样充满争议。孩子们是否需要严格的道德教育和对说谎行为的严厉惩罚呢？还是说应该让孩子们靠自己的力量去解决这个问题呢？

2009年，维多利亚·塔尔瓦着手研究世界各地，包括非西方文化背景下儿童道德行为的发展。在访问过中国和泰国之后，她被一个朋友的朋友介绍到了西非的一所学校，我们索性把这所学校称为A学校，A学校采用的是英国和加拿大主流学校的运作方式，严格又不失合理性，学生的不当行为会遭到口头警告、取消特权或留校察看的处罚，但学校绝对不会对他们进行任何形式的体罚。

但是，当塔尔瓦参观附近的另一所学校时，她看到了截然不同的处理方法。这所学校，我们称为B学校，采取了比A学校更加严厉的纪律措施，严格遵循该国前殖民者法国在20世纪上半叶建立的传统。这里的孩子们各个都被期望能遵守严格的行为准则，不良行为则会受到严厉的惩罚，通常是体罚，甚至带点暴力的性质。比如，学生仅仅是在课堂上答错一个问题，就很可能被教员在头上猛地来一下。一名被塔尔瓦私下戏称为"执行者"的工作人员，每天都会在所有班级间不断地巡视，询问老师他们的学生是否有不良行为出现。这种巡视一天两次，被班主任点名的人则会被带到学校院子里，当着其他孩子的面遭到棍棒击打的惩罚。可被处罚的不良行为包括没有做家庭作业、忘记带铅笔去上课，或者可能最糟糕的行为，当属说谎了。

这两所学校相距仅几英里[①]，学生们来自相似的社会背景，但纪律方法却大相径庭。换句话说，想要探究不同的道德准则对欺骗行为的影响，这个条件近乎完美。两所学校都很高兴且欢迎塔尔瓦进行她的实验，两所学校也都对他们培养出来的学生的道德品质充满了信心。B学校的老师对他们所采用的强硬方法毫无顾忌，并且对A学校的方法不屑一顾，他们认为A学校的方法松懈

---

① 1英里≈1.61千米。——译者注

得简直到了无药可救的地步,并发自内心地相信他们自己的方法才是培养诚实孩子最可靠的选择。

塔尔瓦和她经常合作的李康一起,开始对两所学校中所有三岁至六岁的学生进行面谈,她与每个孩子都玩了窥视游戏,同样从容易猜的玩具开始,过渡到毛绒玩具及发出非常微弱声音的音乐贺卡。这些过程,全部都用摄像机录了下来,而当她回到酒店,在摄像机上回放这些过程时,观察到了一些非常值得注意的事情:B学校的孩子在说谎这件事情上,显得异常坚定和自信,并且这种状态似乎超过了任何一个曾经与她一起玩过这个游戏的孩子。

为了确保数据的可靠性,塔尔瓦第二天又回到了两所学校,并进行了更多的面谈。当她分析结果时,首先引起她注意的是B学校的学生在转身偷看之前所等待的时间。大多数参与窥视游戏的孩子在做出偷看这个冒险行为之前的等待时间都不到10秒,A学校的孩子也符合这个规律。但是B学校孩子的等待时间却长了很多——最久的等了一分钟——才偷偷看了一眼。也许B学校的老师会因这种可能展现自律的证据感到骄傲,但他们肯定不会喜欢塔尔瓦最惊人的发现:无论年龄大小,B学校所有的学生在当下都会本能地立即说谎。这种敏锐的反应似乎与这些学生的文化背景并无关系;A学校的结果则与北美或欧洲的学校非常相似。

B学校的学生不仅全部都说谎,而且还非常擅长说谎。无论在哪里做窥视游戏实验,年幼的孩子往往都会立即承认自己说谎,或者找一些很弱的借口进行狡辩,有时候甚至都称不上是一种狡辩。比如,塔尔瓦告诉我,当她询问孩子"那你怎么知道是足球呢",一个三岁的孩子会说"因为我看它是个足球呀"。说谎行为涉及相当多的身体和情感管理,还要配合上心智的敏锐反应。孩子在说谎的时候必须控制自己的表情和肢体语言,防止自己露出哪怕是一丝坏笑、一个泄露秘密的眼神或者哪怕是一丝的焦虑,同时还要保持故事的真实性。如你所料,说谎技能的纯熟程度往往会随着年龄的增长而提高:三岁的孩子会把他们编造的故事搞混或者因为自己的谎言而发笑,而四岁或五岁的孩子则更擅长让他们的谎言听上去真实可信，并且面不改色地把它说出来。

这种模式在A学校的结果中有所反映。但是就B学校那些可以被称为"老练的骗子"的学生们来说，无论三岁还是六岁，他们都坚定地否认自己在实验者出去的时候偷看过，并在受到质疑时非常自信地坚持着自己的故事。年龄稍大一点的孩子甚至会非常谨慎地使用一些小技巧，比如第一次的时候故意猜错，然后一步步地给出正确答案，以便让人错误地以为他们是通过直觉和推理来寻找答案的。比如他们可能会说："我觉得它听起来有点像手机，但我知道在学校是不允许带手机的。对，所以后来我就想一定是别的什么……可能是动物之类的……"如此充满了技巧性的表演，可能需要对心理常识、创造性思维和戏剧天赋的熟练掌握才能达到。

20世纪90年代初，塔尔瓦在圣安德鲁大学学习，她的导师是安德鲁·怀特，所以她其实从怀特和伯恩的工作中学到了很多，其中的核心可能就是作为一种社会动物，说谎是我们不可避免的一部分，而孩子们可能会从中找到最能帮助他们适应社会环境的说谎策略。怀特和伯恩观察到，最有可能进行战术性欺骗的是年轻的或低社会等级的黑猩猩。哲学家西西拉·博克（Sisella Bok）推测，儿童所养成的这种说谎习惯，很可能是其抵御成年人压倒性身体和社会力量的最后一道防线。"弱者是不会真诚的。"弗朗索瓦·德拉罗什富科（François de La Rochefoucauld）曾经做出过这样的表述。如果教师和家长进一步地加大对说谎行为的惩罚力度，那就可能迫使孩子进一步采取自我防卫的态度，并且可能带来始料未及的后果。

对于A学校的孩子来说，大部分时间说实话，偶尔扯个谎的状态，其实是可以理解的。他们知道如果自己因为说谎而被抓到，可能会面临一些麻烦，但麻烦并不会太大。但是，反观B学校，这里的孩子们已经适应了在塔尔瓦所说的"惩罚性环境"中生活，在这种环境中，自我防卫显然是最重要的。他们意识到在这样的环境中，即使说实话也往往会给自己带来麻烦；同时也意识到，无论谎言多么小，只要被揭穿，都会让自己陷入痛苦的惩罚中。所以，从三岁开始，这些孩子就已经学会了用说谎来赌一把，这里面贯穿着一个逻辑，就是"如果当下这件事情，存在任何让自己陷入麻烦的可能性，就撒个谎，并且一定要做到天衣无缝"。这也印证了塔尔瓦对我说的那句话，"如果小事都能给你带来麻烦，那你不如放手一搏"。

B学校所采用的方法是一种天主教传教士设置并建立的制度，旨在以一种严厉但有效的方式向儿童灌输良好的道德习惯。塔尔瓦的研究表明，这种制度并没有成功地让B学校的孩子变得诚实；恰恰相反，这似乎成了培养习惯性、技巧纯熟的小骗子的完美方法。

如何对待说谎的孩子

孩子们从父母那里接收到的关于说谎的信息可谓非常混乱繁杂。一方面，他们被父母教导说谎是不好的行为；另一方面，当他们如实地告诉自己的奶奶，他们从来没有戴过圣诞节她送的围巾时，又会遭到父母严肃的警告。孩子们注意到，当他们在某些情况下说谎时，他们的父母会认同甚至鼓励这种行为，并相应地调整他们的行为。作为观察能力超群的物种的一员，孩子们同样也会注意到自己的父母会对别人说谎，无论是在回应电话推销员时还是面对那些问尴尬问题的朋友时。随着孩子们的成长，他们对"说谎是错误的，也是必要的"这种观点形成了更深的认识。在塔尔瓦的一个实验中，参与实验的孩子会收到一个外观看起来像玩具的礼物，但打开一看，却发现是块肥皂。这种情况下，绝大多数七岁的孩子都会非常直接地表示自己不喜欢。但当孩子到达11岁这个年龄段时，就有近50%的孩子会通过巧妙精湛的谎言来让别人相信自己是喜欢这个礼物的。所以，随着孩子的成长，与其说他们学会了不去说谎，不如说他们掌握了说谎的时机。

南希·达林是一位在青少年社会生活方面深耕了近20年的研究者，研究

第 2 章
平生第一次说谎

范围包括智利、菲律宾、意大利和美国在内的多个国家。无论在哪个国家，几乎所有接受过面谈的青少年都承认，自己在家里时会说谎。但所有这些家中的谎言，一般都只涉及几个方面的问题，包括与他人的暧昧关系、酒精或其他成瘾性物质的使用、对交友规则的违反（去哪里、和谁去）等。另外，承认自己会在家里说谎的同时，大多数的青少年都会声称自己非常重视诚实这个品质，其中许多人甚至会夸耀自己与父母之间存在着牢固、开放的关系。只有当研究人员就一些细节进行进一步详细询问时，这些青少年掩藏起来的不诚实才会被揭露出来，甚至他们自己可能也是在被揭露的那一刻才意识到这一点。"他们对此感到惊讶，"达林告诉我，"他们并不喜欢给自己贴上骗子的标签。"

和其他人一样，青少年对说谎的态度同样是复杂的。一方面，他们说谎是基于直接的自身利益，比如为了避免受罚，又或者为了在父母或其他人面前维持一个精心管理的良好形象；另一方面，他们说谎可能也是为了保护自己的父母，因为青少年可能会认为，有些事情的真相会让自己的父母产生不必要的负面情绪。那父母呢？其实父母也经常会在这种谎言中达成相互间的一种默契，默默地不去探究那些在孩子生活中他们自己可能不太想知道太多的领域。达林在谈到自己十几岁的儿子时说："他不会对我说谎，因为我压根就不会去问他。"

学校里的情况其实与家里的情况很类似，在某些情境下，选择说谎肯定是会为自己带来一些好处的。例如，当孩子们试图平衡老师、父母和同龄人之间的冲突，却被贴上"告密者"或"卧底"的标签时，孩子们可能会陷入一种非常尴尬与不适的境地。1969 年，一个堪称经典的实验在美国一所高中进行，这个实验对说谎行为中所涉及的微妙社会考量进行了揭示。

在一节历史课上，老师突然被叫出教室去接一个重要的电话。这个时候一名学生从座位上站起来，径直走到老师的讲台前，把老师留在讲台上的钱全部揣进了自己的兜里。"怎么样？看到我做了什么吗？"他洋洋得意地向全班同学喊道，然后回到了自己的座位上。实际上，这个走上前偷老师钱的学生，是之前实验者已经安排好的实验助手,而教室里的其他学生对此并不知情。

这个实验场景在不同的班级被安排进行了两次,两个不同的实验助手扮演了实施不良行为的学生角色。在其中一个实验场景中,被选中扮演这个角色的学生是一个在同学中有着较高威望的优秀男孩,如果要选几个学生代表学校去出席晚宴,他肯定就是那个被提名最多的当红人选;而在另一个实验场景中,一名表现差的学生扮演了这个偷老师钱的角色,他的同龄人一致认为他不太值得信任。

在这两起事件之后,每间教室的学生都与一名心理学家进行了单独或成对的面谈,这些参与面谈的学生都被问了三个同样的问题:"你知道今天有人从老师的桌子上拿了一些零钱吗?你知道是谁拿的吗?如果知道,那是谁拿的呢?"所有单独进行面谈的同学,都无视扮演者在同学中地位的高低说出了真相。但是这种诚实的状况,在成对接受面谈时发生了变化。在成对面谈的情况下,在那位在同学中有着较高地位的扮演者所处的班级里,没有一个人说实话,大家甚至都否认看到有人拿走了老师桌子上的零钱。然而,当轮到地位低的扮演者所处的班级时,每个学生都在第一时间,指名道姓地说了实话。

这个结果似乎告诉我们,学生们确实有着一种诚实的本能,但为了避免被别人当作背叛班上最受欢迎的孩子的一分子,他们也同时做好了说谎的准备。

对大多数孩子来说,说谎并不会成为一个很大的问题,这不仅仅是因为孩子会被教导说谎是错误的行为而停止,更多的可能是因为孩子们习得了一种不成文的社会规则,即什么时候说实话、什么时候说谎话。父母可以帮助孩子们学习这些规则,但前提是父母要让孩子感到被信任。大多数孩子说谎是为了避免尴尬或远离麻烦,而不是为了操纵他人,过于严厉地惩罚这些说谎行为反而会使孩子陷入不诚实的循环。"如果你走进一个房间,发现你五岁的孩子身上溅满了牛奶,一般你会问:'是你弄的吗?'这其实就给了孩子一个说谎的暗示和机会,你在邀请他们说谎,"达林说,"如果你说,'啊,你把牛奶打翻啦？我们来清理一下吧！'那孩子当下就不太可能说谎。那如果他还是说谎了该如何处理呢？你最好什么也别说，一笑置之，同时表明其实你知道他在说谎。需要成年人记住的一点是，完全没有必要因为孩子说谎就指责或认为他不是个好孩子。"如果一个孩子觉得自己的品性老是受到攻击，那这个孩子会很快在自己周围建立起一层保护性的伪装。"说谎会受到严厉的惩罚"就好像一把悬在孩子头上的剑，而那些生活在这种威胁下的孩子，可能会更容易成为说谎者。

有时人们会说，父母在孩子说谎时最好的方法是放手不管，静待他们长大成人，到时候他们就不会说谎了。但对达林来说，这是对孩子的一种误导："如果他们侥幸逃脱了因说谎可能带来的那些惩罚，他们就很可能还会继续说谎，很快他们就不知道什么时候停止了。"她认为，最好的父母应该是热情但严格的。她回忆自己的童年，她的父亲告诉她，他可以通过闻她的手肘来判断她是不是说了谎。她笑着说几年后自己才意识到那并不是真的。现在回想起来，她非常钦佩父亲的睿智，因为他当时创造了一个看上去客观的测试（一个善意的谎言）来检测她的谎言，一个允许他俩都承认行为但不质疑道德品质或遭到惩罚威胁的测试。

维多利业·塔尔瓦还有另一个版本的"窥视游戏"。

这个变化版本中，研究人员会在游戏开始前给孩子读一则小故事。一则故事是《狼来了》(*The Boy Who Cried Wolf*)，故事中的男孩因为反复说谎，最后和羊一起全被狼吃掉了。另一则是《乔治·华盛顿和樱桃树》(*George Washington and the Cherry Tree*)，故事中年轻的乔治承认自己用闪亮的新斧头砍倒了樱桃树。故事以他父亲的话结束："乔治，我很高兴你终于砍倒了这棵树。听你说真话而不是说谎的感觉，比我有一千棵樱桃树的感觉还好。"

塔尔瓦对这些故事是否会对孩子们在随后游戏中说谎的意愿产生影响饶有兴趣，如果有，哪个故事更有效呢？你可能觉得《狼来了》效果会更好，毕竟，它的结局预示着一个可怕的惩罚结果。但事实上，听到这个故事的孩子，会比没有听故事的孩子更容易在游戏中说谎。相比之下，乔治·华盛顿的那个真实故事更能激励孩子们对其进行效仿，即使为了防止第一任总统的名声影响孩子而把华盛顿的名字换掉，也不影响这个故事的效果。根据塔尔瓦的说法，这个故事的力量在于它教会孩子们以诚实为乐，而不是向他们灌输那种害怕谎言被揭穿的恐惧。

达林、塔尔瓦等人的研究表明，培养出一个值得信赖的孩子最可靠的方法就是信任他们，让他们本性中最好的部分得以充分的发挥，而不是试图去根除他们本性中最差的部分。简言之，去创造一个诚实至上的环境。

尽管查尔斯·达尔文处在一个道德教育严格且充满惩罚性的时代，但他很早就得出了同样的结论：

一旦孩子良好的情感体系被培养起来，他就会很快变得像所有人所希望的那样诚实、坦率和温柔。

第 3 章

Born Liars
Why We Can't Live Without Deceit

虚构症患者是骗子、艺术家还是疯子

> 作家天生就不能说真话,这也正是为什么我们称他们写的东西为小说。
>
> 威廉·福克纳(William Faulkner)

虚构症患者中的超级大骗子

2004年,英国天空广播公司对其供应商之一的美国电子数据系统公司提起法律诉讼。该案主要围绕天空广播公司指控电子数据系统公司在一个信息技术项目的时间和成本上存在欺诈展开。天空广播公司提出的赔偿金额高达数亿英镑,而行业观察人士则对此案胜诉与否抱怀疑态度,因为这种规模的案件以前从未胜诉过,其核心是很难证明电子数据系统公司的所作所为属于欺诈性的虚假陈述而非简单的沟通上的误解。

庭审进行到第 37 天，电子数据系统公司的执行官乔·加洛韦（Joe Galloway）在法庭上面对天空广播公司的律师马克·霍华德（Mark Howard）时是否诚实成了全场争议的焦点。霍华德并没有继续在指控涉及的复杂内容上纠缠，转而向加洛韦问其证词中提到的工商管理硕士学位一事，按照证词，加洛韦被美属维尔京群岛的康科迪亚学院授予工商管理硕士学位。加洛韦非常自然地就自己在美丽的圣约翰岛上学习的一年时光聊了起来。他说，他在岛上时曾就读于康科迪亚学院，并为一家总部位于美国得克萨斯州的前雇主服务，该雇主曾委托他监督一家总部位于圣约翰的可口可乐经销商的项目，该项目要求他乘坐小型通勤飞机往返于该岛，这种飞机印象中是四座或是六座的。随后他描述了自己非常熟悉的三个主要的大学建筑，之所以如此熟悉，是因为该学校要求严格的夜间学习计划要求他每周几个晚上必须回到校园进行每晚不少于三个小时的学习。他甚至答应向法院提供所述课程的教科书，并且最终还真的提交了一本。

作证时，加洛韦表现自信且叙述流利，甚至有时候看起来很开心，他的这个状态贯穿整个审判过程始末。那些不知情的看客甚至是那些消息灵通的观察人士都不会猜到，加洛韦实际上是在瞎编。

精神病学家安东尼奥·达马西奥（Antonio Damasio）在 1985 年发表的一项精神病学案例研究中，讲述了一名在几次连续的中风后大脑受损的中年妇女的故事。

这位中年妇女在连续中风之后，依旧保留了大部分的认知能力，并且可以进行连贯的表达。但是，她说的很多话着实让人难辨真假或者说经常让人顿感意外。在对她进行基于事件的认知检查时，达马西奥围绕马岛战争对她展开了询问，然后她就开始不由自主地描述起她在岛上度过的一个幸福愉快的假期，包括与丈夫长时间散步的那些瞬间，以及从商店购买当地小饰品的回忆等。而当这位中年妇女被问及岛上说什么语言时，她脱口而出："马岛说的当然是马岛话啊，那不然要说什么？"

第 3 章
虚构症患者是骗子、艺术家还是疯子

用精神病学的术语来说，这个女人展示的这种表述情况属于"虚构"。慢性虚构症是一种罕见的记忆问题，只有一小部分脑损伤患者会患有这种疾病。在相关文献中，这种情况被定义为"对自己或世界产生了不存在的、歪曲的或存在误解的记忆，但无明确的说谎意图"。相比健忘症患者会犯的"缺失"的错误（他们发现无法填补记忆中的空白），虚构症患者所犯的错误多数可以用"捏造"来概括（他们会编造一些不存在的东西出来），不是忘记，而是发明。

患虚构症的病人总是对自己的病情毫无察觉，而且会非常认真地对自己的情况做出一些荒谬的难以置信的解释，比如他们为什么住院，或者为什么需要看医生。有些人会为自己捏造出一个职业，或者是假装在说话的同时还忙碌地处理着本就不存在的工作。一名患者在被问及自己身上的手术疤痕时解释说，在第二次世界大战期间，他突然对一名少女发起袭击，然后这名女孩向他头猛开三枪，当时他就一命呜呼了，至于这些伤疤，其实是后来医生为他做起死回生手术的时候留下来的。而当这名患者被问及自己家人的情况时，他立刻就开始声情并茂地描述自己的家人是如何在不同的年代在自己的怀抱中走完他们人生的最后一段路的，或者在他眼前被别人杀害的。这并不是最荒诞的，还有更多的虚构症患者讲述了更多荒诞的故事，比如去月球旅行、在印度与亚历山大并肩作战，或者在十字架上看到耶稣活了过来等。虚构症患者并不是想欺骗别人，他们只是深陷神经心理学家莫里斯·莫斯科维奇（Morris Moscovitch）所说的"诚实的谎言"中。他们处于一种不确定中，并被这种不确定性所困扰，同时他们还会出现一种无法遏制的"叙述的冲动"——一种根深蒂固地去塑造、整理和解释他们并不理解的东西的冲动。

慢性虚构症通常与大脑额叶受损有关，尤其是负责自我调节和自我审查的区域，听到一个问题，或者只是一句话，都会立刻引发病人的一整套联想。当然，这样的情况在我们身上也会出现，比如当听到"伤疤"这个词时，你可能就会联想到在战争中负伤、一些老电影或濒死体验的故事等，但是你并不会让所有这些随机产生的联想到达自己的意识层面。假如你这样做了，你也会发

现自己并不能清晰地表达它们，你会基于真实性（我并没有参加第二次世界大战）、理智性（你并不能被杀后复活）甚至社会适宜性去进行自我审查。但是慢性虚构症患者就不会做这些事情，他们会把真实的记忆和那些天马行空的想法、愿望、希望随意结合，然后从混沌中编造出一个故事来。

虚构症存在某种更广泛的意义，它是对正常人思维的一种深层次的揭示。具体来说，它揭示了我们大脑所蕴含的源源不断的创造力。我们是天生的虚构主义者，会不断地从我们的经验和想象中汲取素材编造故事，试图冲破那些将我们束缚在现实中的枷锁。只是在大多数情况下，我们会运用大脑对所说的故事进行审查，对听众以及我们希望听众相信的事加以控制，但这个控制的程度则取决于不同个体的个性和讲故事的时机。

马克·霍华德可能对加洛韦当下立刻就能胡编乱造这么久还编得这么细致感到惊讶，但他也非常乐意让他继续表演下去，因为他早就知道加洛韦在说谎了。在对加洛韦进行彻底的背景调查的过程中，天空广播公司的法律团队发现圣约翰从来就没有一个叫康科迪亚的学院；岛上也从来没有过可口可乐的任何办公室或设施，甚至连机场也没有，根本就不可能坐飞机飞到岛上去。而加洛韦递交给法庭的教科书上的条形码和印章都表明这本书属于美国密苏里州加洛韦家附近一个图书馆的馆藏。更戏剧化的是，在加洛韦出庭作证的几天后，霍华德也向法庭递交了一份MBA证书，上面赫然写着他的雪纳瑞宠物狗露露已经被圣约翰的康科迪亚学院授予了工商管理硕士的学位。实际上，康科迪亚学院是一家总部位于美国特拉华州的未经认可的机构，只要你有点生活经验、给点钱，就可以授予你学位了，其实就是我们说的"野鸡大学"。出庭律师进一步指出，自己的宠物狗露露设法取得学位时所获得的毕业分数甚至比乔·加洛韦还要高呢，随后，他还展示了一封由康科迪亚学院校长帮宠物狗露露写的推荐信。

也许乔·加洛韦的谎言最引人注目的地方就在于他多此一举的编造。一旦霍华德开始向加洛韦询问他工商管理硕士学位的具体内容，加洛韦最好的策

第 3 章
虚构症患者是骗子、艺术家还是疯子

略其实就是直接承认这个学位是怎么来的，因为只要稍微动脑子想一想就知道，在这样一个利害关系如此重大的案件中，他站在证人席上所说的每一个字，甚至是每一个标点都有可能被仔细研究并确保其真实性；当然还有第二个选择，就是用回避大部分律师问题的惯常招式"我不太记得了"来搪塞过去。但是，这两个选择他都没有做，反而是相当细致地回忆起了自己在圣约翰读书的那一年。尽管加洛韦从欺骗行为上得到的快乐可能远不及他丰富的想象力肆意挥洒时所带来的那么多，但他在法庭上的这种行为，依旧向众人揭示了说谎专家们口中所谓的欺骗的快乐。

法官在解释自己支持天空广播公司诉讼请求的原因时说，加洛韦在工商管理硕士学位这一点上说谎时所展现的那种轻松和自信摧毁了他作为证人的全部可信度，并表明他在商业交易中确实可能存在欺诈的倾向。法官说，谎报学历是一回事，加洛韦的行为和证言同时也证明了另一件事——惊人的说谎能力。法庭最终完全支持了原告的诉讼请求，电子数据系统公司被勒令向天空广播公司支付两亿多英镑的赔偿。

在 1995 年上映的美国电影《非常嫌疑犯》（*The Usual Suspects*）中，侦探们陷入了寻找神秘的恺撒·索泽所带来的绝望中。索泽在黑社会中是近乎神一般的存在，无情、暴力且超级聪明，尽管双手沾染的罪行数不胜数，但关于他的身份、过去，甚至是他的长相都像谜一样无人知晓，之前那些见过他的人都已经从这个世界消失了。所以在整个调查索泽的过程中，侦探们只能依靠一个跛脚的骗子、外号"口水金特"的罗杰·金特的证词来寻找哪怕一点点的蛛丝马迹，而他也因讲述了他所知道的索泽的信息而被免于起诉，随后被释放。

"口水金特"讲述了他和他那些职业犯罪团伙的同伙是如何被索泽通过自己的律师小林威逼，替索泽摧毁了一大批属于索泽竞争对手的毒品的故事。而在那次行动中，除了"口水金特"和另一个人外，其他人都被打死了。他还向调查人员坦白了自己所知道的全部关于索泽生活的信息，比如早期他在自己的祖国土耳其只是一名级别很低的毒品分销贩子，但是在匈牙利黑手党杀死了他

的一个孩子后，他变成了一个面目全非、可怕的独行侠，并开始对黑手党进行可怕的报复。"口水金特"所说的这些故事，将警察的调查方向引向了一个叫迪恩·基顿的人，而这个人很显然就是索泽。

然而，在这部电影堪称一绝的结局中，真正的索泽浮出了水面，这个人并不是别人，出乎所有人的意料，包括审讯"口水金特"的人，包括我们，索泽正是"口水金特"本人。"口水金特"在审讯中所说的所有的故事和信息都是精心编造的谎言，是从他周围的环境以及进行审讯的警察办公室公告栏中，临时拼凑出来的一系列细节。当调查人员看着公告栏中的信息时，发现有一些公告栏中的内容刚好就是不久前"口水金特"所讲的内容，调查人员一瞬间后背发凉并反应了过来。而后续的一个场景，更是让这种不寒而栗更加明显，调查人员碰掉了审讯时喝咖啡的杯子，在电影中杯子摔碎的过程被慢放了，观众可以清楚地看到杯子摔得粉碎的全部过程，同样也可以看到杯子底部印刷的制造商标志，制造商的名字正是小林。

就像电影中的"口水金特"一样，虚构症患者可以用自己周围的任何东西来编造他们的故事。就像那个讲述她在马尔维纳斯群岛度假的女人一样，故事似乎一瞬间就编出来了，只需要问一个问题，或者说一个特定的词，就可以激活他们，就像一名爵士萨克斯手用同台的钢琴家抛出的一段旋律作为独奏的引子一样。一个虚构症患者可能会向来看望自己的朋友解释自己待在医院的原因，他会把自己解释为一名精神科医生，把站在他旁边的人（真正的医生）说成自己的助手，而此时他们正要去看望一名病人。慢性虚构症患者通常会在语言上展现出较强的创造力，可以用荒谬但有暗示性的方式把单词组合在一起：当被问及法国的玛丽·安托瓦内特（Marie Antoinette）王后发生了什么事时，一名患者回答说王后是被自己的家人逼得"自杀"的。这些病人就像亨利·詹姆斯（Henry James）描述的小说家一样："不浪费任何一个想法。"但是又不完全像小说家或骗子，因为虚构症患者会完全被素材所支配。

"口水金特"和马尔维纳斯群岛的女人两个例子，都向我们展示了创造性想象的核心过程。哲学家大卫·休谟（David Hume）在其著作《人性论》（*A Treatise on Human Nature*）中写道：

> 要塑造一个怪物，必须加入不协调的形状和外观，其所需要消耗的想象力其实要比构思最自然和熟悉的对象还要多……虽然，我们的思想似乎拥有这种无限的自由，但当我们进一步去审视它时就会发现，思想实际上被限制在非常狭窄的范围内，所有这些思维的创造力只不过是合成、转换、增加或减少感官和经验提供给我们材料的能力。当我们想到一座金山时，我们所做的只不过是把我们以前熟悉的黄金和山这两个普通的概念组合在了一起……简言之，所有这些我们用于思考的材料，都离不开我们外在和内在的情感范围，而混合和组装这些材料，则属于头脑和意志的专属工作。

虚构症患者中的艺术天才

亨利·詹姆斯的哥哥威廉·詹姆斯（William James）将在各种想法之间建立新联系的能力称为"发散性思维"，而这种思维模式唯一的规律似乎就是其思维模式中的"不可期待性"。当我和作家威尔·塞尔夫（Will Self）谈及他的创作过程时，也谈到了这个话题。对他来说，创造性思维是一种持续的、愿意接受这个世界以及思想的方方面面，并将它们与其他东西放在一起，以产生并列关系的过程。在马丁·斯科塞斯（Martin Scorsese）所拍摄的关于鲍勃·迪伦（Bob Dylan）早期职业生涯的纪录片《迷途之家》（*No Direction Home*）中，我们得以一瞥创造性聚焦的过程。那是1966年，迪伦穿着蓝色麂皮夹克、细条纹裤子，戴着雷朋太阳镜，站在伦敦肯辛顿的一个街角。这是他第一次造访英国，心情愉悦，并且显得兴致勃勃。迪伦在一家宠物店门口看到了三条喷绘的彩色标语，很明显地写着宠物店兼做烟草生意。他站在路边，大声地把标语读了出来：

我们代管、修剪、清洗并归还你的狗

兼售香烟和烟草

动物和鸟类买卖中介

随后，迪伦使用这些标语作为原始素材，口头即兴地来了那么一段，创造出了一个颇具"垮掉派"诗歌风格的歌曲段落。他手舞足蹈，夹着烟的手在空中晃着，一边思考着一边发出咯咯的笑声，然后以我们大多数人都无法想象的速度创作出了另一个全新的版本：

我想要一只狗，它会收拾我的浴缸，把香烟归还给我，给我饲养的动物带去烟草，给我饲养的鸟带来中介。

我在寻找一个地方，帮我的鸟洗澡，买我的狗，收好我的剪子，卖给我香烟，还定制了我的浴缸。

我在寻找一个地方，让我的灵魂得到滋养，让我回来，清洗我的双足，代管我的狗。

这一小段歌词如此引人注目的部分原因，正是因为它揭示了即兴创作的一个关键步骤：不断地将熟悉或平凡的元素进行融合，直到新的东西诞生。虽说将由此产生的类似于打油诗一样的产出结果称之为艺术有点言过其实，但这种虚构组合的方式确实又是许多艺术创作的方式。迪伦的创造力往往与其说谎行为交织在一起，这在他的传记中有很明显的表现。早在他刚开始在纽约崭露头角时就告诉过采访他的记者，自己是在美国新墨西哥州的盖洛普小镇长大的，曾住在艾奥瓦州、南达科他州、北达科他州和堪萨斯州，并跟着布鲁斯歌手阿尔维拉·格雷（Arvella Gray）和曼斯·利普斯科姆（Mance Lipscombe）学习吉他。而事实上，迪伦那时只住过明尼苏达州和纽约，也从未见过格雷或利普斯科姆。这正是一个虚构症病人会讲的那种故事，将真实情况与幻想、与自己想实现的愿望混合在一起。唯一不同的是，迪伦可能明确地意识到自己是在说谎。

第 3 章
虚构症患者是骗子、艺术家还是疯子

1996 年,在一个引起巨大反响的诽谤案件中,英国前内阁部长乔纳森·艾特肯(Jonathan Aitken)向法庭讲述了一个故事,生动地表达了在他的名字被一家全国性报纸玷污后,他不得不忍受的那种恐惧。他说某个早晨,当他和他十几岁的女儿亚历山德拉·艾特肯(Alexandra Aitken)离开位于威斯敏斯特北街的家时,他发现自己被一个突然冲出来的纪录片摄制组"包围"了。亚历山德拉被摄制组的攻击性行为弄得心烦意乱,害怕至极,并放声大哭起来。艾特肯迅速让女儿坐进了自己的部长专车,但当他们开车离开时,他发现记者们正在他们的车后尾随,随后一场令人毛骨悚然的追逐在伦敦市中心发生了。双方一直纠缠,直到艾特肯实施了一个堪称狡诈的策略,在西班牙大使馆里面换了辆车,才摆脱了那些记者。

艾特肯这个富有、英俊、口齿伶俐的男人,特别喜欢去营造一些煽情的场景。一年前,他在一次为了宣布起诉《卫报》(Guardian)而召开的新闻发布会上宣称:"如果需要由我来发起一场斗争,用简单的真理之剑和大不列颠的公平之盾来根除我们国家扭曲的新闻业毒瘤的话,那我便会直面它,我已经准备好战斗了,与谎言和那些兜售谎言的人缠斗下去。"然后,这个案子持续了两年多,其中涉及《卫报》对艾特肯与沙特军火商关系的一系列指控,包括据称他在担任政府部长期间作为军火商的客人在巴黎丽兹酒店与军火商开会的一些细节内容。其实艾特肯在新闻发布会上慷慨激昂地喊口号时,就已经明确《卫报》所提出的那些关键指控都是真实的了,所以不论他多么煽情,情绪多么激昂,官司该输还是输掉了,而且还赔上了他的名誉和职业生涯。

随着审判的展开,艾肯特所说的那些看上去纯属多余的谎言,还是让早知道他在撒谎的《卫报》记者感到惊讶;同样,在诉讼尘埃落定之后,他的谎言也震惊了除记者外的其他人。这些谎言中,有些是为了掩盖自己之前的谎言,有些则看上去完全是为了追求编造所带来的快感和刺激。就像我们前面说到的加洛韦一样,艾特肯沉溺在编造和虚构带来的快感和刺激中,慢慢地滑向谎言的深渊。乔纳森·艾特肯的谎言还有一个更妙的特点:他会像小说家一样，用谎言来让自己的性格更加立体。他在新闻发布会上展现的那些华丽的辞藻为他在审判中的自我展示定下了基调，所打造的人设是一个有着橡树般美德的人，一个被轻浮、恶毒和尖刻的批评所困扰的爱国者。他所讲述的那个紧张刺激的"记者追逐故事"，对他的案件来说其实并不是必要的，但这个故事有着一个异常明确的、戏剧性的目的，就是对他正在试图塑造的勇敢无畏的英雄形象进行打磨。

艾特肯于1997年6月17日败诉，当时被告方向法院提交了无可争议的证据，证明他在关于自己巴黎行程的供述上撒了谎。但在那之前，他的魅力、流畅的表达和极具煽动性的陈述天赋看起来无疑会带领他剑指胜诉。其实几天前，他正直的形象就已经遭受过一记重击了，造成这一重击的，正是他口中叙述的那段在北大街上演的记者追逐战，当未经剪辑的监控录像被展示给法庭时，大家看到了一个完全不同的故事。艾特肯那天确实出了门，但是女儿亚历山德拉·艾特肯并没有像他说的一样和他在一起，我们的这位部长独自走出房子，上了他的车，扬长而去，画面中也并没有任何车辆在后面紧咬不放。

虚构症病人编造的故事并不完全是随机的，就像艾特肯的谎言一样，往往描绘的是主角脑中最理想化的东西，而自己无疑就是那出英雄剧的焦点核心。因为他们并不能接受自己的状况，或者其行为背后的真相，所以这些故事经常被他们用来隐喻自己的困境。伦敦国王学院的精神病学家艾卡特里尼·福托波卢（Aikaterini Fotopoulo）就是专门研究虚构症相关理论和治疗手段的专家，她向我讲述了一个19岁病人RM的故事。

RM是一位从事窗户装配工作的蓝领工人，在一次交通意外中，他所乘坐的汽车在高速行驶时发生了碰撞，导致他的大脑额叶受损。经过六个月的治疗，RM的身体倒是恢复得挺不错的，但他在时间感知上似乎出了点问题，特别是在提前制订计划方面问题尤其严重。根据他周围的朋友和家人的说法，RM经历了这次事故以后，简直就像变了一个人一样，变得更自负、易怒，甚至是情绪化，同时也被确诊为慢性虚构症。但在RM自己来看，他已然是完全

第3章
虚构症患者是骗子、艺术家还是疯子

康复了，甚至在长达六个月的康复期间，他都一直在编造冗长且复杂的故事来解释自己为什么住在医院里由医生和护士照料。更有意思的是，他似乎在以他希望的方式改写自己过去经历的那些不愉快的事情，比如在事故发生前不久，父母离婚这件事让他非常焦虑，但在治疗期间，他会不断地告诉别人自己是如何说服父母冰释前嫌的。RM还会和周围的人讲一些让人难以置信的非常大胆的行为，比如他在接到来自女朋友或家人的求助电话，知晓他们深陷匿名攻击者的威胁时，会以人类无法企及的速度冲到现场，被迫使用暴力制服甚至杀死攻击者，然后警察会来进行一番调查，并在调查后称赞RM做了警察都做不到的事情。

对福托波卢来说，RM这种似火般的英雄主义故事隐含着一个显而易见的目的，就是他试图通过重写自己对于那次让他失去理智的可怕事件的记忆来减轻自己内心深处的无助感。

福托波卢已经学会了从病人的谈话中寻找存在于病人潜意识层面的那些他们自己试图去理解的问题。她的另一个病人是一位中风的意大利富商，他经常因为"丢失了几箱重要文件"而烦恼。福托波卢认为，这个经常出现的烦恼属于这位病人记忆上所存在的问题的隐喻。西格蒙德·弗洛伊德（Sigmund Freud）会将故事视为普通人在梦和幻想中对愿望的一种实现，他不仅会在病人的梦和言语中寻找隐藏的心理意义，也会去艺术作品中寻找。对弗洛伊德来说，梦、故事和说谎是不可分割地交织在一起的一个整体，因为我们永远无法说出无意识的真相。他指出，男性作家的小说普遍以"英雄为中心，作家试图通过一切可能的手段赢得我们的同情"，如通过拯救痛苦的女性。

美国影星马龙·白兰度（Marlon Brando）去世前不久，曾经制作过（但从未出版）一系列关于表演的教学录像，名为《为生存说谎》（*Lying For A Living*）。在这些保存下来的影像中，可以看到白兰度向一群充满热情但有些困惑的好莱坞明星，包括莱昂纳多·迪卡普里奥（Leonardo Di Caprio）和西恩·潘（Sean Penn），宣讲着自己关于表演的感悟。白兰度还从洛杉矶随机招

募了一些人，并说服他们进行即兴表演（该片段让人难忘，因为场景中涉及两个侏儒特型演员和一个异常高大如巨人般的萨摩亚人）。当被问及他为该剧定名的原因时，白兰度对作家约德·卡弗坦（Jod Kaftan）说："如果你会说谎，你就可以演戏。""那你擅长说谎吗？"卡弗坦问。"天哪，我在这方面棒极了！"白兰度回答道。

演员、剧作家和小说家并不是在试图欺骗你，因为文艺表演的规则都是事先制定好的：你来剧院，我们就会为你呈现绝妙的谎言。但正如白兰度等人所观察到的，艺术故事的表述方式和说谎非常地接近：两者都涉及故事情节的虚构，都要求观众相信这些故事，而且所涉及的心理过程也是相似的。说到这里，我们应该已经意识到，艺术家、说谎者和虚构症患者之间的差异和其相似之处一样具有启发性。

与艺术家不同，慢性虚构症患者没办法停止编造自己的故事。但是在某些时候，艺术家也会如此，他们有时会将一种创造性行为描述为在他们身上发生的，超出他们控制范围的事情。就好像之前我们所提到的纪录片中拍摄的那样，当迪伦站在宠物店外时，就会给人一种华丽的辞藻会自动从他身上滚动出来的感觉，又或者是大家都知道的另一个故事：他在一次漫长的灵感迸发中潦草地写下了著名的《像一颗滚石》（*Like a Rolling Stone*）的歌词（迪伦后来亲切地称他的初稿为"一坨呕吐物，足足20页长"）。艺术家在创作的过程中，可以明确地意识到自己的创作行为，并能够随意利用自己的潜意识过程。罗伯特·路易斯·史蒂文森（Robert Louis Stevenson）依靠他异常生动的梦境组成了自己故事的基础和原型，写出了《化身博士》（*The Strange Case of Dr Jekyll and Mr Hyde*）这一惊世骇俗之作，而这一切本就始于一场噩梦，一场使他尖叫着醒来的噩梦。如果慢性虚构症患者对福托波卢所说的"白日梦"的沉沦是被动的，那艺术家们对这些虚构资源的利用则可以被认为是谨慎且主动的。

美国霍普金斯大学医学助理教授查尔斯·利姆（Charles Limb）博士除了是一名耳科医生外，也是一名忠实的音乐迷（他告诉我，自己对声音很着迷）；

同时，他还是一位有成就的萨克斯手、作曲家和音乐历史学家，他最喜欢的音乐是爵士乐，并对那种促使爵士乐手即兴创作的心理过程充满了兴趣。这一心理过程可以促使很多艺术家在舞台上即兴创作出杰作，比如他的音乐偶像约翰·科尔特兰（John Coltrane）等。利姆想看看是否有一种方法可以跟踪音乐家即兴创作时的神经活动，以及通过这种跟踪是否可以让我们一瞥创造力迸发的过程。以此为目标，利姆博士和他的同事艾伦·布劳恩（Allen Braun）一起设计了一个实验。

利姆和布劳恩招募了四名爵士乐手，让他们躺在大脑扫描仪里弹奏特别设计的键盘。最开始的时候，这些音乐家会被要求演奏一首完全不需要动脑子发挥的曲子——一段由利姆创作的简单布鲁斯旋律，然后，他们会被实验者要求在一段爵士四重奏的旋律中进行即兴演奏。音乐家们一开始即兴创作，一种独特的大脑活动模式就随即展现在实验者面前。前额叶皮层是大脑中负责自我觉知和内省的区域（这个区域掌管着我们对自己的感觉），随着即兴创作的开始，这个区域展现出非常高的活跃度。与此同时，音乐家们似乎"关闭"了大脑中与自我控制和自我监控相关的区域，这些区域正是虚构症患者大脑受损的区域。正如利姆所说，即兴创作的音乐家们"抛弃了抑制，让内心的声音发光"。

但是这个研究结果中存在着一个矛盾点，即艺术家竟然能够控制他们抛弃抑制的那个时机。当我问威尔·赛尔夫艺术家是否存在什么特点可以将他们和其他人区分开来时，他回忆起作家弗兰纳里·奥康纳（Flannery O'Connor）说过的一句话，大概的意思是作家必须要"故意装作很愚蠢"。赛尔夫说："我能想到很多比我更敏锐、更博学、更有知识的人，但他们都不会故意装得很愚蠢，从某种意义上来说，他们无法完整地保持住那种暂停怀疑的能力。一些孩子会做的天真行为，比如在地上挖个洞，然后告诉周围的人说'这是我的城堡'。对于这种事情，这些人是绝对不会去做的，但是作家却可以做到。创造力只是一种高级的游戏形式，在这种高级的游戏形式中，我们平常所说的正常的空间和时间规则将会被按下暂停键。"

弗洛伊德观察到，儿童在游戏中展现出的那种不受束缚的快乐在成年后会减少，或者被边缘化为很个人化的"白日梦"，抑或成为一种"幻想"。孩子是魔幻现实主义者，他们能够意识到现实和幻想之间的区别，但又总是为毫无顾忌地享受后者做好准备。现在，我们对为什么会出现这种情况有了更全面、更深层次的认识：大脑中负责愉悦和幻想的部分提前发育完成，而负责自我监控和调节的部分则最晚发育完成。随着年龄的增长，我们仍然可以听到威廉·詹姆斯所说的"沸腾的思想熔炉"中翻滚的泡沫和发出的嘶嘶声，但随着现实的发展和我们必须解决的，诸如找工作和填写抵押贷款申请等日常问题的涌入，这种声音往往会逐渐地减弱。巴勃罗·毕加索（Pablo Picasso）曾说过："每个孩子都是艺术家，问题是当我们长大，如何继续做一名艺术家呢？"

在 1962 年，针对一组 11 ~ 18 岁的高中生进行的创造力研究中，研究被试进行了一系列口语和视觉练习，练习的重点是帮助被试厘清聪明和有创造力两者之间的区别；这些练习的结果将与学校之前已经进行的智商测试的分数进行比较。在一次练习中，一张商人斜靠着坐在飞机上的照片被展示给被试，随后实验者要求被试去想象这张照片背后的故事。一个高智商学生给出了以下回答：

史密斯先生刚刚结束了一次成功的商务旅行，正在回家的路上。他很开心，心中想着自己那美好的家庭，以及自己再次见到家人时的那种开心的感觉。他脑海中已经浮现出一个小时后飞机降落在机场，史密斯夫人和他们的三个孩子在那里迎接他的画面了。

另一个高创造力的学生对同一张图片给出了以下的回答：

他正坐在从里诺（美国内华达州西部城市）飞回的航班上，刚刚与妻子办完离婚手续。他告诉法官，自己再也无法忍受和这个女人住在一起了，因为她总会在晚上睡觉前往脸上涂非常多的润肤霜，这就导致她躺下时头会滑过枕

第 3 章
虚构症患者是骗子、艺术家还是疯子

头直接磕到他的头上,每晚都如此。而他看上去,似乎已经陷入了有关防滑面霜的思考当中。

看过这个回答之后,你可能不禁会去思考,这个不知名的参与实验的高创造力学生以后会成为小说家、编剧还是脱口秀演员呢?他的回答展现出了一种让人吃惊的联想能力:简单的几句描述,就可以把里诺、离婚和润肤霜几个不相关的概念联系在一起,还进一步激发出了某人的脸滑过枕头这样精彩的、充满画面感的描述。仅仅三个短句,飞机上的男人就变成了一部剧的主角,活在冲突和不确定中;一瞬间就让一个角色、一种情感、一个完整的社会环境变得明亮鲜活起来。

弗洛伊德曾经试图通过作家的作品来分析作家本人的心理,但这种笨拙的尝试忽略了优秀作家忽略其素材来源,对其写作素材进行再创作的程度。史蒂文森所做的噩梦仅为其提供了写作的素材,他所写出的故事是通过"清醒而有意识地"塑造和书写完成的。如果一定要作家就此说出个所以然来,他们可能会说,这些素材不仅来源于他们自己的生活,也来源于我们共同的经历。在宠物店外,迪伦一遍又一遍地练习着一种技能,这种技能可以为他更伟大的创作——像《铃鼓先生》(Mr Tambourine Man)这样的歌曲——带来火花,所有这些伟大的歌曲,都无一例外地会把我们带到一个"记忆和命运被深埋波涛之下"的地方。

小说家马里奥·巴尔加斯·略萨(Mario Vargas Llosa)曾写道,小说"所表达的是一种奇特的真实性,这种真实性只能以一种鬼祟且隐晦的方式表达出来,伪装成另一种东西"。艺术本就是一种谎言,而其中称之为秘密的成分,则是真相。

虚构症患者是精神病吗

那些不能停止讲故事的人、那些意识到自己在说谎的人，承受着一种不同于慢性虚构症患者的疯狂，他们所缺失的也不一样。

如果从临床意义上来判定的话，乔·加洛韦和乔纳森·艾特肯都不会被认定为病态的说谎者。尽管他们看上去似乎已经被自己的谎言冲昏了头脑，而且在说谎时明显毫无顾忌，但他们实际上还是对自己的说谎行为有高强度的控制（这只会让他们的行为显得更应该受到谴责）。这种说谎者被认为与强迫性说谎者存在很大的不同，强迫性说谎者通常沉迷于自我吹嘘式的谎言，并且频繁地撒谎。一般认为，这种情况主要是由于他们缺乏社会安全感造成的，还有一点就是，他们的谎言通常只会对他们自己带来伤害。病理性说谎者又是另外一个完全不同的类别，他们控制欲强、狡猾、自私，虽强迫性地说谎，但心中一直都有一个特定的、自私的目标。在追求目标的过程中，他们可能显得迷人且充满信任感，并会对那些不幸与他们在追求目标过程中相遇的人造成巨大的伤害，经常导致受害者在后期很难重建对周围人的信任。病理性的说谎者并不会在乎自己的谎言是不是会对社会关系带来影响，他们所追求的短期利益通常都是以长期社会声誉为代价的。

这种行为可能与一种非常特殊的情绪能力缺陷有关。阿德里安·雷恩（Adrian Raine）是宾夕法尼亚大学的犯罪学家，他专门研究惯犯的大脑与我们其他人大脑的不同。他和他的合作伙伴对他们确定具有精神病态人格的人进行了脑部扫描（并非所有病理性说谎者都是精神病态者——这本身就是一个复杂而有争议的分类——但这两种情况之间有相当多的重叠）。研究人员分配给在扫描仪中的被试一项决策任务，以此来引导被试思考。他们在此任务中所面临的决策困境正是道德哲学家所钟爱的那种邪恶的场景，该场景还曾经在美国电视连续剧《陆军野战医院》（MASH）的最后一集中被戏剧化：

第3章
虚构症患者是骗子、艺术家还是疯子

战时，你和你的一些老乡躲在一所房子的地下室里。敌军士兵搜索的声音就在不远处响起，你非常清楚这些士兵奉命杀死任何搜查中俘虏之人。你怀抱自己的孩子，她正在重感冒带来的不适感中扭动自己的身躯，你很清楚如果孩子这个时候咳嗽，或者是哭泣，士兵肯定会听到并循声找到你的藏身之处，然后杀死包括你在内的这个地下室里的所有人。那么问题来了，为了拯救村庄，你是应该把自己感冒的孩子闷死怀中？还是应该在明知后果的情况下，任随孩子咳嗽呢？

别担心，这个问题的答案并没有对错之分。事实上，研究人员对被试口头所表述的反应并不感兴趣，其真正关注的是他们思考时大脑中发生的变化。当正常的、非精神病态的人接受这项测试时，他们大脑中负责控制情绪的部分表现出高度的活跃。如果你花一点时间思考这个困境，你可能会感到一些不适或不安，毕竟这里面涉及的抉择都会令人感到不寒而栗。然而，精神病态人格的人则不太可能体验到这种感觉，大脑扫描结果显示，精神病态程度越高的人，杏仁核和其他情绪调节区域的激活程度就越低，因为他们打从一开始就认为这真的就是个两难的问题。换句话说，这些杀人犯在道德决策过程中似乎缺乏情感因素；但同时，又有大量证据表明，我们大多数人是非常依赖自己的情感或直觉来做出道德决策的。

经常有人说，精神病态者就是无法做到明辨是非，但这并不是真的。他们可能可以和你我一样通过道德推理测试，但他们真正的问题在于，他们实际上无法感受到是非的存在。

这种无感状态会泛化到他们对诚实和不诚实的感觉中。我们大多数人在大多数时候都是诚实的，即便说谎在当下可能确实更加符合我们的需求，这是因为说谎这个行为本身就会让我们感到不适。就像读乔治·华盛顿故事的孩子一样，我们感受到了诚实的乐趣，以及说谎的不安（即使我们有时会主动抑制这种不适并说谎）。病态的说谎者是没有这种感觉的，他们所能做的就是配合伟大演员对细微语言差别和微妙手势的把控，对他们感觉到的诚实进行仿真度极高的模仿。精神病态的经典研究之作《理智的面具》（*The Mask of Sanity*）的作者赫维·克列莱（Hervey Cleckley）曾写道："聪明的说谎者身上所具有的过度强调、油嘴滑舌和其他特征，并不会在他的言语或举止中表现出来……即使是在最严肃的陪审团面前，他也能平静地注视着所有人的双眼，毫无难度可言。"就好比最厉害的说谎者在施展一个几乎无法抵抗的法术，克列莱承认，即使在与精神病态者打交道多年后，他还是会被欺骗，一次又一次地被病人愚弄，他们恳求他借钱给他们，但永远都不会归还。

病理性说谎者可能还有另一个共同的神经学特征。阿德里安·雷恩和杨亚玲（Yaling Yang）在美国南加州大学就此可能存在的共同神经学特征进行了一项研究。在研究早期，他们就遇到了一个有趣的问题，即如何识别和招募他们研究的被试。毕竟，问一个骗子他是不是骗子，会让你很容易陷入逻辑的漩涡。他们最终想到了一个巧妙的解决办法——请洛杉矶的临时职业介绍所向他们开放求职信息登记手册。雷恩和杨知道，病理性的说谎者通常不可能维持任何形式的长期关系，也不可能维持长期的工作。他们很快就会陷入无数的谎言中，不得不继续另谋出路，在社交和职业上，就像寄生虫一样不断寻找新的宿主。

从临时职业介绍所的手册开始着手，雷恩和杨都有强烈的预感，他们很快就会找到研究需要的被试。在要求志愿者参加心理测试后，他们让其中108名志愿者回答了一份详细的问卷。雷恩说："我们在他们关于职业、教育、犯罪和家庭背景的故事中寻找矛盾之处。"然后他们与那些他们怀疑是习惯性说谎者的人进行了面谈。"病理性说谎者并不总是能够辨别真假，并且他们会在采访中表现得自相矛盾。"雷恩解释道，这其实并不意味着他们在假装自己很诚实——患有这种疾病的人的一个共同特征是厚颜无耻地无视别人对他们的看法，以及同时还有一种让他们感到不可战胜的自大感。在面谈中，一些被试会愉快地承认他们在坑害别人，冷静地讲述他们进行诈骗和使用化名流窜的故事。最终，研究人员从这些人中筛选出了12名"真"病理性说谎者，并使用大脑扫描来寻找他们和对照组之间所存在的大脑结构差异。

雷恩和杨的假设是病理性说谎者的额叶会有某种神经缺损，而扫描结果也证实了他们的假设：病理性说谎者在这个区域的皮质物质明显少于对照组。令研究人员惊讶的是，病理性说谎者的大脑同时还显示出一些额外多出来的东西：他们与对照组相比，大脑这个区域有更多的"白质"——负责建立联系的大脑纤维。大脑中的神经元网络越多，一个人的思维流就越多样和新颖，他们的语言技能也就越高。尽管这项研究远非结论性的，但它表明病理性说谎者拥有一台强大的说谎"设备"，比我们大多数人有更少的针对说谎的抑制；他们充满创造力，但缺乏关键的、包括道德情感能力在内的审查机制。他们无法从自己的创造力中找到更广泛的意义或安慰，仍旧被困于自己谎言所构建的冰冷世界中。

第 4 章

Born Liars | 如何识破谎言
Why We Can't Live Without Deceit

"金币现在在哪儿呢?"仙女问道。

"我把它们弄丢了。"匹诺曹回答,但其实他在说谎,因为金币此时正躺在他的口袋里。

正说着话,他那本就够长的鼻子又变长了至少两英寸[①]。

摘自卡洛·科洛迪(Carlos Collodi)所著《木偶奇遇记》

| 识别谎言不容易 |

美国得克萨斯基督教大学的心理学家查尔斯·邦德(Charles Bond)针对63个国家共2520名成年人如何识别说谎者进行了一项调查。调查结果显示,

---

① 1英寸≈2.54厘米。——译者注

有超过70%的受访者认为说谎者眼神躲闪。另外，大多数受访者表示说谎者在说谎时，身体会出现不自觉地摆动或扭动、口吃、不自觉地触碰或抓挠自己的情形。邦德表示，其实在每种文化中都存在类似的围绕说谎者形成的既定刻板印象，如果这种所谓的特点和表现是准确的，说谎这个行为也就不会那么令人困惑了。但实际上，这种刻板印象本就没有证据支持，遵循这种无支持的印象无疑会把我们引入歧途。

邦德与另一位研究谎言的专家贝拉·德保罗（Bella DePaulo）合作，对100多项有关欺骗检测的学术研究进行了元分析。他们发现，所有这些学术研究中的被试对谎言的正确识别率均值为47%。换句话说，还不如抛硬币的概率高呢。

这就是人们专门去辨别谎言的真实状态。在日常生活中，我们同样生活在一种"真实偏见"中，这种偏见带来了一个很有意思的现象，就是除非有令人信服的理由明确某人在说谎，否则我们是不会朝说谎这个方向去考虑的。我们会有一种"何必呢"的想法产生，如果我们被迫需要去怀疑我们所听到的一切表述，那这个世界将变成怎样一个不愉快的存在啊。而且若真如此，就应了前文所说的"布朗定律"，社会将不能运转下去。也正因为这一点，那些熟练的说谎者才显得比我们更有优势。

那么，我们应该警惕什么呢？针对这个问题，我们已经进行了无数次的调查，但还是没能找到答案。首先，不同的人在说谎时会露出不同的"马脚"：有些人可能会很快速地眨眼；另一些人则可能把眼睛瞪得很大。其次，说谎的迹象也取决于谎言的类型：当人们阐述一个比较复杂的谎言时，经常会停顿更长的时间、说得更慢；但如果谎言属于比较简单的类型或经过高度润色的，那他们往往会反其道而行之。不太擅长说谎的人在说谎的当下，可能偶尔会表现出我们认为的那些不适症状，但总的来说，说谎者不太可能不自然地眨眼、动来动去或故作姿态。

第 4 章
如何识破谎言

其实有一点是可以明确的，即如果你需要在一群人中找出说谎者，最好的目标选择应该是房间里最有魅力和表述最流利的那个人，而不是像我们本身想象的那样，锁定那个躲在角落里，看起来鬼鬼祟祟、嘴里嘟嘟囔囔的人。说谎需要很高的认知、情感和社交能力，所以那些很优秀的说谎者往往表现得很有魅力、善解人意，在对话中能够比他们的交谈对象提前多想几步。如果把场景转换到审讯环境中，这类人的证词往往比一般的讲真话的人更连贯，因为他们早已把自己要讲的故事想清楚了。他们更有可能按时间顺序讲述一个故事，而诚实的人则通常是想到什么说什么，没有明确的时间线，这反而让真正诚实的人听起来感觉不诚实。如果有人表示自己不记得某些事情了，我们很自然地就会起疑，但实际上，那些自发纠正自己或表示自己忘记了某些细节的人，比那些编造整个流畅故事的人更值得相信。不过，话虽如此，始终不要忘记那些真正的说谎高手还会留有后手，他们会故意犯错，去模仿这种自发性。

说谎者比我们想象的更难被发现，非常熟练的说谎者甚至处于一种几乎不可能被识破的状态。那些久经沙场的说谎者还会对自己的漏洞进行识别（或者传统意义上假设存在的那些漏洞），然后自己学会避开。他们甚至还能预见到其他人一直想弄明白的东西：要成为一个好的说谎者，你其实并不需要像人们所认为的那样，去了解哪些行为能识别说谎者。

没有完美的或者可靠的识别说谎行为的指标，并不意味着我们大脑内那台测谎仪就不能被打磨和提升。在如何寻找谎言的蛛丝马迹这个问题上，存在着两个主要的思想流派：一个侧重于说谎者的面部；另一个则关注说谎者的叙述。

出卖你的面部表情

> 没有办法隐藏你那充满谎言的双眸。
>
> **摘自老鹰乐队演唱的单曲《谎言的双眸》**（Lyin' Eyes）

1967年，一群来自美国加利福尼亚州医院的精神病医生找到了心理学家保罗·艾克曼（Paul Ekman），想看看他是否可以帮忙辨别有自杀倾向的患者何时在向医生说谎。艾克曼当时并不确定自己是否真的能够帮到这些医生，但他觉得自己手上的一部影片可能会对此有所帮助。几年前，他拍摄了一部影片，对40名精神病患者接受医生面谈的过程进行了记录，这些精神病患者中，有一位名叫玛丽（化名）的42岁家庭主妇，在说谎时被当场识破。

玛丽曾三度试图自杀，在被紧急送往医院后才侥幸捡回了性命。在为期三周的留置结束时，她似乎变得比之前开心了很多，并主动提出周末想请假去看望家人。在与玛丽面谈并被她对自己心理状态的描述说服后，她的医生给予了批准。然而，就在假期生效正式离院前不久，玛丽坦白了她想出去的真实原因：再一次尝试了结自己的生命。

艾克曼和他的同事华莱士·弗里森（Wallace Friesen）一遍又一遍地播放玛丽出院面谈时的录像，寻找着医生没有发现的那些说谎的蛛丝马迹。当玛丽对自己最近的感受做出阐述时，他们对画面进行了慢放，并仔细地检查了玛丽的面部。最终，他们找到了被忽略掉的东西：当玛丽被问到她对未来的计划时，一种绝望的表情在她的脸上闪过，速度非常快，以至于在正常速度下几乎察觉不到，甚至在四分之一慢速下也很难捕捉到。玛丽的面部表情暴露了她的真实感受，而且这也许出现在玛丽自己意识到之前。

精神病医生们最初是冲着艾克曼人脸表达能力专家的声誉找到他帮忙的。作为20世纪60年代初成长起来的一名年轻心理学家，他倾力于论证当时在社会科学家中流行的一种理论：面部表情实际上是文化上构建的面具，与人类情感没有直接联系。实际上，根据当时占主导地位的心理学流派来看，主流观点确实认为情绪本身对人类行为的重要性微乎其微，属于不值得花时间认真去研究的领域。

艾克曼自己跑到巴布亚新几内亚一个偏远的福尔村去寻找南福尔（South Fore）人，这个部落与任何西方世界的人或文化几乎零接触。在翻译的帮助下，艾克曼给南福尔人讲了一些非常简单的故事，故事均以某人高兴、悲伤或愤怒结束，随后，艾克曼让南福尔人从两到三张不同的图片中选出最适合故事主人公情绪的面部表情。如果艾克曼能够证明福尔村的村民与美国人有不同的面部特征选择，那他就可以为以上理论找到有价值的经验证据。

但是福尔村的村民并没有交给艾克曼他所期望的答卷。村民们识别出了艾克曼给他们看的表情图片，就像美国人或德国人一样，福尔村的村民使用的都是同样的表情。如果所讲述的故事是幽默的，他们就会露出一种略显俗气的笑容；在讲述可怕的狩猎故事时，他们会摆出希区柯克式[①]的姿势。艾克曼的假设被推翻了，就像40年后他自己所说："我大错特错，但这却是我一生中最激动人心的发现。"

回到国内之后，艾克曼发现学术界并不接受自己的发现；而与此同时，他发现自己被一位不走寻常路的心理学家西尔万·汤姆金斯（Silvan Tomkins）所吸引。汤姆金斯1911年出生于美国宾夕法尼亚州，是一位俄罗斯裔牙医的儿子，才华横溢，魅力非凡，求知欲极强。他在宾夕法尼亚大学学习剧本写作，但很快就被年轻的心理学科所吸引。他于1934年离开费城，由于在大萧条期间找不到与学术相关的工作而做了两年赛马组织的裁判。也就是在这两年期间，汤姆金斯基于他对马之间情感关系的理解发展出了自己的理论体系。例如，如果一匹公马在赛马比赛中输给了一匹母马，那么后续再参加比赛时，如

---

① 指表现出像观看希区柯克所导演的恐怖悬疑电影时观众恐惧的样子。——译者注

果这匹马旁边有母马在，它就会感到非常不安。当时的学术界并没有人可以非常确定这种理论的可行性或可能产生的影响，但不知道怎么搞的，汤姆金斯还就真的得出了一些结论。

与同时代的人不同，汤姆金斯对人类的情感也有着浓厚的兴趣。在普林斯顿和罗格斯大学教授心理学时，他在一部名为《情感、意象、意识》（*Affect, Imagery, Consciousness*）的四卷本著作中提出了一个全面的情感理论，其中他最关心的就是人脸如何表现情感，这个话题同样也曾让查尔斯·达尔文着迷过。1872年，达尔文出版了《人和动物的情感表达》（*The Expression of the Emotions in Man and Animals*）一书，他在书中指出："同一种精神状态在全世界范围内的表现都非常一致。"达尔文是第一个提出情感的面部表达是天生的（由生物决定）还是通过后天习得的（由文化决定）这一问题的人。除了汤姆金斯和现在的艾克曼，20世纪的社会科学家普遍对后一种观点表达了坚决的支持。

20世纪60年代末的某一天，艾克曼偶然发现了一个宝藏：一部原始胶片长度长达三万多米的电影，这部电影由一位病毒学家在巴布亚新几内亚的丛林中拍摄，其中有一些镜头涉及他参观过的南福尔部落；其余的则涉及库苦库苦人（Kukukuku）。福尔是一个和平友好的民族，而库苦库苦则以充满敌意和凶残著称。艾克曼花了六个月的时间整理镜头，剪掉了无关的场景，剩下的大多数镜头都专注于部落成员面部的特写。当最后一次剪辑结束，他立刻就联系了汤姆金斯，把他叫来观摩这部剪辑完成的影片。艾克曼事先并没有告诉汤姆金斯任何有关部落的事情，而且所有可帮助识别的背景画面也都被删除了。汤姆金斯看完整部影片后，走到屏幕前，指着南福尔人的脸说："这些人甜美、温和、非常宽容、非常平和"，然后指着库苦库苦人说："这个团体则相当暴力。"艾克曼惊呆了，问道："你究竟是怎么做到的？"当他们以慢镜头播放这部影片时，汤姆金斯指出了他用来做出判断的面部特殊皱纹和凸起。

至此之后，艾克曼就开始将人的面部视为人类状况信息的金矿，并与他的合作者华莱士·弗里森一起，开始了一项工作量巨大的、看上去不切实际的事业——为人类表情创建一套综合分类方法。这两个人对医学教科书进行了细致的梳理，勾勒出43块面部肌肉的轮廓，并对人类面部可能做出的每一个不同的肌肉运动进行了识别。然后，这俩人开始隔着桌子互相做鬼脸，系统地将面部肌肉组成不同的组合，并在镜子里对每一种组合进行检查，然后记录下来。当他们发现某个特定的表情组合自己做不出来时，就会跑去隔壁的解剖科室，那里乐于助人的外科医生会用一根针来帮助他们启动休眠的肌肉，帮他们做出特定的组合。他们把每一组不同的肌肉运动称为"动作单元"。

漫长的等待之后，这两位研究人员终于完成了自己的计划，发现并编纂收录了10 000种面部表情，所有这些表情都是由不同的动作单元组合而成的。虽然大多数表情毫无意义，就好像孩子在玩耍时可能做出的那种表情一样，但其中依旧存在大约3000个可能具有明确含义的表情。经过七年的研究，艾克曼和弗里森将人脸的情感特征进行了编目，并发表了一份名为《面部动作编码系统》(*Facial Action Coding System*，FACS)的文件，至今仍被心理学家所使用。人脸的每一个表情都是有编号的，形成这些表情的肌肉运动被按照每一块面部肌肉的运动进行了逐个的描述，表情所蕴含的情感"意义"也同时被标记。比如，激活颧骨动作单元12，就会微笑，然后再结合动作单元6收缩和抬高脸颊的肌肉，你就会浮现出幸福的表情。悲伤的动作单元组合是动作单元1+4+6+11，这组数字代表着"眉头内角并拢向上，脸颊抬高，鼻唇沟轻微加深，唇角轻微凹陷。"艾克曼指出，美国著名演员伍迪·艾伦（Woody Allen）会将眉毛的内角扬起，同时将眉毛向下然后并拢（动作单元1+4），这种悲伤的表情不知何故会使他诠释的那些笑点更加深刻。

得益于艾克曼的研究，面部表情具有普遍性这个概念，现在被社会科学家普遍接受。而在学术界之外，他最出名的则是对说谎行为的洞察。19世纪的神经学家纪尧姆·杜兴（Guillaume Duchenne）是第一个注意到人类的面部表情很难伪装的人。他曾经说过，一个真诚的微笑是"不服从意志"的，这种真诚微笑的缺失"撕开了那些虚伪之人的伪装"。艾克曼对面部特征的复杂映射使他能够准确地定义为什么即使我们努力摆出看上去最好或最坏的表情，也不能完全说服那些细心的观察者。如果我们激活颧骨动作单元，而不收缩脸颊肌肉或眯起眼睛，我们的微笑似乎就缺少了几分生气。"感到快乐的微笑"通常以"顶点协调"为特征，即眯眼到极限的同时，笑容拉伸到最宽。而真正的微笑在实际情况下，也比焦虑的笑或假笑要来得更短更流畅。除了微笑之外，围绕真实的愤怒情绪主动做出伪装是一件更有难度的事情（阿道夫·希特勒异常擅长伪装愤怒），消极情绪通常比积极情绪更难伪装。我们可能会露出牙齿，但我们很少记得要去收缩嘴唇的边缘，或者说即使我们记得我们也做不到，除非你真的已经非常生气了。

看了玛丽离院面谈的录像后，艾克曼意识到了更值得关注的东西：情感表达不仅难以伪装，而且几乎不可能去隐藏。这一发现激发了他对说谎和测谎的兴趣。虽说说谎者需要戴上麦克白①（Macbeth）所说的与谎言一致的"假面"，而且熟练的说谎者可以毫不费力地就做到这一点。但艾克曼相信，即使是那些非常熟练的说谎者，也会通过不自觉地做出与他们讲述的故事不一致的面部表情来"泄露"他们真实的情感。即使只是那么一瞬间，诚实也会打破虚伪的脸庞冲出来。艾克曼将这些不自觉情绪的短暂表达称为"微表情"，但他也不忘经常提醒人们，即使你能发现微表情，它们也不一定就是谎言的标志。微表情只是一种情绪不协调的信号，你仍然需要弄清楚这个表情意味着什么，以及它是否有意义。

现在，艾克曼会向警方调查人员、大使馆官员和军事情报官员传授面部识别技术。在授课过程中，他会先在电脑屏幕上对一些中性表情的人脸照片进行展示，每个微表情出现40毫秒，学生必须按下按钮来选择这个表情所表现出的情绪种类，如恐惧、愤怒、惊喜、快乐、悲伤、蔑视或厌恶。艾克曼说，如果没有经过训练，这些情绪表达基本没有人可以察觉得到，但经过训练后，

---

① 莎士比亚创作的戏剧《麦克白》的主人公。——译者注

人们对这些情绪表达的识别能力会得到显著的提升。

当然，我们有一个自主的肌肉系统，所以肯定会对我们的面部反应进行一定程度的控制。大多数时候，我们可以很好地假装微笑，但我们越是与情感牵扯，所承担的风险可能就越高（也就是说，被发现说谎所带来的后果可能就越糟），我们的面部就越有可能把我们出卖给训练有素的观察者，因为我们的面部似乎有着自己的想法。

如何从言谈中辨别真伪

相信大家已经明确意识到，我们中的大多数人并不像我们本来所认为的那样擅长区分真相与谎言。你可能会觉得，那些以"辨别谎言"为职业的人会做得更好。然而，根据邦德和德保罗的元分析结果来看，精神病学家、法官、海关官员和警察在测谎能力测试中的得分并不比普通公众高。

朴次茅斯大学教授、《欺骗与测谎》(Detecting Lies and Deceit)一书的作者阿尔德特·弗瑞（Aldert Vrij）认为，专业的谎言捕手和我们大多数人一样，过于关注谎言的刻板印象，而忽略了说谎这种行为在语言表达上展现的蛛丝马迹。弗瑞说，有些人天生就给人一种"不诚实"的观感，即使他们说的是实话；相反，那些天生给人"诚实"观感的人，则很有可能可以逃脱相对多的制裁和惩罚。他引用了佛罗里达州一名男子的例子，这名男子在警方的问讯过程中面红耳赤、尴尬不已，导致警方把他列为一起谋杀案的主要嫌疑人，但是后来发现他实际上是无辜的。

如果说艾克曼的研究侧重的是说谎者经历的情绪压力所带来的迹象，弗瑞则对说谎者承受的精神压力带来的影响——说谎者的"认知负荷"表现出了更浓的兴趣，特别是这种压力在说谎者言语中的表现。

他认为，警方负责问讯的相关人员所使用的那种屡试不爽的方法存在着严重的缺陷。弗瑞说，在警察的日常工作中，经常会做一种假设，即如果有人表现得粗暴或者是不合作，那这个人就很可能是在说谎。但他的研究结果表明，因为说谎者担心自己所言不被人相信，所以反而在问讯中会有比诚实的人更配合的表现。另一个问题是，一些警方的审讯人员遵循英国电视剧《火星生活》(Life On Mars)中吉恩·亨特警官的传统做法，在问讯中表现得咄咄逼人，一开始就指控嫌疑人有罪。弗瑞的研究表明，这种试图攻破嫌疑人防御的尝试只会起到反效果，因为这样做会导致嫌疑人关闭自己的对话通道；感受到威胁的嫌疑人要么选择进行很简短的回答，要么就干脆缄默。通常情况下，随着嫌疑人必须表述的内容增多，必须付出的精神努力也会随之增多，嫌疑人也就越有可能自证其罪。所以弗瑞认为，揪出说谎者的方法就是让他们多说话，而不是少说或者根本不说。

官方的审讯手册推荐了几种策略来帮助审讯人员判断他们接收到的信息是否属实，但实际上帮助并不大。其中主要的一个策略侧重于视觉迹象，如嫌疑人是否在进行眼神交流，或者是否表现得坐立不安。但是，正如我们前面所提到的，几乎没有证据可以证明这些迹象是可靠的。另一种官方手册推荐的策略称之为基线法，大致内容就是在问讯开始时将嫌疑人在闲聊时的言语和举止与他们在问讯中使用的言语和举止进行比较。但是，弗瑞说，人们在不同的时间点自然会采用不同的说话方式，这与他们是否说的是实话没什么关系。第三种方法是行为分析问讯策略，包括了一系列可以引导说谎者和非说谎者给出不同回答的问题。在弗瑞看来，这种方法依旧面临同样的问题，就是很少有证据证明这种方法是行之有效的。官方的审讯手册也没有解决一个很现实的问题，即警察和我们一样，都抱持着大量无意识的偏见。研究表明，如果嫌疑人操着外国口音，那他们压根儿就不太可能被相信，但如果他们表现得有吸引力、长着一张娃娃脸、擅长社交和善于表达，那他们被相信的概率就要大得多了——尽管最后这两个特征已经被研究者证实与熟练的说谎者呈显著相关。

那么，警察在问讯时所需要寻找的又是什么呢？正如我们已经确定的那样，说谎是一件很耗费精力的事情。说谎者要在质疑下编造出一个似是而非的答案；需要避免自相矛盾；需要讲述一个与审讯者已经知道的内容相一致的故事；必须尽量避免因口误而暴露自己；必须记住自己说过的话，以防被突然要求重复。而且当他们做以上这些的时候，还必须时刻注意自己的口头表述和肢体语言，以确保不会泄露自己的真实意图，因为他们知道如果自己表现出任何一点点的刻意，就会引起审讯者的怀疑。基于以上种种，弗瑞的首选策略是增加说谎者的认知负荷，以至于他们根本无法实施这种心理把戏。

他推荐的审讯技巧之一是，让嫌疑人倒叙他们所说的故事。通过给嫌疑人施加这种额外的精神压力，那些已经在努力说谎的人就会犯错误，从而暴露自己。2007年，弗瑞和他的同事公布了一项研究结果，该研究将警察的传统技术与他们自己的技术进行了比较。这项研究涉及250多名学生和290名警察。这些学生被试同时被安排了说谎者与说实话的人，而警察则被要求使用传统方法找出其中的说谎者。事实证明，那些专注于视觉线索的人在识别说谎者方面明显不如那些寻找言语相关线索的人。说谎者似乎表现得并没有那些说真话的人紧张，反而更加从容配合。研究印证了弗瑞先前的预测，最可靠的方法就是他推荐的倒叙测试。

弗瑞设计的另一种技术被称为素描测试，即让嫌疑人画出他们声称目睹的场景。虽然它是非言语的，但这种技术也给说谎者的认知能力带来了压力。在弗瑞的研究中，31名被试（他们都是警察或武装部队成员）被派去执行一项模拟任务，从"特工"那里拿走一台笔记本电脑。随后，他们被要求详细画出他们取得笔记本电脑的位置。一半的被试被要求说出真相，另一半被要求说谎。弗瑞假设说谎者为了让他们的谎言可信，会画出他们过去实际去过的地方，并提供通常被认为是完美谎言的一些标志性细节。他还预测，如果说谎者真的这样做了的话，他们就会忘记画场景中的一个关键部分——特工。说真话的人则更有可能画出那个带着笔记本电脑的特工，因为特工是他们脑海中场景的核心部分。研究结果正如他所料，证明了仅根据这个因素，就有近乎90%的可能发现谁在说谎。

尽管艾克曼和弗瑞对我们应该找寻的目标有着不同的强调，但他们都认同采取一体化综合方法的重要性。在评估真实性时，一个人的声音、手部动作、姿势和说话方式都应该被纳入考量，把所有这些与嫌疑人的前后表述相结合是至关重要的：这些行为是否与这个人通常的行为模式形成鲜明的对比，以及它们是否与其他已知的情况相一致？这种判断需要许多精细和容易出错的计算；没有一个单一的、通用的判断标准可以作为识别说谎者的捷径。匹诺曹的鼻子对我们所有人来说依旧只是一个童话。

我们为什么会高估识别谎言的能力

2008年，挪威的一组研究人员围绕强奸指控这一罪行进行了一项实验，目的是想对警方调查人员在面对这个类型指控时，判断其可信度所使用的方法做一个更深的了解。69名调查人员观看了强奸受害者所做陈述的录像，录像中的受害者实际上是由研究人员安排的一名专业女演员扮演的。录像有很多不同的版本，每个版本的表述措辞完全相同，但女演员表达的情感程度不同。研究显示，调查人员虽都对自己在做判断时所秉持的客观性展现出自信和自豪，但他们的判断无一例外都受到了对受害者行为所做假设的严重影响：当女演员哭泣或表现出绝望时，被认为是最可信的。但实际上，强奸受害者在强奸行为发生后，会立即以各种不同的方式做出反应：其中一些人会表现出明显的不安焦虑；其他人则压抑自己的情绪，或者隐藏自己的情绪。而事实也证明，对于"被强奸"这个情景，并没有一般概念上所谓"适当"的反应。调查人员所依靠的是他们的直觉，而他们的直觉又被证明是由那些从困境中的受害者那里接收的、不可靠的概念构成的。

第4章
如何识破谎言

莎士比亚曾说过,"用表情去探究思想"是一件异常困难的事情,而这警示之词也得到了大量经验证据的支持。但即便如此,审讯者仍然固执地认为,他们有能力通过观察,并仅依靠自己的直觉来判断一个人是否诚实。律师兼诈骗研究专家罗伯特·亨特(Robert Hunter)将这种误解称为"行为假设"。他引用了美国学生阿曼达·诺克斯(Amanda Knox)的案例来对此进行补充说明,这名美国学生因谋杀梅雷迪思·克尔彻(Meredith Kercher)于2007年在意大利被捕,意大利警方的调查结果显示其有罪,而这个结果几乎完全是基于意大利警方的审讯人员对诺克斯在密集问讯下所表现出的行为进行评估而做出的。意大利警方的首席调查员埃德加多·乔比(Edgardo Giobbi)对外宣称:"我们能够通过密切观察嫌疑人在审讯期间的心理和行为反应来确定其是否有罪,并不需要去依靠其他调查手段,因为这种方法可以使我们在短时间之内就锁定犯罪者。"乔比这种逻辑相当危险,因为他并没有意识到个体在警方拘留的情况下或法庭上所展现出的行为,与他们在日常生活中所展现的行为之间存在着很大的区别,而且,无论有罪还是无罪,有些人就总是会做出一些可疑的举动。

这种偏见不仅仅存在于警方调查人员的身上,其实我们都有一种倾向,即基于"什么是公众普遍认为的适当行为"对一个人诚实与否做出即时的判断。意大利检察官向媒体透露了诺克斯在拘留期间的一些信息,而当媒体公布她面带微笑的照片时,全世界的读者都做出了同样的反应:没有一个被指控犯罪的无辜者会做出这样的行为。但是个体对巨大压力的反应是不可预测的,一张照片也并不能为我们提供个体内心想法的可靠解读。亨特随即指出,尽管行为假设并不科学,但其确实在一些社会最重要的机制中发挥着作用。比如,言语证词和陪审团审判的概念就是基于此建立的,那些观摩证人作证的人被认为是判断证人所述是否真实的最佳人选。

不禁要问,我们在谎言识别的直觉上所展现出的这种过度的自信到底源自哪里?这可能与我们天生的自我专注倾向有关,也与我们难以认识到其他人

说谎心理学

Born Liars: Why We Can't Live Without Deceit

和我们一样是全面而复杂的生命体有关。普林斯顿大学的心理学家艾米丽·普罗宁（Emily Pronin）提醒我们，当两个人相遇时，他们彼此之间的关系存在着根本性的不对称。当你和某人进行交谈时，你脑中至少有两件事——你的想法和对方的脸会比对方大脑中的更加突出。基于此，你倾向于根据你看到的东西对他人做出判断，同时根据你的感受来判断自己。虽然你很清楚自己在什么情境下会对自己真实的想法和感受进行隐藏，比如假装被你老板没完没了的轶事迷住，或者在可怕的首次约会中咧着嘴挤出一个笑容，但你仍然倾向于假设对方所展现的外显的东西就是他们全部的感受。比如，你会觉得，如果她在微笑，那肯定是因为她真的觉得很开心。研究已经证实，人们会夸大自己在求职面试中从别人身上捕获的信息，同时认为别人在这样短暂的相处中肯定只能很片面地了解自己。我们多数时候倾向于按照这样一种模式去思考：我，无限微妙、复杂，从来不像我表现出来的那样；而你，可预测、容易理解，一眼就可以被看破。那些阅读费尔南多·佩索阿（Fernando Pessoa）所著《惶然录》（Book of Disquiet）的人无不发出类似的感叹："我想没有人会真正承认另一个人的存在。"

矛盾的是，这种不对称会造成反噬，导致我们认为别人肯定也能像我们所想象的那样轻易读懂我们的面部表情，从而进一步使我们失去对自己说谎能力应有的信心（有所低估）。在埃德加·爱伦·坡（Edgar Allan Poe）的短篇小说《泄密的心》（The Tell-Tale Heart）中，一个犯了谋杀罪的人正在接受一名菜鸟侦探的问讯，但是问讯似乎还没有进行多久，侦探就打断了嫌疑人的供述，并认为嫌疑人所说的内容已经不重要了，根据他在问讯中的判断，他确信嫌疑人有罪。这就是心理学家托马斯·基洛维奇（Thomas Gilovich）所提出的"洞悉错觉"的一个戏剧性呈现，洞悉错觉是一种非理性但往往不可抗拒的信念，其内核就是"他人可以轻易看穿我们内心的真实想法"。一位被邀请共进晚餐的宾客怀疑女主人能看出她并不是很喜欢晚餐的食物；一个暗恋者猜测他暗恋的对象一定知道他内心的想法和倾慕；一个商务主管会产生一种强烈的感觉，觉得房间里的每个人都能感受到她在做汇报时产生的那种让人致命的紧张。

我们通常都会展现出强烈的、夸大这种恐惧和暗示的倾向，其原因其实很简单，就是尽管我们在精神层面不断地告诫自己，我们比别人更容易理解和掌握自己的内心状态，但我们同时也会意识到，真正做到不夸大真的非常难。

基洛维奇进行了一系列实验，来证明我们的情感状态比我们想象的更难捕捉和理解。在其中一个实验中，几组被试玩了一个循环测谎游戏，这个游戏叫"请叫我布拉夫"。每个参与游戏的被试在游戏中可以自己选择说谎还是说实话，剩余的人必须对其说谎与否进行判断。每组中的"说谎者"总是高估其他人对说谎行为的辨别能力，而这种结果在那些自我专注测试中得分较高的个体身上体现得尤为明显。

答题赢百万诈骗案疑点重重

> 没有人能诚实地赚到 100 万美元。
>
> 威廉·詹宁斯·布赖恩（William Jennings Bryan）

2001 年 9 月 10 日，一个问题摆在了查尔斯·英格拉姆（Charles Ingram）少校面前：数字 1 后面跟 100 个 0 是多少？

这是英国（同时也是世界上）最受欢迎的游戏答题类节目《百万富翁》（Who Wants to Be a Millionaire）中，英格拉姆过关斩将，所遇到的 12 个问题中的最后一个。在三次求助机会的帮助下，英格拉姆顺利地答对了前 11 个问题。而此刻，他离成为该节目历史上第三位赢得 100 万英镑的选手仅一步之遥了。

在游戏节目录制的那两晚，演播室里的观众无一不对英格拉姆的表现感到惊讶，同时又有几分困惑，因为他那与众不同的行为举止与前两个头奖得主形成了异常鲜明的对比。2000年,朱迪思·凯佩尔(Judith Keppel)成为节目史上第一个百万富翁,她拥有英格兰上层中产阶级特有的那种沉着和自信:即使不确定应该选择哪个,她也从不怀疑自己。在英格拉姆出现的五个月前,第二位赢得头奖的人出现了,他叫大卫·爱德华兹(David Edwards),周身散发着一种不一样的自信:他对常识问答题目非常地痴迷,仿佛生活和呼吸都离不开它,并像书籍沾灰那样不断地收集着各种知识。

相反,英格拉姆在答题闯关过程中,甚至一度因自我怀疑而抽搐。他在每一个问题上,都会花很长的时间去思考,依次在四个选项中不断地反复抉择,很多时候都显得自相矛盾,犹豫地选定一个选项,然后又好像灵光乍现一样,马上转头选择几秒钟前他已经淘汰的答案。他没有表现出任何强烈的、参赛者克服他们对关键问题的疑虑时所展现出的那种本能。但是不知道为什么,他就在这种懵懂混沌的状态中,连续11次选对了正确答案,连闯11关。现在他正摸索着寻找最后一题的答案,要么他赢得100万英镑登上宝座,要么就损失一半的奖金拍屁股走人。

当最后一题的四个选项和他用光的求助机会摆在他面前时,英格拉姆说自己不确定选哪个。节目主持人克里斯·塔兰特(Chris Tarrant)听到之后抱怨道:"您从第二个问题开始就不确定了。""我觉得,答案应该是纳摩尔①,"英格拉姆一边说着,一边用手在脸上搓来搓去,随后喃喃道,"但答案也可能是千兆。"塔兰特再三暗示英格拉姆应该拿钱走人,有那么一瞬间,英格拉姆似乎接纳了这种暗示,说道:"我就是觉得自己真的做不来这个。"但他并没有真的止步于此,还是坚持了下来。"我觉得答案肯定不是威震天,我也没有听过googol(10100)这个词"。但随后,英格拉姆又喃喃自语重复了三次googol,然后突然说:"通过排除,我认为答案是googol,但我并不知道googol是什么。"这个时候导播把镜头聚焦到了坐在观众席的英格拉姆的妻子戴安娜身上,她看上去状态不是很好。"你有50万英镑可以拿,而你却打算选

---

① 纳摩尔是物质量的单位。——译者注

第4章
如何识破谎言

一个你从未听说过的单词作为答案？"塔兰特充满怀疑地问。经过又一番的深思熟虑，英格拉姆信心满满地宣布："我确定了，我确定了，就它了。"观众席随即爆发出一阵沮丧的声音。英格拉姆瞬间又退缩了。"等下，等下，我还没决定。"但他最终还是决定了，宣布 googol 是他的最终选择。一阵死一般的安静之后，塔兰特要求英格拉姆退还已到手的 50 万英镑支票。"现在它不再属于你了。"他说着，把 50 万英镑的支票在英格拉姆面前撕得粉碎，又是一阵死一般的安静后，塔兰特突然说"你刚刚，赢得了 100 万英镑！"观众喘了口气，随即炸开了锅。

但是，英格拉姆这一集节目却从未播出。一周后，当全世界沉浸在"9·11"恐怖袭击带来的震惊和冲击中时，英格拉姆在他位于威尔特郡的家中接到了《百万富翁》节目制作公司塞拉多（Celador Productions）的董事总经理保罗·史密斯（Paul Smith）的电话。史密斯通知英格拉姆，塔兰特在节目中交给他的那张承兑日期为 9 月 18 日（即电话后一天）的支票已被取消，同样被取消的，还有本定于第二天播出的已经录制好的那期节目。史密斯在电话中隐约提到了节目中可能存在一些"违规行为"，但并没有提到这一切与英格拉姆有关，从英格拉姆的反馈来判断，他很惊讶，但并不沮丧。五天后的早上 7 点，英格拉姆被敲门声叫醒，警察随后在家中逮捕了他和他的妻子。与此同时，在 80 英里外的威尔士加的夫市，泰克文·惠特克（Tecwen Whittock）也被警察在家中逮捕，他在英格拉姆答题时，一直坐在场外抢答选手区域的第一排。

一年半之后，2003 年 4 月 7 日，伦敦南华克刑事法庭的陪审团裁定查尔斯和戴安娜·英格拉姆夫妇，伙同惠特克犯密谋诈骗 100 万英镑罪成立。查尔斯·英格拉姆随后辞去了军队职务，18 个月后，宣布破产。

企图窃取 100 万英镑是一回事，在 1500 万人的眼皮底下尝试则是另一回事。但让公众震惊的不仅仅是《百万富翁》节目中这三人所制订的大胆计划，还有该案审理过程中的那些极尽荒谬之处。此案审判中的供述和证词，读起来

075

像极了一部非常传统的英国戏剧剧本,其中融合了众多的元素——悲剧、喜剧以及狡猾和可笑的自欺欺人。坊间普遍流传的版本是这样描述的:

一位毕业于小型公立学校的前途暗淡的少校,被他雄心勃勃的妻子说服,两人通力合作,制订了一个快速致富的计划,这个计划就是报名参加这个英国最受关注的游戏答题节目,然后通过安插在演播室里的帮凶(一个智力竞赛节目的老手)发出的咳嗽声来引导这位前途暗淡的少校找到正确的答案。尽管听上去困难重重,但这三个人最终还是完成了这个不太可能的任务,并且成功拿到了100万英镑的奖金,直到那天早上,响起的电话铃声击碎了他们的窃喜。

三名被告均拒不认罪,甚至有人提出给他们一笔巨额的回报,让他们"讲述自己的故事",但三人依旧不为所动,激动地表示自己是清白的。审判结束后,电视台ITV播出了一部关于未播放节目及其后续情况的纪录片,该节目吸引了超过1700万人观看,这个数字甚至比观看《百万富翁》游戏节目本身的观众人数还要多。该纪录片对英格拉姆回答每一道问题时的影像资料都进行了剪辑,引导人们特别关注少校在选项中犹豫徘徊时,伴随答案所出现的剧烈咳嗽声。对公众来说,这部纪录片无疑提供了一个特别令人满意的场景,即一个男人在自己精心策划的骗局中被抓获。在纪录片里,可以看到英格拉姆对场下传来的暗示咳嗽声的反应非常明显,甚至明显到了有点好笑的地步。"我想我没听说过googol",咳嗽声传来,"我其实觉得应该选googol"。

但是,这起案件其实存在一个很奇怪但是却非常根本的漏洞:并没有证据表明英格拉姆少校和泰克文·惠特克曾经见过面、说过话或发过邮件。惠特克确实曾与戴安娜通过电话,并进行过简短的交谈,但在那些智力竞赛节目粉丝的眼里,这并不能代表什么。戴安娜自己也曾经是节目的参赛选手(她赢得了32 000英镑),并与人合著了一本关于《百万富翁》节目的书,而那些想去参加节目的人,也经常会寻求之前已经参加过节目的前辈的建议和支持。甚至在节目录制结束后,警方也没有发现这三人之间的任何通话记录或会面痕迹(这个时候你可能会在脑海中浮现出一个画面,就是在英格拉姆获胜后到被调查之前这段时间,这三个人肯定是见面了,讨论如何分赃)。在伦敦警察厅的高级警员花了 18 个月的时间进行调查后发现,公诉方对此案提起公诉,依托的仅仅是英格拉姆答题时的录像和塞拉多制作公司工作人员的怀疑。

经过一番仔细的调查后就会发现,这些怀疑其实并不能让人信服,甚至可以说出人意料地站不住脚。例如,制作公司的相关人员告诉法院,当少校在节目进行的前半段用光他的求助机会时,他们就已经对此产生了怀疑与注意。但是如果你回顾一下之前那些赢得比赛的选手,就会发现,这其实并没有什么值得注意的。有人认为,惠特克之所以存在嫌疑,是因为他俯身向小组成员询问了其中的一个问题,但有至少一位前参赛选手站出来作证说这种情况很正常。另一方面,一名制作公司的制作助理提出,让他感到奇怪和怀疑的是,尽管少校刚刚赢得了 100 万英镑的奖金,但他依旧告诉这位助理说自己早上还是要去上班。对于这一点猜测和怀疑其实也站不住脚,因为上一位百万英镑的获得者大卫·爱德华兹(一位教师),在 20 个星期前刚刚做了同样的选择,在获奖后继续从事自己的本职工作。塞拉多制作公司所提供的证词带有非常明显的、心理学家所称的"事后偏见"——这是一种以与你现在知道的或认为自己知道的相一致的方式,去回忆自己的想法和感觉的倾向。

尽管如此,我们依旧不能否认,节目录制的影像资料是一项很有力的证据。整个游戏录制过程中出现了 192 声咳嗽,检方认为其中 19 次最大声的咳嗽来自英格拉姆的同伙,尽管检方也承认这种怀疑无法查证。泰克文·惠特克确实经常咳嗽,因为他同时患有花粉热和过敏性鼻炎(对尘螨过敏)。独立专家证实了他病情的真实性,并一致认为,在摄影棚的干热环境中坐几个小时会使他的病情恶化。然而,正如控方律师轻蔑指出的那样:"没有任何情况可以导致你那么巧地在一个人要给出正确答案时咳嗽,除非你是故意这么做的。"

在伦敦南沃克刑事法庭为期 22 天的庭审中,法庭上咳嗽声不断。英格拉姆答题的录像被完整播放了至少十几次,关键片段被一遍又一遍地重播,塞拉多制作公司的节目后期制作人员放大了录像中的咳嗽声。但是咳嗽声不仅仅是从录像带里传出来的，一名坐在公众席上的记者注意到，每当律师提到"咳嗽"这个词时——这个词出现的非常频繁——公众席上就会有人突然咳嗽起来。甚至在一位呼吸疾病的权威专家作证时，由于一位女陪审员不停地咳嗽，还休庭了一段时间。后来在辩护律师做总结陈词时，又有两名陪审员开始不停地咳嗽，法官不得不再次休庭，直到陪审员恢复正常状态。

这些陪审员并不是有意识地决定在听到这个词的时候就开始咳嗽——这是他们无意识、不由自主做出的反应。如果有人告诉他们，这些当庭所做出的咳嗽行为和"咳嗽"这个词之间存在着联系，那他们肯定会大吃一惊。詹姆斯·普拉斯克特（James Plaskett）是该节目的前获奖选手，发表过对英格拉姆审判的详尽分析，他想知道惠特克咳嗽的原因是否与法庭上陪审员咳嗽的原因相似。一旦你接受了人们会通过咳嗽对外部刺激进行无意识地回应这种观点，再回头看惠特克在录制时发出的那些咳嗽声，你就会觉得至少他在某些时候咳嗽是可以理解的，因为这些咳嗽说不准也许就是他对自己认为是正确的答案所做出的无意识反应。普拉斯克特翻看了朱迪思·凯佩尔获奖那期节目的影像资料。观众在她第一次说出正确回答之后开始咳嗽，并且在她最终选定 2000 镑、4000 镑、8000 镑、64 000 镑、500 000 镑和 1 000 000 镑问题的答案之前，都有发出咳嗽声。也就是说，在最后 10 个问题中，有 6 个问题的情况，与英格拉姆录制时的情况是一样的。

即使是那些密切参与此案的人，也依旧会觉得疑点满天飞。节目主持人克里斯·塔兰特后来有对此案发表自己的意见，他说："伦敦警察厅和反诈骗小组从来就没有搞清楚到底发生了什么。"一位警方的消息人士告诉《每日电讯报》（Daily Telegraph）："我们从未凑齐这幅拼图的每一块。"当然，本书的重点并不在于讨论此判决是否公正，其核心关注点是，为什么每个人都那么愿意相信英格拉姆有罪呢？

当有人在一个台下坐满了观众的演播室节目录制中赢得 100 万英镑时，人们自然会对获奖者的诚实提出质疑，这种质疑是很正常的。但是，英格拉姆的态度和行为举止，恰巧放大了这种质疑，塞拉多制作公司的员工本能地感到有些不对劲。当然，他们的直觉就像那些被要求判断强奸指控真实性的调查员的直觉一样，没有智慧，尽是偏见。英格拉姆是一名中级军官，声音优雅，举止略显笨拙，带着自己的文化包袱。塔兰特对少校的第一印象是"很普通的好人"，一眼看上去，并不是那种能在常识问答节目中赢得 100 万英镑的人。

或许，真正让 10 位陪审员、媒体和英国公众相信英格拉姆有罪的，是他在面临困境时所展现出来的尴尬、有点古怪、不太自信、缺乏魅力。在演播厅的灯光照射下，他看上去有点诡诈，坐立不安，不善言辞。换句话说，英格拉姆展现出的特征，正是我们直觉上认为骗子所具有的那些特征。

|安贫乐道之人与愤世嫉俗之人谁更容易上当|

在罗曼·波兰斯基（Roman Polanski）执导的电影《唐人街》（*Chinatown*）中，杰克·尼克尔森（Jack Nicholson）扮演了一位名为杰克·吉特斯的私家侦探，他时刻准备着在与他人的每一次对话中寻找谎言和欺骗，并对他遇到的每一个人都保持警惕。在到处都是骗子和离婚者的小世界里，他是智者一般的存在，不可能被愚弄，但当他被卷入洛杉矶的一场政治阴谋时，他的这种分辨说谎者的本能反而变得毫无用处。在电影的结尾，他发现所有人都欺骗了他，而他也随即陷入了人类行为那种不可思议的复杂性所带来的漩涡之中。

有些人有着比其他人更强的识别谎言的能力，但他们不一定是你想象中的那种人。多伦多大学的心理学家南希·卡特（Nancy Carter）和马克·韦伯（Mark Weber）将 46 名有几年工作经验的工商管理硕士学生置于一个预先设定好的工作场景中，该场景描述了最近他们大学招聘和面试过程中的一系列不诚实行为，其中包括了向面试者夸大资历等。同时他们被告知，这些谎言已经在时间、生产力和员工士气方面对公司造成了巨大的损失。

随后这些被试被要求从两位经理中选择一位来面试新的求职者。这两位经理有相似的经验和技能，唯一的区别是态度。名叫科琳的经理，更倾向于积极地看待他人，会在一开始就对他人抱有十足的信任，然后慢慢地在实践过程中对其信任程度减分。而名叫苏的经理则生性多疑，她更倾向于相信人们会想方设法逃脱惩罚，并本能地不信任别人。被试中的大多数都选择了苏来管理招聘过程，因为他们担心科琳容易上当受骗，其中的一些人甚至一度怀疑她智力低下。

如果是选一个人做朋友，我们肯定会选择科琳，而不是苏，但在这个工作场景中，我们大多数人可能会做出和被试相同的选择。在这种情况下，有一个总是在寻找说谎者的面试官肯定会比一个假设人们普遍诚实的面试官更好。人们普遍会认为，那些明显倾向于信任他人的人很容易成为社会丛林中那些捕食者的猎物。高度的信任与轻信有关——人们会相信从面试者、供应商或网络约会对象那里听到的任何东西。事实上，大多数经济决策模型表明，在不论何种社会交往中，我们都应该更贴近苏，而不是选择贴近科琳。贴近苏会让我们成为一名低信任者，低信任者会假设他人是为了自己的利益而行动的，并会基于此假设采取行动保护自己免受剥削。但是，成为一个高信任者是否等同于成为一个易受骗的人呢？

卡特和韦伯顺着他们最先拟定的实验目标继续进行实验，试图找到这个问题的答案。他们拍摄了学生在模拟求职面试中的表现，其中一半的求职学生被要求在整个面试过程中全程说实话，而另一半被要求就三个可能有助于他们"找到工作"的重要事实说谎。然后，研究人员将这些录像播放给之前完成了标准化心理测试的被试看，该标准化心理测试旨在确定他们属于高信任者还是低信任者。为了方便区分，我们将他们称为安贫乐道之人和愤世嫉俗之人。随后，被试被要求判断哪些学生说的是实话、哪些学生在撒谎。实验结果证明，安贫乐道之人比愤世嫉俗之人更有可能发现说谎者。

这一发现与其他社会科学家先前的实验结果吻合，所有这些都表明，与我们的直觉相反，安贫乐道之人比愤世嫉俗之人更不容易受骗。其原因似乎是因为那些天生对同类有所怀疑的人倾向于将他们在已熟悉和信任的熟人的小圈子之外的社会互动保持在最低限度。用社会学家山岸俊夫（Toshio Yamagishi）的话说，他们承担的"社会风险"更少。这意味着他们在与他人打交道方面经验不足，至少是与他们不熟悉的人打交道。因此，在解读意图和动机方面的经验也会略显不足。

如果你认为你遇到的每个人都是抱着欺骗你的目的来接近你的，那么你肯定不太可能被欺骗，但你也不太可能学会如何区分说谎者和说实话的人。安贫乐道之人被认为是容易上当受骗的，因为他们经常参与那些偶尔会适得其反的高风险社交活动，比如去相亲或从市场摊位购买古董等。但是信任别人并不等于容易受骗，这是存在根本区别的。

如何识别间接欺骗

2007年1月，一位名叫加里·韦德尔（Garry Weddell）的退休警督在英国贝德福德郡的家中勒死了他的妻子桑德拉。桑德拉是一名护士，几周前她刚刚对韦德尔坦白自己有婚外情，并提出离婚。韦德尔在勒死她以后，在她的脖子上绑上电线，将尸体吊起来挂在车库里，把现场伪装成自杀的样子。他还在尸体附近放了一张A4纸大小的"遗书"，做这些事情时，韦德尔全程都戴着橡胶手套，以避免留下任何指纹。要知道，他曾在警局工作了25年，他知道他以前的同事会在现场寻找什么。

了解韦德尔夫妇的人很少会相信桑德拉这个看上去很幸福的三个孩子的母亲会自杀，尽管加里·韦德尔最初并没有被列入犯罪嫌疑人的名单，但一些经验老到的调查人员还是对此表示了怀疑。他们与全国各地的警察进行了案件核对，发现仅有三起涉及电线的死亡事件——每起都是谋杀。此外，桑德拉身上还有瘀伤，表明她可能在死前有过搏斗或反抗。但这些都不足以说明什么，只有遗书是关键的证据。那么，这封遗书是真实的吗？

警方将这封遗书交给了语言学司法鉴定领域的专家约翰·奥尔森（John Olsson）。1994年，奥尔森还是伯明翰大学的一名语言学研究生，在那里他第一次对将自己的专业应用于刑事调查产生了兴趣。他的同事马尔孔·库特哈德（Malcom Coulthard）曾经对德里克·本特利[①]（Derek Bentley）的书面供词进行过分析，分析结果表明，书面供词几乎可以肯定是一名警察写的，这帮助了本特利死后洗冤。奥尔森从此进入该领域，在对韦德尔案进行调查之前，他已经和警方合作了300多起案件，从勒索到谋杀都有。

在奥尔森的经验中，伪造的遗书可以通过像疯狂、懦弱和自私这样的高度紧张、自我伤害的词语的过度使用来鉴别，因为这些词语在真正的遗书中是很少出现的。如果基于这一逻辑，桑德拉的遗书看起来很可能是真实的，因为遗书中并没有频繁出现这样的词语，但韦德尔曾经是一位有经验的警察，他可能会因为职业习惯而产生一种强烈的感觉，从而知道哪些情绪听起来是真实的，于是奥尔森开始寻找其他线索。在以前的案例中，拼写的特质经常可以揭示书面文件的真正作者，但他在遗书或桑德拉或她丈夫写的信中均没有找到任何与拼写特质有关的东西。在取得突破之前，他必须先冷静下来。

奥尔森注意到遗书上句子的长度有些问题，特别是句号的位置有点奇怪，第一个句号居然出现在桑德拉写下她丈夫的名字之后：

加里。此刻我正坐在电脑前给你打这封信，因为我知道，如果我直接写下来，那你肯定是不会看的。我为我给你造成的伤害感到抱歉，加里。我从未想过要伤害你或给你带来如此多的痛苦。

遗书非常简短，用词直接切中要害，并穿插了挺多的句号在里面，其中

[①] 他因被控谋杀一名警察于1953年被绞死。

最值得注意的是第一个，那个跟在丈夫名字后面的句号。这种写作风格与桑德拉平常的写作风格存在着很大的不同，她喜欢冗长杂乱的句子，其中夹杂着逗号、破折号和分号。她曾经写过最长的句子甚至使用了超过 130 个单词。相比之下，这封遗书中的平均句子长度只有 12 个单词。这封遗书的风格与她丈夫的写作风格更接近，他经常随意使用句号，句子的平均长度也只有 9 个单词。这个发现，配合其他证据，使警方以谋杀罪起诉了韦德尔。

在这本书中，我关注的谎言多是面对面发生的，一个人对另一个人进行的欺骗，在这种面对面的欺骗行为中，说谎者会试图去编造一个符合他个性和环境的故事，谎言与说谎者的贴合程度越高越好。但是，还存在另一种欺骗行为，在这种欺骗行为中，说谎者会去创造一些东西，比如一幅画、一段录音、一份文件等，然后，他们会希望这些东西永远不会与他们自己扯上半毛钱的关系。

在本案中，韦德尔对遗书进行伪造的行为就属于我们提到的这种"间接欺骗"。再举一个来自不同司法调查领域的例子——"选举司法调查"，这个类型的研究在 2000 年那场极具争议的美国总统选举后开始出现，主要是对选举结果进行统计分析，以此来发现其中有可能存在的舞弊行为。

伪造选举结果听起来似乎并不难，你只需要列举出一串有足够说服力的数字，然后把你想要的结果展示给大众就好了，听上去是那么回事儿吧。但其实，伪造选举结果比你想象的要难得多。其关键问题在于，我们编造随机数字的能力真的很弱。当实验被试被要求写下一组随机数字序列时，他们基本都倾向于比其他人更频繁地选择一些特定数字或一些特定的数字组合形式。选举司法调查专家的工作就是针对选举结果进行分析，看看选举结果显示的投票数是否真的像它们应该的那样随机，或者是否存在一些出自幕后黑手的可疑一致性。

第 5 章

Born Liars
Why We Can't Live Without Deceit

测谎仪真能识别谎言吗

| 测谎仪的诞生与应用 |

1921 年 4 月 19 日，在美国加利福尼亚州的伯克利市，一位年轻的警察邀请一位名叫玛格丽特·泰勒（Margaret Taylor）的 18 岁金发碧眼的女子进入一间审讯室，映入泰勒眼帘的是摆在桌子上的一个奇怪的装置，而此时的她并不知道将会发生什么。几周前，泰勒曾经报案说在自己所在学院的宿舍房间中，丢失了一枚价值 400 美元的戒指。现在，警方要求她把双手放在那个奇怪的装置上，然后把自己报案时所说的再复述一遍。据说，这个装置可以把人的想法具象化。泰勒并不是近一段时间在学院宿舍楼里发现自己丢了东西的唯一女孩。住在这幢宿舍楼的学生大部分是来自富裕家庭的年轻女生，她们在回到房间时都有类似的情况出现，比如发现自己的晚礼服被随便地扔在床上，好像有

人试穿过一样。贝克斯菲尔德学院的一名大二学生夹在教科书里的45美元被偷；其他学生丢失的还有信件、珠宝、丝绸内衣等。由于无法从任何住宿学生那里获得供词，宿舍楼的舍监这才向警方求助。经过早期没有任何结果的调查之后，案子被移交给了约翰·拉森（John Larson）警官，正是现在站在玛格丽特·泰勒面前的这名男子。

泰勒小姐并没有被列入嫌疑人的行列，但拉森需要一个"控制组"，来对那些有嫌疑的人进行衡量。当其他几个学生在外面轮候的时候，拉森把一个血压计紧紧地绑在泰勒小姐露出的胳膊上，然后在她的胸前系上橡胶软管，以测量她的呼吸深度。拉森告诉她在整个测量过程中，尽量保持稳定，因为即使是最轻微的肌肉运动，也可能会被误认为是犯罪的反应。话毕，拉森按下了装置上的启动按钮，装置上有一个滚筒开始旋转，黑色的曲线开始不断地在记录纸上延续，长长的橡胶软管也同时开始随着泰勒身体的节奏起伏，一对针形笔开始在纸上画出波动的黑色曲线。紧接着，在一段简短的开场白之后，拉森开始用一种很制式的语气提问：

1. 你喜欢上大学吗？
2. 你对这个测试感兴趣吗？
3. 30 × 40 等于多少？
4. 这个测试吓到你了吗？
5. 你今年毕业吗？
6. 你平时跳舞吗？
7. 你对数学感兴趣吗？
8. 你偷了钱吗？
9. 测试显示钱是你偷的，钱被你花掉了吗？

整个面谈的过程仅持续了六分钟。拉森和泰勒谈完之后，就着手继续对其他人进行筛查了。这些人中，有一位叫海伦·格雷厄姆（Helen Graham）的护理系女学生属于应该重点关注的嫌疑人，拉森请她进入了房间。格雷厄姆比其他学生大几岁,是一个身材高大、引人注目的女生。她目光深邃,举手投足中透露出紧张。她在宿舍的小姐妹口中并不是一个受欢迎的人,她们对她那正派的举止和淳朴的堪萨斯出身背景颇有微词;有人向警方暗示这个女学生的经济状况似乎不太好。果不其然,拉森刚问到关于盗窃的问题"测试显示钱是你偷的,钱被你花掉了吗"时,那台设备就显示格雷厄姆的血压出现了急剧的下降,随后又惊人地升高。格雷厄姆一怒之下,扯掉了机器与自己连接的那些管线,跳起来跑出了房间。第二天,格雷厄姆又一次被叫回来问话,她崩溃了,当场供认了罪行。伯克利当地的报纸为警方新"测谎仪"的首次成功刊登了贺词。

1858年,法国生理学家艾蒂安-朱尔斯·马雷(Etienne-Jules Marey)制造了一种可以同时记录血压、呼吸和脉搏频率的设备,这种设备可以对被试在恶心、尖锐噪音干扰和压力情境下的生理变化进行记录。1895年,意大利犯罪学家切萨雷·龙勃罗梭(Cesare Lombroso)基于类似的情绪生理反应,发明了早期的测谎仪。一名嫌疑人将手伸进一个装满水的罐子里,他的脉搏会使水面产生波动,波动越大,就意味着嫌疑人越不诚实。马雷和龙勃罗梭所做的,实际上属于"情绪和神经系统之间存在关联"这种新科学思维中的一部分。威廉·詹姆斯认为,生理反应产生情绪,而不是情绪产生生理反应。人在遇到熊的时候逃跑,不是因为他感到害怕,而是因为他逃跑的这个行为引起了他的恐惧。1901年,弗洛伊德写道:"没有人能保守秘密。如果他闭口不谈,他就会用指尖喋喋不休,他的每一个毛孔都渗着背叛。"显而易见,当一个人的情绪表现为身体上的惊恐和颤抖时,情绪就变得可测量了。

在20世纪的头几十年里,新的人格和智力测试为混乱的人类性格和行为带来了清晰和客观的曙光。美国普遍存在着一种围绕科学改变社会的潜力出现的乐观主义,其中就包括了对"令人信服的诚实机器"的渴望。刊登在1911年《纽约时报》(New York Times)的一篇文章预测,未来将"没有陪审团,没有大批的侦探和证人,没有指控和反诉,也没有辩护律师。我们法院的这些设置将变得没那么必要，国家只需要让案件中的所有嫌疑人接受科学仪器的测试即可。"

这种乐观主义的温床正是加州的伯克利市——一个围绕着一所新建公立大学加州大学形成的年轻城镇，加州大学创始人的想法是要让加州大学胜过东部那些年代悠久的老牌大学。大学的校董们则希望他们创建的校园被康特拉科斯塔山环绕，并可以俯瞰壮丽的海景，这样的话，这所大学将被称为"太平洋上的雅典"。至20世纪初，伯克利市这个伟大的梦想基本上实现了。该市好像一块强力的磁铁，吸引着美国最优秀的学生、知识分子和艺术家，并以其早期对电话和有轨电车等新技术的接纳和拥抱而闻名。

伯克利市的警察部门在奥古斯特·沃尔默（August Vollmer）富有远见的领导下，以全美最先进的警察而闻名，奥古斯特·沃尔默如今被普遍视为美国现代执法之父。沃尔默身材高大挺拔，有着坚毅目光的蓝眼睛和强烈的求知欲。他满怀激情地相信，科技有可能给警务工作带来革命性的改变。他的目标之一是用人性化的科学技术取代全国各地警察部队所使用的传统三级审讯手段。作为伯克利市的警察局长，他招募了一批聪明且具有理工科教育背景的人，这些人一般情况下是不可能被招募成为执法人员的，甚至都不会考虑他们，但沃尔默招募了他们，并鼓励他们在执法队伍中不断地创新。而约翰·拉森就在第一批被招募的人之中。

好学、易紧张、自我质疑和糟糕的射击成绩，这些都让拉森看上去很难与警察联系到一起。在写完关于指纹识别尖端技术的硕士论文后，他就搬到伯克利市继续攻读生理学和法医学的博士学位。拉森非常钦佩沃尔默，并且很认同他对更文明、更高效的警务方法的思考和期待。1920年，拉森成为美国历史上第一个同时拥有警徽和博士学位的人。

在与玛格丽特·泰勒进行面谈的几周前，拉森刚刚读过一篇就读哈佛大学的威廉·莫尔顿·马斯顿（William Moulton Marston）发表的论文《测谎的

第 5 章
测谎仪真能识别谎言吗

生理可能性》(*Physiological Possibilities of the Deception Test*)，文中提到了被试的血压和他们说真话的可能性之间所存在的关联。拉森对这一发现在警察工作中所可能展现出的潜力感到异常的兴奋，在马斯顿的建议下，他将这项研究作为设计和制造一种他称之为"心脏神经与心理测绘器"(cardio-pneumo-psychograph)的笨重设备的基础。在高校学生宿舍盗窃案中，拉森第一次真正实地使用了这种机器。很显然，这种机器的作用是显著的。海伦·格雷厄姆被捕后，当地报纸的头条刊登了名为《科技抓住了姐妹会的盗窃者》(*Science Nabs Soronty Sneak*)的文章。拉森因此次测谎的成功而兴奋不已，同样感到开心的奥古斯特·沃尔默则批准拉森继续升级和改造这台机器，并帮他找到了一个帮手。

列昂纳多·基勒(Leonarde Keeler)出生于 1903 年，父亲查尔斯·基勒(Charles Keeler)是一位拥有自由思想的波希米亚诗人、博物学家，他为儿子取名列昂纳多，是为了纪念达·芬奇。作为一个自信且有技术天赋的年轻人，以及一个饶有成就的业余魔术师，列昂纳多对正规的教育模式几乎没什么兴趣。正当他准备退学不读的时候，他读到了伯克利市刊登在报纸上的那篇警方使用测谎仪破案的文章，旋即被这个想法所吸引。刚好列昂纳多的父亲与沃尔默是朋友，在他父亲的引荐下，沃尔默让年轻的列昂纳多进入了警队。随后，沃尔默鼓励拉森在测谎仪这个项目上与聪明的列昂纳多合作，这两人形成的合作关系后期被证明是卓有成效的。列昂纳多·基勒不仅增加了测谎仪监控的身体体征的种类，还使装置的体积变小了很多，这样就可以把测谎仪装进一个盒子里。这台新的便携式装置可以在图表上记录一系列生命体征数据，包括了脉搏频率、血压、呼吸和"电热反应"(手心出汗)等。今天的测谎仪(由基勒命名)几乎与此早期改良装置无异。

1921 年至 1923 年间，拉森和基勒在伯克利对 313 起案件中涉及的 861 名被试进行了测谎，确定了 218 名犯罪嫌疑人，并为 310 人洗脱了嫌疑。尽管这其中大多数犯罪都属于轻微犯罪行为，还有些属于家庭纠纷的范围，但重要的

089

是，测谎仪被证明可以让嫌疑人在瞬间招供。这台神秘的机器就好像一个探照灯，让整个地区的犯罪者无法遁形。一名餐馆厨师承认偷了银器，一名一神论教会（Unitarian Church）的保管员承认偷了一个钱包和一块手表。虽然这些案件的成功看上去都是微小的，但测谎仪已经在一系列不同的情况下展现了其有效性，并且还不止于此。沃尔默那个关于更简捷、更有效的审讯方法的梦想似乎马上就要实现了。没过多久，全美的警察局长们就都来到了伯克利市，亲自观摩这台神奇的装置。

然而，正当拉森的发明变得越来越出名的时候，他自己却对这台装置的准确性产生了怀疑。他发现，如果使用测谎仪对认罪后的嫌疑人重新进行测谎的话，所得到的测谎结果似乎与那些被认为无罪的人高度地相似。海伦·格雷厄姆在伯克利受辱后回到了堪萨斯州，而这个时候的拉森则开始了与海伦·格雷厄姆之间充满痛苦和焦虑的书信往来。格雷厄姆生性焦虑，经历过一段动荡不安的童年，在书信中她不断地向拉森抗议，不断地诉说着她的无辜，拉森则慢慢变得开始相信她，并开始为所有发生的事情道歉（学生宿舍的盗窃事件仍在继续，但并没有报警）。拉森在不断地思考"测谎仪实际上测量的是什么"这个问题的过程中，变得越来越混乱和困扰。但对他的同事和同行来说，这个装置的工作原理并不重要，重要的是这个装置能带来他们想要的结果。

拉森和基勒之间的合作虽然富有成效，但同时也充满了不安，甚至在合作多年之后，他们变成了互相之间充满敌意的仇人。无论是谁，他们两个人都在为自己对这个装置未来的设想而努力奋斗，并为获得沃尔默的认可而相互竞争。更具反思性和怀疑性的拉森将这台机器视为科学研究和刑罚改革的辅助工具，但对它是否应该被用来伸张正义却越来越怀疑。相比之下，基勒并没有这种不确定性，他会自告奋勇用测谎仪去处理一些很出名的案件，然后享受随之而来的公众关注；反过来，这又可以帮助他更便捷地向一些大公司推销他的测谎技术。拉森把这些看在眼里，并由此开始鄙视基勒，认为他只是一个出卖了他们共同创造的技术的推销员。随着基勒的成功，拉森也开始了对基勒测谎仪的公开谴责，而且基本是基勒到哪里，拉森必定紧随其后。

测谎仪和对方似乎变成了拉森和基勒余生中的羁绊和困扰。基勒因酗酒导致与凯瑟琳·基勒（Katherine keeler）婚姻的结束。凯瑟琳是一位魅力四射、多才多艺的女性，接受过法医培训，并在芝加哥成立了一家全女性侦探事务所。之后不久，她遇到了雷内·杜沙克（Rene Dussaq）。这位古巴裔美国人拥有日内瓦大学的哲学学位，曾是斗牛士、马球运动员、戴维斯杯网球运动员、击剑冠军和备受赞誉的战争英雄。凯瑟琳于1944年在独自驾驶飞机时，因飞机坠毁而丧生于俄亥俄州的一片田野。四年后，46岁的基勒死于酒精中毒引发的中风。而约翰·拉森在其职业生涯的剩余时间里，服务于不同的刑罚机构，同时不断地收集关于测谎仪的剪报，并撰写了一部长达9000页的心理学专著，只是从未找到出版商愿意出版这本书。他于1965年去世，享年73岁。

1986年，美国特工奥尔德里奇·埃姆斯（Aldrich Ames）收到中央情报局上级的通知，要求他接受例行测谎。所有中情局雇员每五年都会参加一次测谎，但是由于行政积压的问题，埃姆斯已经有10年没有进行过测谎了。他还记得自己第一次测谎时那种让人厌恶的感觉，但现在，这种感觉变成了恐惧。就在一年前，他破产后为了维持生计，开始向苏联出售情报。由于担心测谎仪会检测出他的背叛行为，他通过接头人向克格勃递了一张纸条，询问这件事的解决方法。

测试前不久，他收到一封回信，他兴奋地怀着一种可以读到战胜测谎仪巧妙技巧的期待拆开了那封信。其实那个时候，已经有一些众所周知的应对措施出现了，包括使用心理意象来让自己平静下来，或者是咬着舌头让自己在回答控制问题时显得焦虑等。但克格勃的回信里赫然写着"好好睡一觉，测谎时尽量放松"。埃姆斯非常失望，但无奈之下，他还是按照克格勃的建议做了，并意外地以优异的成绩通过了测试。1991年，他再次通过了测谎测试，尽管那时候中央情报局正在进行内部审查以找出内鬼。

1994年，奥尔德里奇·埃姆斯把在苏联的大多数美国间谍的名单出卖给了克格勃，直接导致美国在苏联的间谍网瘫痪，其中一些人甚至被处决。这之后，他的叛国行为被发现，但他对测谎仪的蔑视一辈子都没有丝毫的改变。2000年，科学家史蒂文·阿弗古德（Steven Aftergood）为《科学》（Science）杂志写了一篇关于测谎技术的评论文章。2000年11月，他收到了艾伦伍德联邦监狱寄来的一封长达四页的手写信件，这封信出自被关押在那里的埃姆斯之手。信中，埃姆斯首先祝贺阿弗古德的评论文章被杂志刊登，随后就对测谎仪开始了机智、严厉的批判，当这种批判来自一位逃过测谎仪制裁的人时，批判显得格外让人信服：

像大多数不会消失的垃圾科学一样（笔迹学、占星学和顺势疗法此时浮现在我的脑海中），只因这项科学技术的使用者享受着带来的那种所谓的有效性或利润，所以测谎仪一直都存在于我们的生活之中。它最明显的用途是作为审讯者的强力辅助，其位置介乎于橡胶警棍和审讯者桌子后面的墙上挂的那些文凭之间。其效果取决于环境所带来的整体强制性，比如你会被解雇、你不会得到这份工作、你会被起诉甚至你会坐牢等，当然也少不了这种设备所引发的那种轻信的恐惧。

测谎仪当然也不全是胡来，脉搏加快和心率加快确实可能意味着内疚。当一位熟练的操作人员使用测谎仪时，依旧可以获得很高的成功率（尽管熟练操作员本身就很难找到）。但埃姆斯是对的，测谎仪的有效性很大程度上是基于一个谎言——测谎仪自身绝对正确建立的。测谎仪的主要缺陷是没有绝对可靠的、可以依托的、衡量说谎行为的生理迹象，其衡量的所有生理迹象都可能存在其他原因，包括许多诚实的人在面对这样的测试时，都会不由自主地紧张起来，而这种紧张就是那种很纯粹的感觉。

测谎仪从未在欧洲流行过，而在测谎仪诞生的美国，测谎仪也并不符合法庭证据的一般可接受性科学标准，但这些都阻止不了这台机器成为警察审讯武器库中的大杀器。警方对科学并不感兴趣，他们只知道把这种神奇的装置展示给嫌疑人，是一种让其招供的绝佳手段。例如，在 HBO 出品的电视剧《火线》(The Wire) 的一个场景中，对 20 世纪 80 年代真实的警察警务场景有过这样一段描绘，警察通过将嫌疑人的手放在装满印有"谎言"（LIE）字样的纸张的复印机上，印出满是谎言字样的手部形状来促使嫌疑人招供。多年来，美国军方和情报机构广泛使用测谎仪来审问可疑的间谍或恐怖分子，确认盟友的忠诚，检查举报的真实性，以及就像埃姆斯经历的那样检查自己员工的可靠性。但在 2001 年，美国国防部向国会提交的一份报告中却出现了这样一个结论："国家安全乃重中之重，不能全部依托于这样一个生硬的工具。"美国国家科学院 2003 年的一份报告也得出结论，即测谎仪的表现"比随机好很多，但距离完美依旧有很长的路要走"。目前，联邦政府仍在使用测谎仪，只不过与之前不同的是，测谎仪已经很少被用于执法或军队事务中了。

测谎仪悄悄地融入了 20 世纪美国生活的许多领域中。在 20 世纪 30 年代和 40 年代，在基勒的推动和帮助下，测谎仪被引入银行、工厂和政府部门，这些部门或机构都迫切地希望可以对自己员工的诚实和可靠性进行筛查。随着这个国家走向冷战，测谎仪甚至慢慢地成了一种政治象征，因为它满足了或者说似乎满足了那种对个人完整性、确定性逐渐变得更加尖锐的要求。在对阿尔杰·希斯（Alger Hiss）的审判中，时任美国总统的理查德·尼克松要求对同样被怀疑是间谍的惠特克·钱伯斯（Whittaker Chambers）进行撒谎测试。尽管正如尼克松自己对一位朋友所说的："我对测谎仪一无所知，也不知道它们有多准确，但我知道它们会把人吓坏。"但他还是做出了要求。另外，参议员乔·麦卡锡（Joe McCarthy）在 1950 年 2 月的演讲中指控 205 名美国人为共产主义者，并对他们提出了测谎的要求和挑战。测谎仪在当时也成了流行文化的标志，并出现在电影、电视剧和杂志中。不要忘记，第一台测谎仪的原型实际上来自一位哈佛大学生的洞察力，他同时也可能是最了解这台设备文化潜力的人。

1893 年，威廉·莫尔顿·马斯顿出生于美国波士顿，他是一个胖乎乎、热情洋溢的乐观主义者。上哈佛大学时，他在雨果·闵斯特伯格（Hugo Münsterberg）著名的"情绪实验室"工作，在那里，马斯顿和他的同学们正在实验一种可以通过脉搏频率图表跟踪记录人对恐惧和温柔等情绪的反应的装置。格特鲁德·斯坦因（Gertrude Stein）是一名参与实验的学生志愿者，她后来以第三人称的角度写下了这段经历："各种奇怪的想法开始涌入她的脑海，她觉得那支无声的笔在不停地书写着什么。"马斯顿是声称发明测谎仪的三个人中唯一一个从未在执法部门工作过的人；相反，他对欺骗的研究为自己开创了丰富多彩的职业生涯，使他成为美国历史上第一位步入娱乐圈的心理学家。

20 世纪 30 年代，马斯顿经常出现在《时尚先生》（*Esquire*）和《家庭天地》（*Family Cirle*）等杂志上，对自愿报名的年轻女性进行"欺骗测验"，并在电视游戏节目中担任嘉宾。他还受雇于环球影城，帮助他们测量其电影可能带来的情绪反应，并将他的专业知识和名字授权给广告公司，广告公司非常喜欢在广告中用他的测试场景来替代那些枯燥的市场调研数据。比如下面的一则吉列刮胡刀片广告，显示的就是马斯顿正在用测谎仪分析一名男子刮胡子：

数百位男士被绑在测谎仪上，测谎仪是全美各地的狱警和警察统一使用的科学仪器，他们将参加一系列令人震惊的测试，这些测试将击碎谎言，揭示吉列刀片赤裸的真相。这些人在著名心理学家和测谎仪之父威廉·莫尔顿·马斯顿博士锐利的目光下刮光了自己的胡子，他们来自各行各业，有着各种类型的胡子和各种类型的刮胡子问题。他们都知道测谎仪可以洞悉一切……这些人将用吉列刀片刮一侧脸，用替代品牌刮另一侧脸。

马斯顿被这种新型的大众娱乐形式迷住了，并相信在正确的引导下，可以帮助解决美国存在的、根深蒂固的情绪问题，他认为问题的根本原因是女性并没有成为这个社会的主导。马斯顿认为，女人比男人优越。男人有更强的性欲和支配欲，而女人更喜欢培养"爱的反应"，这种表面上的顺从最终会帮助女性站在整个物种的尖端。他预测，100 年后，"这个国家将会出现亚马孙原始部落母权制的苗头"。他认为测谎仪是一种微调文化情绪内容的工具，通过这个工具的微调，可以更好地让男性和女性认识到他们真正想要的是什么。

在家里，马斯顿和他的妻子伊丽莎白以及他的情妇兼研究助理奥利弗·伯恩（Olive Byrne）和谐地住在一起。他和这两个女人都生有两个儿子。当律师的伊丽莎白负责养家糊口，奥利弗则需要在白天照看孩子，并帮助马斯顿做实验。据他们的儿子后来回忆，通常这个家庭晚上的娱乐活动可能就是把一位客人接到测谎仪上进行测试。马斯顿死后，奥利弗和伊丽莎白继续生活在一起，并这样度过了她们的余生。

在发明测谎仪的三个人中，马斯顿是唯一一个没有因为这台机器而受苦的人。他最伟大的发明可能不是在心理学或执法领域，而是在流行文化领域。马斯顿被邀请加入美国 DC 漫画公司的董事会，因为他们急于安抚那些担心连环漫画会对孩子们的情绪造成影响的批评者们。马斯顿在加入后问他的新同事，为什么没有女性的超级英雄？或者是一个超人的翻版？他得到的答案是，推出这样角色的尝试从来就没有成功过。马斯顿想了想说，不成功是因为从来没有一个角色将力量与女性特质结合在一起。为了印证自己所提出的设想，马斯顿创造了神奇女侠，她挥舞着金色的套索，让所有被套索套住的人说真话。

|新一代测试诚实的机器管用吗|

很显然，测谎仪比神奇女侠的真理套索更容易出错。今天，大脑扫描技术有望在测谎仪无法触及的领域取得成功。这些新技术似乎提供了一种让人向往的可能性，那就是可以使我们跨过谎言本身的外部迹象，直接读懂支撑说谎行为的大脑神经元的活动。

用于测谎的两种主要的大脑扫描技术被称为脑电图和功能性磁共振成像技术。脑电图是通过放置在被试头皮上的多个电极来对神经元放电引起的大脑电活动进行测量的技术。在典型的基于脑电图的测谎测试中，被试（或嫌疑人）会看到一系列图像和文字，这些图像和文字可能与他被指控的"罪行"有关，也可能无关。西北大学的彼得·罗森菲尔德（Peter Rosenfeld）在开发这项技术方面投入了相较之下最多的精力，他认为，当有人识别出一种刺激时，大脑会不由自主地发出一种特定类型的 P300 脑电信号，并且这种脑电波是可被检测的。理论上，无论嫌疑人如何否认自己认出了银行抢劫犯同伴的名字或受害者的脸，他们的 P300 脑电信号都会毫无保留地告诉我们真相。这种技术有时被称为有罪认知测试。

然而，当那些令人窒息的有关谎言终结的文章发表时，人们却总是把目光聚焦于功能性磁共振成像技术上，那场面像极了 80 年前人们对测谎的鼓吹。功能性磁共振成像技术发明于 20 世纪 90 年代初，主要是作为一种研究工具存在，以帮助科研人员更好地了解大脑的工作原理。这项技术可以捕捉大脑活动时的图像，在这样一个痴迷于图像的时代，这必然会引起所有人的注意和兴趣。与测谎仪不同，功能性磁共振成像技术是一项真正革命性的技术，它改变了神经科学领域。

要进行功能性磁共振成像扫描，被试必须躺在一台机器里，这个机器其实是一个非常大、磁力非常强的磁铁。进入扫描仪之后，被试可能会被要求执行各种任务，如听音乐、回答问题或按下按钮来响应屏幕上显示的图像等。当他们这样做的时候，这台机器就可以捕捉到被试大脑的哪些区域会比其他区域更活跃。当神经元放电时，它们会消耗更多的氧气，导致流向活动区域的氧合血红蛋白增加，然后会造成局部的磁场扭曲，而这种扭曲是可以被机器捕捉到的。然后，这些变化会被转换成图像供研究人员使用（虽然其使用的统计方法时常引起争议）。虽然整个过程微妙而复杂，但最终产出的结果却非常简单：大脑中神经活动相对较活跃的区域被绘制成明亮的彩色斑点。使用功能性磁共振成像技术进行测谎的理论依据是，说谎行为所需的额外认知努力可以在神经活动中被追踪。因此，当一个人被问了一系列问题，并试图以欺骗的方式回答其中某个问题时，谎言——或者更确切地说，他们说谎的那个瞬间——就会被功能性磁共振成像机记录下来，并用红色和蓝色加以区分。

随着美国对恐怖主义的打击和对一些局部战争的参与，美国国防部可信度评估部门一直是测谎技术研究最重要的资助者。当然，围绕测谎技术也产生了很多关于此技术民用潜力开发的讨论。有人建议，学校可以使用扫描仪来检查是否存在学术剽窃，或者机场可以要求人们在检查行李的同时检查一下大脑，雇主可以把这种技术当作一种检验求职者的新方法，移民部门则可以在检查护照有效性的同时，使用此技术检查旅客的真实想法。至少有两家美国公司——西普霍斯公司和无谎言磁共振成像公司已经开始做这个生意了，他们向那些想证明自己无辜或者是想确定自己的伴侣是不是靠谱的人，出售功能性磁共振成像扫描仪，并且正在努力游说，以使功能性磁共振成像仪所做出的测谎结果被法庭作为可采信的证据。法学教授和伦理学家开始考虑这些新方法可能会带来的一些棘手问题，例如大脑扫描的结果是否应该作为证据，如果是，那其结果应该被归类为类似于 DNA 样本的东西，还是作为一种证词出现呢？

在实验室条件下，脑电图和功能性磁共振测谎得出了许多令人振奋鼓舞的结果。宾夕法尼亚大学研究功能性磁共振成像测谎的教授鲁本·古尔（Ruben Gur）向我展示了他的一些"真"和"假"的扫描结果，以展示扫描仪所捕捉到的大脑激活程度的明显差异。不过，这种测试可能还需要很长的时间去证明其结果比人类的判断具有更高的可靠性。脑电图和功能性磁共振成像技术目前都没有办法在现实情境中进行准确度的现场测试，其关键就是，现实情境中存在的变量远比实验室条件下多。例如，如果犯罪嫌疑人在犯罪时嗑药或饮酒过量，无法回忆起太多的话，有罪认知测试可能就不起作用了。所以调查者必须明确自己正在寻找的隐藏信息是什么，只有在某些情况下，对于问题的承认才足以证明嫌疑人有罪。这种测试的另一个问题是，测试需要被试充分的配合：即使被试已经进入功能性磁共振成像机器中，如果他在测试过程中不断摇晃自己的头，所得到的数据也是无用的。这里存在一个模糊的道德问题是目前无法解决的,即嫌疑人是否应该违背自己的意愿去让机器扫描自己的大脑活动。此外,到目前为止,也没有人能拍胸脯保证说,功能性磁共振成像仪可以对谎言与那些回忆起来费力或痛苦的真实记忆进行准确的区分。

如果连嫌疑人自己也不能确定自己所说是否属实呢?

1997年7月8日,一位名叫比尔·博斯科(Bill Bosko)的美国海军军官在海上航行一周后回到他在弗吉尼亚州诺福克市的公寓,发现他的妻子米歇尔·摩尔－博斯科(Michelle Moore-Bosko)倒在卧室的血泊中,她生前被强奸,身上有多处刺伤。米歇尔当时年仅19岁,才刚离家出走与比尔秘密成婚没多久。

到达犯罪现场后不久,警方就逮捕了住在对门的丹尼尔·威廉姆斯(Danial Williams),他是博斯科的海军同事。经过八个小时的审讯,威廉姆斯承认强奸并杀害了米歇尔,并向调查人员描述了他在强奸米歇尔之前是如何用拳头和鞋子殴打她的。威廉姆斯的供词引发了一系列后续的逮捕行动,因为警方确信在该案件中,有另外几名男性共犯,其中包括他的室友约瑟夫·迪克(Joseph Dick)及另外两名海员德里克·泰斯(Derek Tice)和埃里克·威尔逊(Eric Wilson)。这三名男子也在随后的审讯中对自己的犯罪行为供认不讳,并在后来的审判中主动认罪,用这种诉辩交易来避免死刑的制裁。其中迪克有向受害者家属公开道歉,在法官判他两项终身监禁罪成之前,他说:"我知道我不应该这么做,我也不清楚那天晚上我在想什么、发了什么疯。"

然而,此案的情况并不是那么简单的。令人困惑的关键点是,调查人员从未发现任何与犯罪嫌疑人有关的DNA或指纹。与此同时,在这些人等待审判的时候,一个名叫奥马尔·巴拉德(Omar Ballard)的有强奸前科的性犯罪者写了一封信给自己的朋友,信中他声称自己奸杀了米歇尔。警方随后提取了他的DNA样本,经过比对,结果证明与谋杀现场发现的相吻合。巴拉德最终在法庭上认罪,并表示自己是单独行动的。虽然掌握了新的关键性证据,但诺福克市的警方和检察官依旧对泰斯、迪克、威尔逊和威廉姆斯提起了公诉。在这些人被判有罪之后，随着大家对案件信息的了解，越来越多的人开始怀疑这起案件判决的公正性，于是在2005年，致力于为被误判有罪之人洗雪的非营利组织"无罪计划"发起了一项名为"诺福克四人组"的计划，该计划汇集了一批认为"诺福克四人组"无罪且受人尊敬的法律和法医专家。

当经验丰富的联邦调查局人员拉里·史密斯（Larry Smith）第一次审查案件材料时，他也倾向于诺福克市的警探们之前所做出的判断。毕竟，没有什么人会认下他们没有犯下的罪行，尤其是当这个罪行是如此令人发指。但他对案件资料审查得越多，就越相信这四个人是无辜的。没有任何物证表明这些被定罪的人与这起案件中的犯罪行为有关，他们的背景也没有任何迹象表明他们可能会爆发出这种疯狂的暴行。定罪完全基于这些人的供词，而这些供词则是在审讯者的欺骗和威胁下做出的，其中充满了矛盾和难以置信之处。史密斯曾经对《时代》(Time)杂志说过："供述不应该意味着调查的结束。你应该用犯罪现场获取的证据来证实供词中的事实和情节。"

按照这个原则，这个案件中犯罪现场所展现的所有事实都指向了一个与陪审团完全相悖的结论。史密斯和其他25名前联邦调查局特工写了一封联名信给弗吉尼亚州州长蒂姆·凯恩（Tim Kaine），请求他赦免这四人。联名信中写道，在极少数情况下，强势的审讯手段会催生虚假供词。在任期的最后几个月，凯恩对仍在狱中的三名男子发布了有条件的赦免令（其中埃里克·威尔逊因只被判强奸罪成，在服刑八年多后已经获释，故不在赦免行列）。这些人虽被假释20年，允许离开监狱，但他们的定罪裁定依旧没有被撤销，无论走到哪里都必须登记为性犯罪者。凯恩曾承认自己因为这个要求而感到苦恼和为难，在2008年的一次广播节目中，他说："他们要求推翻所有之前的供词，要求翻案，但你知道，这是一个多么艰巨的请求啊。"

凯恩和许多人一样，很难相信有人会承认自己没有犯下的罪行。纽约州约翰·杰伊刑事司法学院的心理学教授索尔·卡辛（Saul Kassin）是一位研究虚假供述心理学的专家。无论他在哪里就这一主题发表演讲，都会听到听众几乎相同的回应："嗯，我是绝对不会这么做的，我永远不会承认我没有做过的事。""陪审员在陪审团室进行投票的时候，其实运用的是同样的逻辑，但是不要忘了，供述本身就是一个非常有力的证据。对数百起审判的分析表明，当涉及嫌疑人的供述时，定罪的可能性就会变大很多，即使陪审员认为嫌疑人的供述是被迫做出的，或者即使陪审团说他们不会考虑嫌疑人的供述作为定罪的依据，"卡辛接着说道，"老实说，我认为陪审团在涉及嫌疑人供述的案件中并没有什么讨论的余地，最终的投票结果一定是有罪裁定的。"

供述可能会玷污其他证据，从而影响审判，这种影响有时甚至在庭审开始前就已经显现了。在卡辛和心理学家同事丽莎·哈塞尔（Lisa Hasel）进行的一项实验中，学生们被邀请参与一项有关说服技巧的研究。实验者告诉被试，她需要离开房间去拿一些实验用品，并要求被试一定等她回来。当实验者离开房间之后，一个实验助手会进入房间，偷走一台放在桌子上的笔记本电脑。"小偷"会在被试的视线中停留大约30秒。

当实验者回到房间时，会假装对电脑丢失事件感到震惊，而被试则会突然意识到自己刚刚目睹了盗窃的全过程。随后被试会拿到记载有六名嫌疑人信息的名单（其中没有一个是偷走笔记本电脑的人），并要求被试进行罪犯的指认。有的被试直接就指认了，有的则没有。又过了两天，同样一批被试被邀请回来接受更多的询问。实验者向不同的被试透露了完全不同的嫌疑人供述信息，而这些被试随后的反应则有力地证明了供述是足以扭曲一个人针对事件的记忆的。在那些一开始就在嫌疑人名单中指认了一名嫌疑人的被试中，60%的被试在被告知其他人已经认罪后，改变了自己的选择。而在那些一开始没有在嫌疑人名单中进行指认的被试中，50%的人在被告知其中一个人已经认罪后改变了自己的选择，并表示电脑就是那个人偷的。那些被告知他们指认之人就是小偷（并非真的）的被试，会展现出对自己记忆力的沾沾自喜。似乎在一瞬间，他们对当时的记忆就变得清晰无比，先前那些模糊的细节也全部都变成了清晰的焦点。

如果连目击者都很容易被听到的嫌疑人供述所影响，那我们是不是更应该充满信心地拥抱科学证据所具有的稳定性呢？难道不应该这样理解吗？2006年，英国伦敦大学学院一位名叫艾提尔·德罗尔（Itiel Dror）的认知心理学家召集了六名指纹专家，向他们展示了几组指纹，并要求他们确定这几组指纹是否匹配。在做出判断后，这些专家得到了新的信息：这几组指纹中，有的指纹来自一名对自己罪行供认不讳的嫌疑人，有的则来自一名已经在犯罪时被警方拘留的嫌疑人。六名专家中有四名根据这一新的情况改变了自己的判断。

嫌疑人供述就像证据中的核武器一样威力巨大。但我们心里也清楚，嫌疑人的供述有可能是错的。DNA证据的进步已经帮助非营利组织的"无罪计划"为250多名被错误定罪的人洗雪，这250多名被误判者中，有四分之一曾经承认了自己的罪行。但对一些人来说，承认他们没有犯下的罪行是获得关注和名声的一种手段。比如，1932年，就有数百人冒出来承认自己绑架了飞行员查尔斯·林德伯格（Charles Lindbergh）的孩子。然而，大多数做出虚假供述的人是在警方审讯的紧张气氛下才这样做的。在一些备受关注的案件中，警察自己也承受着确保定罪的巨大压力，同时也很擅长让嫌疑人觉得坦白是自己面临的最好选择。他们可能会承诺宽大处理或以更严厉的判决来威胁嫌疑人，就像"诺福克四人组"遭遇的那样。如果一个受到威胁的嫌疑人开始觉得定罪已经是一个不可避免的结果了，那供述似乎就变成了他们当下一个相对来说最不糟糕的选择。

功能性磁共振成像测谎的倡导者这个时候可能会站出来说，在这种情况下，功能性磁共振成像测谎技术就可以帮助我们跨过嫌疑人编造出来的那些谎言，直接判断其犯罪与否。但是如果约瑟夫·迪克接受了所有类型的测谎，其结果依旧很有可能会被视为他有罪的证据。为什么这么说呢？为了更好地理解，我们首先需要理解我们的记忆本身多么具有欺骗性。

在20世纪80年代，一位名叫伊丽莎白·洛夫特斯（Elizabeth Loftus）的心理学家站在陪审团面前，向陪审员们解释道："一个聪明、理智、看上去值得信任的人发誓他们记得某件事，并不意味着这件事真的发生了。"

在洛夫特斯最早发表的论文中，有一篇是基于交通部工作开展、由交通部资助的关于车祸的研究。她向被试展示了车辆碰撞的视频，然后根据被试所看到的画面内容进行了询问，使用相同的问题，但其中的动词做细微的调整。她会请被试回忆车祸发生时汽车的时速，如果她使用"撞上"这个词，则会得到一个比使用"剐蹭"这个词快得多的速度，毫无疑问，她的提问表达对被试产生了误导。

洛夫特斯从此开始致力于让所有人明白，我们直觉上认为记忆是一种信息存储形式的想法与实际情况是严重不符的，并且这已经影响到了司法系统的运作。在对目击者陈述的可靠性进行调查时，她向被试展示了一段在拥挤的城镇广场上发生的杀人行为的视频。随后，被试会拿到关于这起谋杀的一些书面信息，不过其中的一些信息是篡改过的。比如一辆很关键的蓝色汽车会被说成白色；一个胡子刮得干干净净的人会被说成有胡子的人。然后，实验者会就被试看到的内容进行询问，那些接收到误导信息的人无一例外会明确地表示他们在视频中看到了一辆白色汽车和一个留着小胡子的男人。

那些了解洛夫特斯工作的辩护律师们，会邀请她出庭提供专家证词。他们经常需要在不涉及攻击证人的个人可信度的情况下，破坏陪审团对证人所陈述的证词的信心；律师想让陪审团了解到，证人是如何被警方调查人员误导的，警方调查人员（通常是无辜的）会把一些想法灌输给证人，而这些想法随后会变成证人以为的自己某部分的真实记忆。你看到的是一辆蓝色的汽车吗？那个人穿着灰色的夹克吗？是这个家伙吗？

20世纪80年代末，北美出现了一系列相似的法庭案件，引得媒体争相报道。这些案件都有一个共同点，就是原告都声称自己在儿时遭受过来自家人的虐待。记忆复原综合征指的是有关童年时期遭受虐待的记忆通常被大脑有意识地压抑，只有在得到了广泛的治疗后才会重新出现。这种综合征在当时的治疗界很是流行，许多治疗界的从业者都秉持着传教士般的热情，追求着从病人的心理中挖掘这些痛苦记忆的任务。患者被告知，他们目前面对的不快乐可能是由于长期埋藏在内心深处的虐待记忆造成的。在漫长的治疗过程中，患者通常会被置于催眠状态下，然后开始回忆童年所遭受的那些犯罪的细节。洛夫特斯强烈怀疑许多被"恢复"的记忆是错误的，即使那些声称自己被虐待的人毫无保留地相信着这些被唤醒的记忆。于是她有了一个想法，就是如果自己不能证明这些记忆是虚构的，那她能否证明虚构的信息可以成为我们的记忆呢？如果可以的话，这个过程是否会比我们想象的要简单得多呢？

1995年，洛夫特斯招募了24名被试，并向这些被试展示了几个她与合作伙伴通过采访被试亲属收集到的被试童年的故事。在这些真实的故事中，她编造了一个虚假的故事混迹其中。这个虚构的故事同样经过了被试亲戚们的核实，以确保它虽然是假的，但听上去依旧可信。虚假记忆的共同主题是和父母外出旅行时在购物中心迷路后，得救于一个善良的陌生人。例如，下面这段叙述是为一个在华盛顿州长大的20岁的越南裔美国女性编造的记忆，其中包括她与自己的母亲和兄弟姐妹天和俊一起去当地的凯马特大卖场购物时的场景：

你当时已经五岁了。你妈妈给了你们每人一些钱去买蓝莓冰激凌。你跑在前面，想先去排队，但不知怎么的就在卖场里迷了路。天发现你时，你正对着一个中国老妇人哭，后来你们三个还是一起去买了冰激凌。

被试首先会收到一份对四个记忆事件的书面描述文本，在阅读之后，他们会被要求选择其中他们记得的事件，并写下任何自己可以想到的该事件的细节。此后，他们会在一周内接受两次回访，实验者会在回访中温和地提醒被试对所有四个记忆事件进行回忆，其中当然也包括那个虚构的记忆事件。然后被试会被告知其中有一件事从来不曾发生过，并被要求猜测是哪一个。24名被试中，有5人回忆起"迷失在商场"的故事，并坚信这段记忆是真实发生过的，而且在对这个事件进行描述时，还会加入很多脚本中并没有的元素。另外有一位被试甚至对帮助了他的人进行了详细的描述："他穿着蓝色法兰绒衬衣，头顶有点秃，灰白的头发，还戴着眼镜。"当我们的记忆中出现盲点时，我们就很容易创造或想象一段新的记忆。那位越南裔美国女性生动地回忆起在长长的白色顶灯下沿着凯马特湿滑的过道奔跑的情景。另一名被试在研究结束得知真相之后，依旧很难相信她的记忆是错误的，她不得不打电话给自己的父母去求证，而她的父母都证实这段记忆从未发生过。

伊丽莎白·洛夫特斯和受其工作启发的研究人员还在继续寻找更多的方法来证明我们的记忆存在一种令人不安的可塑性。在一系列越来越大胆的实验中，被试被误导之后，有的错误地记得在婚礼上曾不小心把一大杯酒不小心洒到了新娘的父母身上；有的错误地记得自己曾乘坐热气球旅行；还有的成为猛兽攻击目标；有差点淹死的，以及目睹过邪恶的仪式。在一些批评声质疑洛夫特斯实际上并没有彻底地证明这些记忆是错误的之后，她又设法说服她的实验对象，让他们相信自己在迪士尼乐园遇见了兔八哥[①]。当有人认为洛夫特斯并没有证明有关虐待经历的记忆也可以被植入时，她的团队又说服了另一组被试，使他们相信，自己在迪士尼乐园游玩期间，一名吸毒成瘾的布鲁托（迪士尼动画中戴帽子的狗）用它的大舌头舔过自己的耳朵。

洛夫特斯和她的实验伙伴们使用温和微妙的技术来植入记忆。她的实验被试中没有一个人被过度交谈、被催眠，或者面临像穷追不舍的警方调查那样激烈、无情的压力。所以如果真的涉及上述情况，那个体的记忆容易受到极端的操纵也就不足为奇了。

理查德·奥谢（Richard Ofshe）博士是"诺福克四人组"审判中被传唤作证的专家证人之一，他也是加利福尼亚大学的社会学家，和伊丽莎白·洛夫特斯是朋友。几年前，奥谢在向一名被控对其女儿进行性侵犯的男子的检察官提

[①] 兔八哥是华纳兄弟的角色，不会出现在迪士尼乐园里。

供建议的过程中，实施了一个堪称有史以来最戏剧性的实验。

华盛顿州奥林匹亚市的保罗·英格拉姆（Paul Ingram）被认为是他所在社区中最正直的人。43岁的他有两个女儿和三个儿子，婚姻幸福，是瑟斯顿县的副警长，也是当地共和党的主席。英格拉姆身材高大，戴着超大号的眼镜，留着棕色的小胡子，他重视权威与规则，是虔诚的基督徒。他和他的家人是活水教会的积极分子。活水教会是一个宗教激进主义的新教教会，其成员在礼拜期间会呈现一种情绪高涨的宗教狂热状态，用圣灵所赐的口才，伸出双手为病人祈福。在工作中，英格拉姆被认为是一个严格执行交通规则的铁警，但他依旧会对那些被他罚款的人表现出应有的礼貌和体贴。

1988年，英格拉姆的大女儿埃丽卡21岁，仍然和父母住在一起，她参加了一个名叫"心连心"的读经夏令营，这是一个由教会组织的、让年龄稍大的女孩参加的年度静修会。那一年的明星演讲者是一位名叫卡拉·弗兰科（Karla Franko）的加利福尼亚妇女，她在做了演员和脱口秀表演者后成为一名牧师。弗兰科是一个有吸引力、有魅力的人物，在女孩们看来，她在未成年人电视节目和商业广告中的表现赋予了她很多名人光环。弗兰科相信自己拥有上帝赋予的治愈能力和精神洞察力，她在夏令营中进行了一些充满情绪性的训练。训练中可以让女孩们重现痛苦的记忆，当她们直面了自己的恐惧后便会流下眼泪。

周末活动结束后，就在女孩们准备登上带她们回教堂的大巴时，弗兰科发现埃丽卡·英格拉姆仍坐在会议中心的舞台上哭泣。几个朋友围着她左右，尽管她们并不知道她为什么难过。弗兰科走过去开始为她祈祷，而当她这样做的时候，她突然感到上帝在给了自己一些关于埃丽卡困境的提示。"你小时候受到过虐待、性虐待。"弗兰科牧师告诉埃丽卡。埃丽卡并没有停止哭泣，弗兰科这个时候又收到了另一个神圣的提示，并告诉埃丽卡，她的父亲就是虐待者。这个时候埃丽卡已经激动得说不出话来。

从静修场地回来后不久，埃丽卡和她18岁的妹妹朱莉搬出了父母家。六周后，她告诉母亲，自己曾多次被父亲猥亵。埃丽卡的母亲桑迪立即对英格拉姆提出了指控。保罗声称自己完全不知道这个罪名从何而来。而朱莉也站在了姐姐一边，声称自己也被父亲猥亵过。消息传到警长办公室后，保罗被捕了。

在20世纪80年代美国的狂热氛围中，"记忆复原综合征"的概念夹杂着基督教激进主义的教义，强调魔鬼真实存在，并且会以一种强大的、不可预测的力量撕裂家庭和整个社区。基于这些记忆的法庭案例经常登上当地新闻的头版头条，这些故事都有一个共同点，就是都与撒旦的仪式有关。许多小镇的居民甚至开始怀疑，在他们自己社区平静的表象下，是否有黑暗势力在起着作用。

在与调查人员面谈之后，埃丽卡和朱莉·英格拉姆姐妹进一步详细叙述了自己的故事。但是，她们对自己所遭受虐待的描述充满了奇怪的不一致，并且有很多变数。例如，朱莉告诉她母亲，父亲最后一次虐待她是在五年前，但在警察告诉她诉讼时效后，她又突然想起最后一次虐待应该是发生在三年前。女孩们在之后的几个月间，接受了一连串富有同情心的律师、调查人员和治疗师的面谈，她们对虐待的回忆也变得更加生动、详细和华而不实。埃里卡甚至说，社区中其实存在一大群崇拜撒旦的人，其中还包括社区中许多备受瞩目的成员，他们会穿着绿色的长袍，聚集在谷仓和空荡荡的教堂里，围绕着一堆火念咒，就好像女祭司在祭祀中杀死婴儿时的那种场景。女孩们说她们被割伤、折磨、钉在地板上。埃丽卡还补充道，她16岁的时候曾经怀孕，在自己怀孕五个月时，被撒旦教徒强行堕胎。胎儿被取出的时候还活着，教徒把这个活着的婴儿放在她身上，然后切成碎片供周围所有的教徒食用。调查人员对女儿们离奇的指控越来越怀疑，尽管付出了艰苦的努力，也花了很多的人力物力，但他们始终找不到确凿的证据证明这些指控。这种情况下，保罗·英格拉姆的供词是唯一可以使起诉案得以继续的关键。

被捕后，英格拉姆面临着巨大的供述压力。在他与调查人员的第一次谈话中，他否认了这些指控，但逮捕他的官员——保罗自己的同事，那些他认识并信任的人——敦促他考虑清楚自己的女儿撒谎的可能性有多大。保罗对自己记忆和性格的信心很快就开始崩塌衰减。经过几个小时的审讯，他仍然不记得有任何虐待行为，但承认他可能忽略掉了自己的一些行为。像调查人员一样，他不相信自己的女儿会在这种事情上撒谎，他宁愿不信任自己，也不愿不信任她们。他说，我可能有不为人知的黑暗面。

六个月来，保罗·英格拉姆几乎没有接触过任何对他的指控持怀疑态度的人。他被羁押在一个几乎一直开着灯的隔离牢房里（他在自杀保护监视之下），被他信任的前同事审问，他们似乎都相信针对保罗的这些指控。他被指控的那些罪行被绘声绘色地详细描述出来。一名警察心理学家告诉他，他可能在压抑对自己行为的记忆，随后他被催眠，试图"恢复"这些隐藏的记忆。警察局的牧师也敦促他赶紧坦白，将他目前所处的困境描述为精神上的困境，牧师说："如果曾经有一段时间，你可以在魔鬼和上帝之间选择，那就是现在。"英格拉姆一定觉得这既感人又可怕。

最终，忏悔自然而然地开始了，并且似乎形成了一种仪式。在漫长的审讯过程中，英格拉姆会被告知他被指控的具体罪行，然后回到他的牢房里进行"祈祷"。这需要进入一种恍惚的状态（牧师一直在敦促他想象一切），之后他会用平静、梦幻的声音描述他对那些被指控的罪行的记忆，并使用一种奇怪的、充满试探性的叙述方式："我应该会脱下她的内裤或解开她睡衣的扣子。"在第一次这样的行为中自言自语道。他讲得越多，回忆就变得越详细：他描述了他参加撒旦仪式的经历，包括他从一只活着的猫身上切下心脏的场景等。他甚至承认自己于1983年时在西雅图谋杀了一名妓女，暗示自己参与了一系列众所周知的谋杀。西雅图警方对此进行了调查，但在英格拉姆的陈述中没有发现任何值得进一步调查的内容。可问题是，英格拉姆的叙述一再出现与他女儿们所说的内容不符的情况，或者说，与任何其他的证据都不相符。

为了帮助案件顺利地推进与定罪，检察官决定请来著名的邪教和精神控制专家理查德·奥夫什（Richard Ofshe）帮忙。奥夫什是一个浮夸的人，蓄着浓密的灰白色胡须，在学术界以傲慢、任性以及才华横溢而闻名。从当地机场接他的奥林匹亚市警察向他描述了案件的神秘之处：缺乏确凿的证据，相互矛盾的故事，女孩们令人困惑的证词，保罗·英格拉姆的回忆将血腥的图像与令人困惑的关于时间和地点的那些平淡无奇的细节模糊地结合在一起。这一描述勾起了奥夫什的兴趣，巧合的是，他也对通过强势审讯手段从无辜者那里获取供词的现象非常感兴趣。当他与保罗面谈时，奥夫什发现他异常困惑，甚至绝望地想帮助审讯者，并保护他的女儿免受进一步的痛苦，出于这些目的，他"虚构"了关于自己假定的罪行的错误记忆。奥夫什立刻想出了一个大胆的方法来验证他的假设。

"我和你其中一个儿子和其中一个女儿谈过了，他们告诉了我一些发生的事情。"他对英格拉姆说，警官们听到这里目瞪口呆，意识到奥夫什并没有和英格拉姆的家人说过话，很难理解为什么他会这么说。奥夫什接着说，保罗被指控强迫他的其中一个女儿与其中一个儿子发生性关系，并在一旁观看（英格拉姆的孩子们没有提到过这样的事件，后来证实从未发生过）。他向保罗提供了一些虚构事件的暗示性细节——就像在早期的审讯中发生的那样——并询问这些细节是否是真的。起初，保罗对这些细节进行了否认，但奥夫什要求他试着想象一下他刚刚提到的指控中的场景。保罗闭上眼睛想了想，几分钟后说自己这部分的记忆已经开始恢复了。奥夫什让他回到自己的牢房，继续祈祷。当英格拉姆第二天出现时，他向奥夫什出示了一份三页纸的书面供词，详细描述了想象中的事件，并附有对话。

记忆复原综合征是以弗洛伊德的思想为基础建立的，即精神会压抑那些由过度可怕的事件产生的记忆，不让这些记忆进入意识范围。弗洛伊德在职业生涯的晚期放弃了这一理论，因为当时他开始相信这种压抑更有可能涉及的是那些被禁止的幻想和愿望，而不是真实的事件。虽然他仍然被这个理论所束缚，但似乎还是凭直觉发现了它的致命缺陷。在一篇 1899 年的文章中，他对当代围绕记忆本质进行的研究进行了一番预见：

> 我们是否有童年的记忆，这确实值得怀疑。与童年有关的记忆可能是我们所拥有的全部。我们童年的记忆向我们展示了我们最初的岁月，而不是它们本来的样子，是它们在记忆被唤起的后期出现的样子。在我们谈论的这些记忆觉醒之时，童年记忆并没有像人们常说的那样浮现出来，实际上，它们是在那个时候形成的。

这种对记忆的描述符合伊丽莎白·洛夫特斯的实验证据，也符合现代神经科学的发现。记忆是一种具有创造性的重建行为，而不是简单的重演。每当回忆起一段记忆，它就会重新形成，在这个过程中，它会与他人的故事交织在一起，并由我们自己的焦虑、欲望和想象所塑造。正如神经学家安东尼奥·达马西奥所说，大脑"没有硬拷贝"。

奥夫什告诉保罗他所说的这个场景其实是自己编造的，并一再试图说服保罗去承认自己所给出的供词同属虚构。但英格拉姆并没有因为他的一再说服而动摇自己的信念，他始终坚信这些记忆是真实的。奥夫什眼看无法改变这个局面，随即向法庭递交了一份报告，报告中强烈认为英格拉姆的供词是捏造的，但为时已晚，这份报告已经无法对审判产生影响了。尽管对大多数的旁观者来说，都越来越明显地认识到这些指控在现实中并没有任何的依据，但英格拉姆还是承认了六项三级强奸罪。奥夫什打电话给英格拉姆，恳求他撤回认罪决定，但英格拉姆仍然坚持己见。几个月后，审讯结束，英格拉姆被转移到了另一所监狱继续羁押，此时的他才反应过来，那些源自自己想象的场景和供词并不是真实的记忆，但又一次为时已晚，他被判20年有期徒刑。在往后的很多年里，针对此案的上诉不断地进行着，奥夫什、洛夫特斯和其他人也在上诉中代表英格拉姆作证，甚至有一个支持团体致力于推动此案的重新审理，但英格拉姆还是在监狱中服完了大部分刑期。

我们长期以来一直梦想着拥有一种技术，能够突破人类行为中混乱的、令人困惑的不确定性,并将我们直接带到真相的真正源头。当我们开始把躯体当成真相的温床时,测谎仪变得突出起来;如今,我们则更加倾向于在大脑中寻找真相。但是,正如萨特讲述的那个无意中背叛战友的士兵的故事所提醒我们的那样,真相并不存在于任何一个人的内心——它存在于外面的世界里,只有通过收集证据和艰难地汇集多种观点后,才能确定。单纯作为个体来看,我们是完全不值得信任的证人,甚至对那些发生在我们自己身上的事来说,也是如此。

一些法律学者提出了看上去合理的论点,这些学者认为,即使功能性磁共振成像测谎测试的结果不完全可靠,它们仍然应该在法庭上被采信。毕竟,不可靠的证据,如品德信誉见证人[①]的证词或一些间接证据,通常都会作为律师所拼凑的辩护板块的一部分被引入。正如一位学者所说:"虽然这些微小的证据对科学家来说不够好,但它却是法律的一大部分。"但依旧存在另一种经常发生的可能情况,就是功能性磁共振成像技术测谎测试的结果会被赋予比它们应得的更多的可信度。借用索尔·卡辛的话来说,在面对这样的证据时,陪审团会陷入"肯定有罪"的怪圈中。也许我们太过沉迷于诚实机器的梦想之中,以至于不允许它成为现实。

"我没有意识到我在撒谎,"约瑟夫·迪克在承认杀害米歇尔·摩尔-博斯科很久之后说道,"我相信我说的都是真的。"即使在了解了所有的这些我们应该了解的知识之后,也还是不太可能理解有人会错误地认为自己犯了一个实际没有犯的谋杀罪这种情况。但是,不要忘记一点,就是我们自欺欺人的能力远远强于我们的想象。

---

① 在法庭中对涉讼之一方人格名誉作证的见证人,也称为品德证人。——译者注

第 6 章

Born Liars
Why We Can't Live Without Deceit

我们的大脑为什么要欺骗自己

> 我来到梦中出现的海滩,追寻着之前的发现渐渐向真相逼近。我意识到,我将要面对的事实很可能会让我万劫不复。在我看来,人并不是一种单一存在的个体,而是由真实存在的两种人格构成的。由于我知识的局限性,我只能看到人的两面性。在这方面,也许有人会接受我的看法,也有人可能会超越我的认知。我斗胆猜测,人们在将来最终会认识到,人是由多种多样、独立存在而又相互矛盾的因素所构成的一种复合体。
>
> 摘自罗伯特·路易斯·史蒂文森所著《化身博士》

我们的感知系统是如何被愚弄的

想象一下,我给你戴上眼罩,蒙住你的双眼,带你走进一个陌生的房间,里面有一只羊驼、一把雨伞和一棵仙人掌。只要你的眼罩一被摘下,你就会立刻注意到房间的形状和大小以及房间里的东西。一开始你可能会把羊驼当成山羊,但这可能就是你所有的困惑了。你可能想知道你为什么在这里,但你并不会有意识地努力确认"这里"究竟是什么地方或是在哪里,你只会四处张望。

但是如果你要看一段你眼罩摘下时眼睛实际看到的东西的录像,你就会感到震惊。这很像你看了一张盗版的《女巫布莱尔》(The Blair Witch Project)影碟,这张影碟还被人洒了啤酒,并且卡在烤面包机里——画面摇晃、模糊、黑白相间,还有一部分像素的缺失。事实上,这有点像同时放两张盗版影碟,每张影碟放映的电影略有不同:如果你遮住一只眼睛,然后迅速将手移到另一只眼睛上,你就会很本能地提醒自己每只眼睛的视野不同。即使你视力非常好,视野中唯一充满细节和色彩的部分依旧还是集中在视野中央的一小块区域;在该区域的左右两侧,屏幕的分辨率会急剧下降,所能看到的只剩下一团模糊的灰色。

我们会本能地觉得,大脑就像一面镜子,当光线照在上面时,我们就能够通过它轻而易举地感知到世界的本来面目。在很长一段时间里,哲学家和科学家都沿着类似的思路在进行思考。18世纪后期,伊曼努尔·康德提出了这样一个观点,即在我们把眼睛和耳朵感知的东西转化为我们所认知到的东西之间还存在另一个阶段;当我们依靠感官数据来获取知识时,我们还要依靠内在的精神范畴来理解这些纷繁复杂的感官数据。科学的发展确实花了一些时间才赶上康德思想的脚步;在20世纪以前的经典生理学观点中,视觉图像被认为是落在视神经上的。弗洛伊德也曾怀疑接收和记录感觉信号的功能是分开的,尽管他当时没有强有力的证据来证明自己的观点。现在我们都知道,大脑确实做了很多工作来使现实中的事物变得可理解,即我们眼睛所扫描的世界与我们真正看到的世界存在着很大的不同。正如神经科学家大卫·伊格曼(David Eagleman)所说,你的大脑一直在给你讲故事。从某种意义上来说,谎言与欺骗从你睁开眼的那一刻就已经开始了。

第6章
我们的大脑为什么要欺骗自己

当眼罩摘下时，大脑就开始对眼睛所捕捉到的大量图像信息进行填充与整理了。大脑无缝融合了两个视野：落在你视网膜上的图像其实是二维的；三维图像是大脑后来添加上去的。双眼本身都存在着盲点，而大脑负责填充它（这是布置家具时会遇到的一个普通问题：视神经必须附着在视网膜的某个地方，并且视神经占据了原本会被神经元受体填充的空间）。你的眼睛没有足够的神经元受体来正确捕捉整个场景，所以你的瞳孔会疯狂地向四周移动掠过，试图将更清晰的聚焦区域瞄向房间的每个部分，这种运动被称为扫视。但是，你所接收到的可能是一种持续性连贯的幻觉。认知科学家给这种现象起了一个很有趣的名字"扫视虚构"。

大脑不只是整理感官所记录的东西，它还做了比这更有创意的事情。亚利桑那红雀队的拉里·菲茨杰拉德（Larry Fitzgerald）是美国国家橄榄球联盟中最好的接球手之一。作为一名外接手，把传球从空中拦下来是他所要承接的一项非常重要的任务，凭借极其敏捷的身手和对时机的完美把握，他通常都能圆满地完成这项任务。捕捉到他抓住球的瞬间的照片显示，他是闭着眼睛去拦截的，没有看球就抓住了球。他的许多崇拜者在对他的能力感到敬畏的同时，也感到困惑：一个球员必须时刻紧盯着球，这是一名球员所信奉的信条，但为什么他会闭着眼去拦截呢？菲茨杰拉德本人也无法解释。

研究运动员眼球运动的认知科学家琼·维克斯（Joan Vickers）假设菲茨杰拉德运用的正是一种叫作"预测控制"的能力，这是我们所有人都拥有的技能，但菲茨杰拉德显然是通过多年的比赛经验来磨炼自己这项技能的。当球靠近他时，他会在脑海中拍一张快照，然后他的潜意识会立即将当下这种情况与多年比赛和观察所得的巨大记忆库进行比较。十几岁时，菲茨杰拉德作为球童工作了六个赛季，维克斯认为，他在场外目睹的数千次传球给他留下了一系列较深刻的印象，大多数运动员都需要与之类似的多年积累。通过将自己大脑瞬间捕捉到的画面与所有其他传球的记忆相匹配，菲茨杰拉德的大脑能够想象出球会去哪里。然后，他可以不用看球，就能想出如何让自己就位抓住它。

虽然说菲茨杰拉德在这方面有着非凡的技巧，但他使用的却是我们所有人都拥有的一种大脑能力。用认知神经科学家克里斯·弗里斯（Chris Frith）的话说，大脑会"主动创造关于世界的画面"。对于已经见识过的事物，我们的大脑不会像第一次遇到它们时那样去试图解释它们，而是会对椅子或人的样子以及球将会出现在哪里等，做出一系列预先设想，然后对我们面前的东西做出预判，而且这种预判很可能就是当下最准确的了。大脑将自己的期望与新信息进行比较，检查其中的错误，并相应地进行修改。弗里斯用了一种引人注目的说法——"这是一种现实与想象碰撞出来的产物"来形容这种结果。

我们积极主动、"爱管闲事"的认知系统在大多数时候都非常有效，当然这也是必要的，否则我们作为一个物种就无法生存。但同时，我们大脑的认知系统也是可以被愚弄的。认知心理学家古斯塔夫·库恩（Gustav Kuhn）在人们观看魔术师把球变消失的魔术视频时，对他们的眼球运动进行了记录。在视频中，一个扔向空中的球似乎在空中消失了。魔术师把球直接抛向空中，然后接住它，再抛，再接，来回几次。最后一抛时，他只是假装在抛球，实际上是把球藏在手掌里。当他这样做的时候，他会抬头望向天空，好像在追踪着球升空的整个过程，最后这一个细节很重要。在观看视频的人中，有一半人看到的是另一个版本的魔术。在这个魔术中，魔术师并没有在最后一抛时抬头看着天空，而是低头看着自己的手，这种情况下，大多数观看魔术的人都识破了这个魔术。在魔术师的头和眼睛的运动的引导下，很多观众陷入了错觉之中。这些被试在观看完视频之后表示，自己确实看到球被扔出了屏幕的顶部。然而，眼球追踪分析显示，在最后一次欺骗性的投掷中，他们的眼睛甚至都没有盯着屏幕的顶部看，而是全部集中在球上。换句话说，他们非常想弄清楚球去了哪里，以至于产生了错觉。

魔术师、建筑师和艺术家几千年来一直知道如何利用我们感知系统的怪癖。帕台农神庙①的巨柱所矗立的平台不是直的，而是弯曲的，它的建筑师知道这是获得直线效果的唯一方法。当魔术师用他们的手法误导我们时，他们操纵的是我们的注意力，而不是我们目光的焦点。当大脑将我们的注意力引向错误的事情，并超越了感官给我们的反馈时，这些滋扰偶尔会造成灾难。一次又一次，在能见度很高且没有机械故障迹象的情况下，司机和飞行员却撞上了明显的障碍物。在一个使用飞行模拟器进行的实验中，商业航空公司的飞行员被实验者要求驾驶一架波音727飞机降落。在一些降落操作中，实验者将一架小型飞机的图像重叠到了飞行模拟系统的跑道上。在参与实验的八位飞行员中，有两位飞行员并没有注意到这个小型飞机的图像，依旧毫无顾虑地继续着降落操作，就好像跑道上完全顺畅无阻一样。

到目前为止，我们只讨论了视觉，但认知自欺的原则同样也适用于其他层面。例如，躯体层面也是如此，虽然我们可能很少会意识到这一点，但大脑还是会时刻对我们的身体部位进行着监控，并在不知不觉间做出调整。比如，当你举起左臂时，你会在不知不觉中将一些重量转移到身体的右侧，以保持平衡，避免向一侧倾斜。我们接收到的关于肌肉、关节和皮肤的感觉反馈被统称为本体感觉，但我们中的大多数人并没有意识到它的存在，因为大脑会通过这种机制使我们可以毫无压力地完成日常动作，所以我们感觉不到它的存在。我们大大低估了站着不动或拿起叉子等动作所需的心理复杂性和控制力及技巧，更不用说在拥挤的街道上穿行的同时还要避免不与人相撞这样的复杂行为了。

在"某件事何时发生"这个问题上，我们的感受也存在虚幻的部分。如果你的鼻子和脚趾在同一时刻被触摸，脚趾发出的信号将在鼻子发出信号后的十分之一秒到达大脑，因为脚趾发出的信号要想通过人体的神经纤维传导到大脑，所经过的路径势必较长。但你又会同时感受到这种触摸的信号，因为大脑会将第一个信号（来自鼻子的信号）暂停，同时等待任何其他信号的到来。当

---

① 帕台农神庙又称雅典娜主神庙，公元前472—前432年由伯里克利建于雅典卫城，以祭奉雅典的守护女神雅典娜，纪念当时希腊战胜波斯，由伊克蒂诺和卡利克拉特设计。——译者注

脚趾信号到达时,你会得到一种"即时"的感觉。我们都生活在与现实的轻微滞后中,高个子比矮个子经历的与现实的滞后时间要稍微长一点,不过这仅仅是因为高个子从脚趾到头部的距离更长,这还意味着大脑检测到所有信号的时间会更长。大卫·伊格曼回忆说,在电视节目传输刚起步的时候,工程师们会很担心音频和视频信号同步的问题。在研究如何解决这个问题的过程中,他们意外地发现了一个大约十分之一秒的窗口期。只要信号的滞后时间处于这个窗口期内,观众就不会注意到任何音画不同步的问题,因为他们的大脑会自动重新同步这些信号。

我们感知的世界也是由我们的欲望塑造的。1947年,美国教育心理学家杰罗姆·布鲁纳（Jerome Bruner）和塞西尔·古德曼（Cecile Goodman）发现,孩子们一直认为硬币比同样大小的圆形纸板要大。硬币的货币价值影响了孩子们对尺寸的感知。很明显,来自贫困家庭的孩子所认为的硬币大小,比来自富裕家庭的孩子所认为的要大。在最近的一项研究中,纽约大学的心理学家要求学生对自己所坐的位置和他们前面桌子上摆放的一整瓶水之间的距离进行预估。在实验开始之前,实验者会给其中一些学生吃一些椒盐卷饼,目的是让他们感到口渴。实验结果显示,口渴的学生预估出来的自己与瓶子的距离比其他不口渴的学生预估出来的更近。另一项研究也表明,我们一般都认为山丘会比较陡峭,而实际情况却并不如我们想象的那样陡,当实验被试属于大龄群体、处于不健康状态或背着背囊时,这种误判的趋势还会继续被夸大。这与其说是一种简单的误判,倒不如说是一种自欺。当这些研究的被试被要求用手（但不能盯着手看）去调整活动板的倾斜度来判断山丘的倾斜度时,他们终于给出了与现实相符的答案。心理学家称这种现象为"所见即所得"。

塞缪尔·泰勒·柯勒律治[①]（Samuel Taylor Coleridge）曾说过,想象力是"所有人类感知的生命力和主要力量",查尔斯·达尔文在断言"没有猜测就不可能有对世界的真正观察"时,其实就已经对这一观点进行了呼应。从那些最

[①] 塞缪尔·泰勒·柯勒律治（1772—1834）,英国诗人、评论家和哲学家。——译者注

基础的层面开始，我们就在自己对世界的期望、欲望和世界本身之间，想象和现实之间，持续地斡旋着。为什么我们的大脑会经常欺骗我们自己呢？部分原因是它需要填补我们的感觉器官留下的空白，但同时，如果我们的大脑没有自动解释和组织输入信号的能力，我们很可能就会被淹没在呼啸而来的输入信号中，成为我们冲动念头的奴隶。一些大脑受损的人会忍不住对他们看到的一切采取行动。如果他们看到一个杯子，他们就必须用它喝点什么；如果他们看到一支钢笔，他们就必须用它写点什么。通过使用克里斯·弗里斯所谓的受控幻想，我们的大脑会筛选出它认为无关紧要的东西，并帮助我们确立对我们来说重要的东西，因此在人声鼎沸的聚会环境中，你依旧可以比较轻易地听到别人叫你的名字。

对于大脑来说，如实准确地描绘现实是仅次于生存的任务。当然，这两个目标可以说具有非常高的一致度，但又不完全相同。如果我们认为那座山比实际更陡，我们就不太可能在尝试攀登它时发生意外；如果某个东西看起来比实际更近，我们则更有可能努力得到它。

|你做出的"决定"真的是自己的"选择"吗|

1983年，加州大学的心理学教授本杰明·李贝特（Benjamin Libet）要求实验被试在他们自行决定的任意时刻做一个指定动作（这个动作是"自由而随意地"弯曲自己的手腕），并使用一个特别设计的时钟记录他们决定做出动作的精确时间。在他们这样做的同时，李贝特对这些被试的大脑活动进行了监控。他发现，在被试有意识地决定做出某个动作之前的几百毫秒，大脑就已经准备好让身体做出动作了。被试这种有意识的意图，从字面上理解，似乎变成了一种事后才出现的想法。我们通常都会习惯于认为，在决定做出行为之前，会先进行一番考虑。但是李贝特的实验和随后的其他实验结果却表明，大多数时候我们其实会先行动，然后再去创造一些行动的原因、感觉和动机。

在另一个由心理学家丹尼尔·韦格纳（Daniel Wegner）设计得相当怪异的实验中，实验会安排一个实验助手与真正的被试一起组对参与实验。两人会坐在电脑屏幕前，把手指放在一个两人共用的、特别设计的鼠标上。屏幕上有很多物体，实验者会通过耳机指导被试，将屏幕上的指针移向其中一个物体。当然，在你出现了移动鼠标的想法后，你自然会移动鼠标。但是，如果和你一起参加实验的同伴在你正在考虑移动鼠标的时候就已经移动了鼠标，那么在你真正移动之前，你的大脑就会认为你已经移动过了。你会觉得好像你选择了做别人已经为你做了的事情，即如果被试考虑移动鼠标和鼠标实际移动之间的时间间隔大约是 1.5 秒或更短，他就会产生这种错觉。

韦格纳认为，我们对自由意志的感觉只不过是一种思维视角层面的欺骗——大脑在实施的一种欺骗。一个有意识的"决定"仅仅是我们为了解释我们身上发生的事，或者我们的身体做出的举动而为自己编造的故事。这是一个极具争议的观点，尽管获得了许多神经科学家的认同。当然，有大量的实验证据表明，我们的大脑会在无意识状态下指导并决定我们认为是有意识的许多日常决策。当你选择牙膏品牌或拒绝某位求职者时，可能是出于一些自己完全不知道的原因——你与品牌名称、求职者的性别之间所产生的无意识联系。可以肯定的是，你会自然而然地想出一个合理的理由，如这管牙膏可以减少牙菌斑、那名面试者缺乏经验等。

两名来自瑞典的认知科学家拉尔斯·霍尔（Lars Hall）和彼得·约翰逊（Petter Johansson）设计了一项实验，该实验基于一名专业魔术师教给他们的纸牌魔术来进行。研究人员拿出两张照片，每张都印着不同的面孔，并让被试从中选择一张她认为更具吸引力的照片。研究人员会将两张照片面朝下放好，然后将被试选择的那张照片滑向她，但实际上，研究人员并没有真的将被试选的那张推过去，而用一种巧妙的手法在不经意间把两张照片进行了对调，所以被试最终得到的照片实际上是她没有选择的那张。你可能会期望被试看一眼她手里的照片，然后向研究人员抗议说照片上的人并不是她选择的那个有魅力的男人，事实上，在某些情况下，被试也确实这么做了；但在大多数相同的实验中，被试似乎并没有注意到这个变化。仅此一点就足以让这个实验变得非常有趣了。然而，更能说明问题的是，当接受"错误"卡片的被试被问及她们是如何做出"选择"的时候，她们会毫不犹豫且非常细致地向研究人员解释她们"选择"的那个男人的哪些特征吸引了她们，可能是眼睛、头发甚至是骨骼结构。

研究人员曾经在加拿大的不列颠哥伦比亚省的一个公园进行过一个堪称经典的实验。一名拿着写字板的女助手会在公园里随机选择一些年轻男性，然后上前邀请他们参加一项关于创造力的调查。在他们写下答案后，她向这些男性建议，为了防止他们以后想和她讨论调查结果但找不到她的情况发生，她会把自己的电话号码写给他们。随后，研究人员会在事后统计这些男性被试中有多少人会给女助理打电话并约她出去。该实验有一点很有意思，研究人员会选择不同的环境来进行实验，这些参与男性中的一半是在一座横跨深谷的、让人有点毛骨悚然的吊桥上接受调查的。当这些男人和女助理说话时，桥会随着微风摇摆，而他们则会紧紧地抓着摇晃的扶手。另一半则安全地坐在公园的长椅上接受调查。研究人员感兴趣的问题是，哪一组男性会更容易被这名女性实验助手吸引呢？

你可能会想，为什么在桥上或长凳上被接近时所感受到的来自异性的吸引会有所不同呢？毕竟，接近他们的是同一个女人。然而，65%在桥上接受调查的男性，会在调查结束后打来电话约女助理出去；相比之下，坐在长凳上接受调查的男性被试中只有30%会这样做。之所以出现这样的结果，是因为大脑在某些情况下，可能会过分热情地去完成自己负责解释信息的使命。当桥上的男人拿走女人的号码时，他们的心脏正因为紧张而迅速地跳动着，他们在出汗，并且有点喘不上气。他们可能会在某种程度上认识到这些表征是由他们当时的身体状况造成的，但即使如此，他们还是会错误地将自己的一些表征归因于这个女人的吸引力。他们大脑中的感知部分已经超速运转了，并对正在发生的事情做出了过多的解释。结果，桥上的男人们在调查结束后，就更有可能告诉自己，他们已经完全被这个女人吸引了，并且也更有可能在事后给她打电话。因此，如果你想约一个陌生异性出去，在对方出于一些具有危险的情景中时，你的机会就来了。

就像我们对物质世界的感知一样，我们对自我动机的感知同样也是一种与现实相冲突的想象的产物。当然，弗洛伊德可能很认同这种观点，他认为我们之所以会对外部世界产生误解，是因为我们对自我的本质产生了误解，我们从根本上欺骗了自己。我们自以为自己知道想要从生活中得到什么，而实际上我们的自我很可能被分成了相互敌对的不同阵营，每个阵营中的自我都在追求不同的东西。不过，至少在研究型心理学家的观念中，弗洛伊德去世后，他的思想就彻底过时了。他的论点更多的是基于直觉而不是基于证据产生的，他认为人的潜意识都源于被压抑的性欲本能的观点至今仍然显得非常独特。但在最近几十年里，神经科学家得出结论，证明弗洛伊德至少做了两件非常重要的事情：一是我们的精神被深深地分裂了；二是我们的意识行为时刻被复杂的心理过程深深地影响着，而我们甚至都没有意识到这些心理过程。我们所有人都在从事一种创造性的自我欺骗行为，从而让我们相信我们知道自己所做之事的原因与动机。

|人人都有会说谎的大脑|

1960年，一位名叫迈克尔·加扎尼加（Michael Gazzaniga）的年轻研究生加入了伟大的神经学家罗杰·斯佩里（Roger Sperry）的实验室，并因为自己可以在这里工作而欣喜若狂。斯佩里是第一位发现包括人类在内的一些动物的大脑包含着左右两个系统，且每个系统负责不同功能的人。想象一个场景，如

第6章
我们的大脑为什么要欺骗自己

果你盯着一个空间中的某个固定点，比如你面前墙上的某个点看，那么这个点左边的影像会全部投射到你大脑的右脑；同样地，这个点右边的东西则全部会到左脑。每一个脑半球都从相对一侧的上肢和下肢接收神经传输，并从相对一侧的耳朵接收声音。没有人知道为什么这些信号会交叉，官方的科学解释基本上就是说在正常的大脑中，信号本身就是这样呈现的，然后，所接收到的信息到达哪里其实也并没有太大的区别，因为左右半脑之间的连接路径是完整的。

1961年，斯佩里接到一位曾经的前同事、神经外科医生乔·博根（Joe Bogen）的电话，在电话中博根告诉斯佩里，自己将为一名癫痫患者实施一项开创性的手术。癫痫的发作总是先从大脑的一个部分开始，然后扩散到周围的部分或组织。哪怕是轻微的癫痫发作，也会逐渐扩散到整个大脑，导致患者失去意识，摔倒在地，并出现无法控制的躯体扭动。为了阻止癫痫从一个半脑扩散到另一个半脑，博根提出了切断连接两个脑半球的厚神经纤维束，也称为胼胝体的手术方法。斯佩里得知后，把他的门生加扎尼加送到了博根的实验室，以期在手术前后对病人进行测试。

鉴于当时并没有人非常确定胼胝体负责什么，或者大脑的两个半球是如何相互作用的，所以博根提出的手术方法其实是很具风险的。但他知道斯佩里在动物身上做了这个手术，没有出现明显的不良反应，他同时也清楚地知道他的那些患有严重的甚至已危及生命的癫痫的病人，确实急于尝试一些新的疗法。48岁的威廉·詹金斯（William Jenkins）是第一个自愿接受该手术的人，他时常面带微笑，心情愉快。博根第一次见到詹金斯，是在他因严重疾病住进博根所在医院的急诊室时。詹金斯经常出现的严重抽搐和急性运动控制缺失，使他陷入危险的境地，甚至没有办法过正常的生活，他被医生告知这个病目前并没有任何治愈的方法。一个偶然的情况下，他得知了博根的手术方案，觉得这个方案虽然存在很多未知风险，但不失为一种飞跃，他和他的妻子告诉外科医生，他们非常希望试一试。"你知道，"詹金斯对博根说，"即使这对我的癫痫发作没有什么帮助，但如果你通过给我做手术弄清楚了一些东西，这次尝试将比我多年来所能做的任何事情都更有价值。"1962年2月，在停尸房里练习了六次后，博根正式上了手术台，切断了詹金斯的胼胝体。

手术奏效了。詹金斯在手术后恢复得很好，很快恢复到了患病前的状态，他的癫痫症状大大地减轻了。但是这个手术真的就没有什么副作用吗？加扎尼加对此进行了探究，他让詹金斯把目光聚焦在屏幕中央的一个点上，然后同时在屏幕的右边或左边飞快地播放图像。这些图像在屏幕上以极快的速度闪过，以至于詹金斯根本来不及把自己的视线从屏幕中间的那个点上移开去追踪图像。因此，当一顶帽子的照片在中间点的右边快速闪过时，它会被詹金斯的左脑处理。当加扎尼加问"你看到了什么"时，詹金斯可以毫不费力地就认出那是一顶帽子。但是如果同样的图像在中间点的左侧快速闪过，詹金斯就不知道该说什么了。因为在这种情况下，图像由右脑处理，但是人类的右脑是不具备表述能力的。

但是，右脑又不是真的什么都没看见。加扎尼加给詹金斯看了一张印有几幅图像的卡片，然后让詹金斯用左手指出这几个图像中刚刚在屏幕上闪过的那个，詹金斯轻而易举就做到了。那就说明其实詹金斯的右脑是知道答案的（他可以指出来），但无法通过口头表述出来。加扎尼加这个时候意识到，在正常情况下，右脑是可以通过胼胝体向左脑发出求助信号的，以帮助自己找到准确的词语来形容自己所看到的东西。但是没有了胼胝体，这个信号就没办法从右脑到达左脑了，那病人自然也就没办法对所看到的东西进行表述了。在另一个实验中，加扎尼加蒙住詹金斯的眼睛，让他左手拿着梳子或咖啡杯之类的东西。如果他把这些东西换到右手，他就能轻而易举地识别出自己所拿的是什么。但是当这些东西换回到左手时，他就陷入了一种语塞的状态。

通过这些实验，加扎尼加偶然发现了一个穷尽他余下的职业生涯去探索、研究和发展的课题：我们并不是单一存在的个体，我们由两个自己构成。大脑的左右半球分别作为两个独立的智能体系，在一个身体中运行。左脑处理分析和逻辑思维，有语言天赋，任何与说话或写作有关的事情都在左脑进行处理；

右脑则可以被称为"文盲"或者"哑巴"半脑,但它也拥有属于自己的神奇力量,右脑更擅长识别图像(辨识类别、物体和面孔),同时还负责欣赏音乐或艺术。这两个系统紧密合作,但又相互独立。如果胼胝体这个左右脑中间传递信号的桥梁不存在了,我们心灵深处存在着两个分裂个体的事实就暴露无遗了,这其实也就是《化身博士》中亨利·杰基尔出现问题的根本原因。

加扎尼加接着又发现了更多关于割裂脑各部分如何相互关联的方法。例如,当左右脑失去直接连接时,它们其实是可以找到新的合作方式的。在加扎尼加的一个实验中,一名割裂脑患者被要求将左手伸进一个封闭的袋子里,触摸里面的物体,并说出物体是什么。袋子里装的物体都是很容易辨认的东西,比如铅笔,但是因为右脑是无表述功能的,所以病人说不出答案。这个时候右脑会突然想到一个巧妙的计划。正如我们所知,大多数触觉是交叉连接的,但存在一个例外——疼痛,疼痛可以同时刺激我们的左脑和右脑。患者会用左手拿起铅笔,把笔尖紧紧地压在手掌里。笔尖刺痛手掌所产生的疼痛信号,就会同时传输到大脑的左右两个半球。所以现在左脑至少意识到了一些线索,即这个封闭的袋子里装了一个锋利的东西。利用这个暗示,左脑开始进行猜测。患者会给出一些答案:"钉子、缝衣针或者一支笔?"在给出这些猜测的答案时,知晓答案的右脑同时也在提供着帮助,右脑可以捕捉到对方在听到这些猜测的答案时所做出的反馈,比如随着答案越来越接近真相而做出的微笑和点头等,然后右脑就会发出判断信号,随后,病人很快就可以给出正确的答案了。这是一个惊人的左右脑神经团队合作的例子。即使内部联系被切断,两个脑半球也通过对外部世界的观察找到了交流的方式。

大脑的两个脑半球之间有时也会发生争吵,而且可能会很激烈。一些割裂脑患者会患上一种被称为"异己手综合征"[①]的疾病。有此综合征的患者,其一只手(通常是左手)会脱离意识的控制开始自主行动,然后左右手互搏的

[①] 异己手综合征主要表现为患者的手部不受大脑意识的指挥,是一种怪异的神经系统疾病。——译者注

情况很可能随之出现。美国北达科他州大学的神经学家维克多·马克（Victor Mark）曾经就采访过一位异己手综合征病人。当她被问及最近经历了多少次癫痫发作时，她的右手举起了两根手指。然后，她的左手径直伸了过去，把右手伸出的两根手指强行按了回去。经过几次反复之后，这位病人放弃了，她似乎不再试图对自己的双手加以控制，让两只手都有就此问题发言的权力，然后，右手伸出了三根手指，左手则伸出了一根。当马克指出她左右两只手存在的分歧时，她无奈地表示自己的左手经常会自顾自地做出一些自己无法控制的行为。随后的场面变得有点混乱，该名病人的左右两只手扭打在了一起，夹杂着女患者无措的哭泣声。

翻看记录，我们可以找到许多类似的案例。比如异己手综合征患者可能会接起电话，但拒绝把电话递给另一只手，或者抓起另一只手挑选的衬衫，牢牢地套回衣架上去。异己手综合征患者似乎经常在执行一项任务，就是扰乱本体有意识的行动计划，比如把一杯水倒进一碗麦片，或者是解开右手正在扣的衬衫扣子，抑或是从嘴里拿掉自己用右手放进去的香烟等。一名男子还曾回忆到，他的左手抓住了自己的妻子，用力地摇晃着她，同时自己则试图用右手帮助妻子脱离险境。在一些情况下，异己手综合征患者甚至还曾用手摸到了自己的脖子上，并试图掐死自己。

尽管很难想象，但一些科学家认为，掌管着表述的左脑和虽然静默但善于识别图像的右脑，很可能是各自有意识的实体，它们分别有着自己的想法和情绪。我们的意识和行为这两个独立的中心部门由数百个独立运作的、无意识的模块组成，它们都能够以不同的方式启动行为或产生情绪，而且它们各自的行动也不一定是连贯一致的。大脑并不是一个按照总体去规划建造的东西，而是在数百万年的时间里将各种不同功能，在时间的催化下，不完美地结合在一起而形成的实体。就像一座皇家宫殿，千百年来以不同的建筑风格进行了扩建与修缮，结果就形成了一个看上去很壮观但不怎么规整的庞然大物。尽管功能齐全的大脑在维持内部信息流和维持秩序方面做得很好，但我们必须清楚地认识到，我们的精神世界并不存在全能的首席执行官或总统来统筹管理形形色色、相互对立又各司其职的"公民"，因此，大脑手下的各个代理人之间产生分歧、相互拆台也就不足为奇了。

这种内部冲突感，对我们大多数人来说，其实都很熟悉，就好像我们都非常清楚欲望和良知之间存在的那种斗争的感觉一样。在古罗马诗人奥维德（Ovid）所著的《变形记》（Metamorphoses）中，美狄亚说自己被撕裂了，"欲望和理性在向相反的方向拉扯"。英国作家伊恩·麦克尤恩（Ian McEwan）在自己的小说《太阳》（Solar）中，将处于决策模式下的大脑比做议会或辩论室：

不同的派别相互竞争，各方都在竭力捍卫着自己的短期和长期利益，相互厌恶并仇视着彼此。不仅会出现提案被搁置和反对的情况，某些提案的提出甚至就是为了掩盖其他提案。所以这个会场里可能是暗流汹涌的，也可能是充满激烈碰撞的。

但是，即便如此，至少在大多数时候，我们并没有感觉自己是由不同自我组成的集合体（且不论那是什么样的一种感觉）。我感觉我就是我自己，而你也感觉你就是你自己，或者至少我觉得你认为你是你自己。割裂脑患者也有这种感觉，他们虽对细微的自己一无所知，但却可以明确地感知到自己是一个整体。即使是那些患有异己手综合征的人也只是注意到了外显的结果和症状，而没有意识到个中原因。当我们在现实中处于分裂状态时，为什么我们每个人都感觉自己依旧是一个整体、有着统一的想法呢？在与威廉·詹金斯相遇的十多年后，迈克尔·加扎尼加取得了另一项学术上的突破，或许这个突破有助于解释我们是如何把我们身上互相矛盾而又各自独立的组成部分整合为一个统一的整体的。

加扎尼加在他最初所做的实验的基础上，做了一些小的改变，即在屏幕中间点的左右两边同时快速闪过两张图片。参与该实验的是一位 15 岁的男性患者，加扎尼加开始在屏幕上同时快速闪过一组图片，左边是一只鸡爪，右边是一栋被雪覆盖的房子和一辆汽车。然后，他向患者出示了一张卡片，上面印有各种各样的图片，并让病人从中选择出与刚刚在屏幕上显示的图片相匹配的那组。这时候，患者的每一只手所分别指向了不同的图片，这就好像大脑的不同部分在完成某种竞争性的任务一样。患者左手指着一把铲子（与雪景相关），右手指着一只鸡（与鸡爪相关）。加扎尼加随即询问了患者选择这两张图片的原因，因为他怀疑患者可能在解释左手所做的选择上存在着困难。毕竟，大脑中唯一能管理口头表述的区域处于负责右手的左脑，而左脑早就把那幅白雪覆盖的房子的图片忘得一干二净了。但是患者并没有给出"我不知道为什么我的左手指着一把铲子"这样的回答，而是毫不犹豫地说："哦，这很简单。因为鸡爪明显和鸡是一对儿啊，而你清理鸡舍肯定是需要铲子的。"

这个回答给加扎尼加带来了很大的冲击。他意识到，尽管左脑不知道为什么左手会选择铲子，但它却可以在事后编造一个能够自圆其说的理由。在另一位割裂脑患者参与的实验中，加扎尼加向其右脑快速出示了"行走"这个词，然后这个人就从座位上站起来，开始走动。当被问及这么做的原因时，参与实验的患者（或者至少是他的左脑）潇洒地回答说，自己"只是去拿杯可乐"。另一个割裂脑患者看到"笑"这个词后，便开始笑了起来。而当其被问到发笑的原因时，他回答说："你们这些人每个月都来对我们进行测试。这种谋生的方式看上去真是不错！"

当然，因为上述案例的研究对象都是罕见的脑部疾病患者，所以缺少一点普遍性。但加扎尼加依旧据此提出了一个惊人的观点，即这些针对罕见脑部疾病患者所做的研究，只是以一种特别清晰和戏剧化的方式揭示了一个事实，即我们的大脑会在匆忙之中编造故事，或者是进行"虚构"，来使我们当下所做出的选择变得可以理解。我们在之前的章节中，提到过"慢性虚构症患者"，这个术语在这里需要做扩大理解，但原理实际上是相同的。这种虚构与左脑负责语言的区域密切相关，加扎尼加称之为"解释器模块"。在他看来，这块区域所负责的实际上只是对大脑其他区域产生的动作和情绪进行解释。这个解释器模块其实就相当于意识思维，会在我们没有办法获知做出当下行为的真正原因或动机时，为我们所做的或感觉到的任何事情随意编造一个或若干个理由。回到前文提到的那个实验中，吊桥上的男生在生理上感到兴奋后，他的解释器告诉他，这是因为他被面前这个女孩吸引了。

尽管弗洛伊德对大脑进行自我欺骗过程中的神经科学问题有所预见，他本人还是受到了一些浪漫主义诗人的影响，他们沉沦于创造、再造世界及自我的思想争斗中。之前，我引用了柯尔律治的话，下面的引述则是一个更完整的版本：

我认为，原始想象是所有人类感知的原动力和主要媒介，是在有限的头脑中对无限的"自我"不断进行诠释的一种重复性行为。

另一位对弗洛伊德产生很大影响、与柯尔律治同时代的哲学家亚瑟·叔本华认为，我们对自我的感觉是一部经过巧妙构思的小说：

当然，现实生活中遇到的事件能够留存在脑海中的，要比我们在小说中看到的要多一些，但也多不了多少。生活中那些重要的事件、有趣的场景，无疑都会给我们留下深刻的印象，但是除了这些，无数事件已经被我们遗忘，只有那么一两件事留在了我们的记忆中……事实是，在我们与外部世界的关系中，我们习惯于将认知的主体，即认识上的自我，视为我们真正的自我。然而，这仅仅是大脑功能的体现，并不是真正的自我。我们真正的自我——我们内在本性的核心，必须要透过这种认知才可以窥见。但是，它除了愿意和不愿意，其他一无所知。

现代哲学家丹尼尔·丹尼特（Daniel Dennett）的思想在一定程度上受到认知神经科学发展的影响，同时也是对叔本华观点的一种呼应。叔本华认为，我们有意识的自我是一个大师级的小说家，致力于编造和改写故事，而在这个故事中，我们就是处在中心的主角——主要的虚构人物。

一部小说如果要成功，那么戏剧性的冲突是必不可少的。实际上，大脑中解释器的工作就是为各个派别的思想冲突拟定一个统一的战线。这并不是一个容易的工作，我们所迸发出的那些最强烈的情感，基本上都是由这种斗争激发的。对弗洛伊德来说，心灵层面的戏剧，皆源于自我对潜意识的努力压抑。如果说弗洛伊德影响了20世纪上半叶，那么美国心理学家的自欺理论，则在20世纪下半叶产生了和弗洛伊德几乎一样的影响力，其核心就是我们一直在说服自己，我们是对的。

认知失调与无限自我让谎言大行其道

美国社会心理学家利昂·费斯汀格（Leon Festinger）过去经常干付钱让人说谎的事。在他所做的一个实验中，就曾要求被试花一个小时去完成一系列故意设置的极其无聊的任务，比如在钉板上拧钉子等。就体验来说，当然没人会喜欢这么无聊的东西。但完成这些无聊的任务后，这些被试会得到1美元或20美元的报酬，附带条件就是对后面一名等待的被试撒一个谎，告诉他们自己所做的这些任务多么有趣。实验结果显而易见，在这样的利诱下，几乎所有先前感到无聊的被试都同意对自己刚刚所经历的无聊任务撒一个谎。实验结束后，这些同意撒谎的被试都接受了一个随访，那些拿1美元来编故事的人相较那些拿20美元编故事的人，会在这项本身乏味的任务上，表现得更为愉悦和满意。也就是说，拿到报酬较少的那些实验被试，反而更加相信自己编造的谎言。

费斯汀格认为，为20美元说谎比1美元说谎更容易找到理由。我们中的大多数人都倾向于把自己定义得正派且诚实，所以在说谎后，那些仅得到1美元报酬的人，脑海中就会浮现出"我是个好人"以及"我仅为1美元就出卖了我的正直"两个水火不容的信念。这部分人既不愿意抛弃以前的信念，也不能把钱包里新出现的那张 1 美元假装成 20 美元的票子，于是，在这种左右为难的情况下，他们索性就将记忆与行动进行了结合。而获得更多报酬的被试则较少经历费斯汀格所说的这种夹在中间的"认知失调"。这部分人能够简单直接地对自己说："没错，我就是撒谎了，20 美元可是一大笔钱，所以我做得挺对的。"

费斯汀格 1919 年出生在纽约，父母是从俄罗斯移民到美国的犹太人。他身材矮小，戴着眼镜，情感极端强烈且易怒，对人性也抱持一种相当悲观的看法。他欣赏让－保罗·萨特和阿尔伯特·加缪（Albert Camus）的作品，这两位大作家都认为，人类是一种一生都在努力否定自己的存在的、多么荒谬的生物。费斯汀格于 20 世纪 50 年代末，提出了他自己的观点，去解释我们如何设法对这种不受欢迎的结论视而不见，其中最著名的当属他的认知失调理论了。

本杰明·富兰克林（Benjamin Franklin）曾经就对他战胜一个难对付的政治对手时所使用的巧妙方法进行过一番描述。听说这个人的私人图书馆里藏有一本罕见的、非常吸引人的书，富兰克林就给他写了一封信，询问自己是否可以有这个荣幸借阅。没想到的是，富兰克林很快就收到了这本书，大约一周后，他归还了这本书，同时还随书写了一封充满深深谢意的感谢信。当他们又一次见面时，这位难对付的政敌表现得非常礼貌且充满了热情，并当即表示愿意尽一切所能去帮助富兰克林，这两个人此后成了终生挚友。富兰克林说："那些曾经帮助过你的人，会比那些你自己帮助过的人更乐于在以后对你施以援手。"用费斯汀格的话来说，富兰克林的政治对手在把那本书借给富兰克林之后，发现自己出现了两种认知：一种认知是他是富兰克林的政治对手；一种认知是自己帮了富兰克林一个忙。所以在这种情况下，他解决认知矛盾的方法就是告诉自己，其实自己是喜欢富兰克林这个人的。

在费斯汀格看来，我们其实一直在不断努力去避免认知失调的出现，以保持我们对自己的那种感觉。每当我们对这个世界产生矛盾的想法时，矛盾带来的焦虑就会给我们一个强烈的暗示，暗示我们需要对自己的行为或看法进行改变，以避免同时思考两件方向不同的事情所带来的那种荒谬感。通常，改变我们的看法相对更容易一些。当我们面对那些暗示我们在某件事上可能存在错误的信息时，我们会在改变主意之前先就其他一切办法，比如编造理由、责备他人、否认有任何问题等，进行一系列尝试。举个简单的例子，如果吸烟者想戒烟但没成功，他们一般就会为自己找一个继续抽烟的理由，比如抽烟真的不会对我造成任何伤害，我可能活的时间会更短但更充实之类的。又比如，如果你花重金买了一张音乐会的票，你就会更加努力地去说服自己，这肯定会是一次愉快的经历，即使你可能真的觉得音乐会很无聊。又或者，我们做出承诺的程度会随着加入团体的难度变大而变大，比如大学兄弟会很难进，那一旦你加入，你对这个团体所做承诺的程度就会很大。

除此之外，费斯汀格对宗教历史也饶有兴趣，特别是某些教派或邪教时不时冒出来，对世界末日进行一番预言这样的话题，这些人会大肆宣扬听上去就很奇特的观念，一般会说除了真正的信徒之外，所有人都会被席卷，只有那些相信该团体教义的人才能享受救赎和永恒的幸福等。费斯汀格指出，即使这些团体的预测被证明是错误和荒谬的，这些团体也很少出现解散的情况，至少不会立即解散。在最初的沮丧感过后，邪教徒会更加坚定他们的信念，抗拒那些来自非信徒的蔑视，并且会走上街头，以一种比之前更加超乎寻常的热情去维护他们所认为的自己追求的"正义"事业。

1954年，35岁的费斯汀格在美国明尼苏达大学工作。一次偶然的机会，他在报纸上看到了一篇关于某邪教预言世界末日到来、人类将被外星人毁灭的报道。这个邪教的窝点就在离自己不远的芝加哥郊区。费斯汀格认为这是一个不容错过的好机会，于是在和几名同事商议之后去了芝加哥，隐姓埋名假装成信徒加入了这个团体。后来，他就自己在此邪教中的经历撰写了一篇纪实报道，这篇报道实际上是通过他对历史上所有末世预言进行的研究衍生出来的，其中就包括了被称为奇特之最的、对沙巴蒂·萨维[①]（Sabbatai Zevi）的狂

[①] 沙巴蒂·萨维是土耳其犹太教牧师，自称是犹太人的救世主弥赛亚复临人间。——译者注

第 6 章
我们的大脑为什么要欺骗自己

热崇拜：

1665 年 5 月 31 日，一位闷闷不乐的 39 岁男子敲响了加沙一所房子的门，请求帮助。这栋房子的主人叫亚伯拉罕·内森·本·以利沙·海伊姆·阿什肯纳兹（Abraham Nathan ben Elisha Hayyim Ashkenazi），人们都叫他"加沙的内森"。内森是一个年轻的犹太神秘主义者、一位卡巴拉①信徒。年仅 22 岁的他，因其复杂的精神愿景、所宣称的神启预言的美好，以及雄辩的口才而为众人所知。在敲门的男子进行了自我介绍后，内森认出了他就是沙巴蒂·萨维，伴随而来的还有震惊和兴奋。

沙巴蒂·萨维在家中排行老三，非常任性，父亲是一位来自土耳其大城市士麦那（现为伊兹米尔）的富商。萨维与他的兄弟们相比更加敏感、更书卷气，他的兄弟们都像他们的父亲一样，成了成功的商人。萨维在学习卡巴拉之前，还接受过犹太教的洗礼。然而，事实证明，并没有一个成熟的宗教思想流派能够容纳这个聪明但古怪的年轻人。萨维患有一种在今天可能会被诊断为躁郁症或双重极端性格障碍的病症，在一阵狂喜和极度兴奋之后，他会陷入深深的沮丧和无所作为之中，但是在当时，这被认为是他身上一种独一无二的气质。随着年龄的增长，他的情绪波动变得越来越频繁和极端，在他呈现出疯狂的阶段，他会做出可怕的亵渎行为和越轨行为。比如他会直呼上帝名讳，但这是被明确禁止的；宣称自己"嫁给"一个犹太经书卷轴，进行一些无法形容的性行为；甚至宣称自己是弥赛亚（Messiah）等。由于这些癫狂的不被允许的行为，他先后被逐出士麦那、萨洛尼卡和君士坦丁堡。当萨维情绪正常、感觉心平气和时，他便会怀疑自己是否被恶魔附身，但很快又会再次被自己那种黑暗的狂热所控制。

1665 年春天，萨维流浪到加沙并找到了内森，他希望借由内森的帮助来驱除他体内的恶魔。加沙的内森是一位杰出的犹太教学者的儿子和耶路撒冷卡

---

① 卡巴拉又称"希伯来神秘哲学"，是基督教产生以前在犹太教内部发展起来的一整套神秘主义学说。——译者注

巴拉信徒。在完成第一阶段的宗教教育后，他开始在加沙进行自己的犹太神秘主义学习，并与他的新婚妻子定居在那里。内森无疑是一个具有天赋的学生，具有超群的创造力。正如这一时期的一位历史学家所说，内森将"智力和深刻思考的能力与想象力和强烈的情感敏感地结合在一起"。内森并没有满足于学习，而是在此基础上发展出了自己的观点和意识形态。当他遇到萨维的时候，他的思想体系早已包罗万象并且堪称激进，这个体系虽然根植于犹太神秘主义，但对他来说却是独一无二的。有点类似于一种可以解释一切、包容一切的世界观。内森第一次在耶路撒冷遇到萨维时，并没有对萨维宣称自己是弥赛亚一事有太多的想法。但是后来在加沙，在其斋戒期间，他宣称自己陷入了一个持续24小时的强烈幻觉中，在这个幻觉里，他看到弥赛亚与沙巴蒂·萨维合为一体。而现在，萨维出现在他的面前，敲响了他的门。难道还有什么比这更清晰的征兆吗？

回到芝加哥邪教上来，这个邪教有两位领导人。一位是托马斯·阿姆斯特朗（Thomas Armstrong）博士，他是一名医生，在附近的一所大学担任高级职务，他对神秘学和不明飞行物异常感兴趣，是芝加哥邪教的精神领袖。另一位是家庭主妇玛丽安·基奇（Marion Keech），她也是芝加哥邪教活动的主要推动者和组织者。据称，1954年秋天，当玛丽安初次收到来自外星人的信息时，她正在家中。外星人以高密度振动的形式引导玛丽安颤抖的手拿着笔在她面前的纸上飞速地划过，潦草地写下了一些并不好的信息："大西洋海平面上升将淹没大西洋海岸的陆地，法国会沉没……俄罗斯将成为一片汪洋大海，美国也不能幸免。最终，整个世界将被淹没，这么做是'为了净化地球人，创造新秩序'。"

在接收到第一条信息之后，更多的信息接踵而至。这些与玛丽安交流的灵性物质将自己称为守护者。他们的统治者是一位名叫萨南德（Sanander）的神。守护者把人类即将毁灭的确切时间和日期也一并传递给了玛丽安，1954年12月21日的午夜，同时表示，只有那些信奉萨南德的人才会得救。

第 6 章
我们的大脑为什么要欺骗自己

幸运的是，玛丽安知道该和谁谈论这件事。她之前在当地的不明飞行物俱乐部遇见了阿姆斯特朗博士，当地人会在那里聚会，讨论外星人来访的可能性。玛丽安刚把消息告诉阿姆斯特朗博士，他立刻就明白了事态的严重性。他们商议决定将消息告诉俱乐部的其他人，并一起为外星人登陆做准备。在随后的一两周内，他们聚集了大约 30 名信徒，其中就包括了隐藏身份的费斯汀格和他的同事们。

在末世洪水来临前的几周，这个邪教团体所展现出的团结和忠诚给费斯汀格和他的同事们留下了深刻的印象，这种团结和忠诚似乎会随着他们受到外人的批评或嘲笑变多而变得越来越强。这些邪教成员忍受着与家人和朋友的争吵，以及来自邻居要举报他们精神错乱的威胁。阿姆斯特朗博士被解雇了，他的姐姐则向法院申请取消他对自己两个孩子的监护权。另一个邪教成员卖掉了她的房子，带着她年幼的女儿搬进了玛丽安·基奇的家。其他人也基本上都辞了职，舍弃了自己的财产。在整个世界即将被颠覆毁灭的时候，即使全世界都反对他们，又有什么关系呢？

费斯汀格指出，该组织并没有传播教义。尽管它发布了一份新闻稿，对外宣布了自己所得到的末世启示录中的信息，但它在传播守护者的消息或招募新成员方面却做得很少，这一点倒是令人感到惊讶。随着末世日期的临近，玛丽安和该组织的其他成员选择无视或拒绝了当地报纸和电视台发出的数十次采访请求。研究人员后来评论说，这个群体对外部世界的行为展现出了一种"近乎冷漠"的状态。

在沙巴蒂·萨维告诉内森自己来找他的原因后，内森告诉萨维，其实他并不需要治疗，因为他的确就是弥赛亚，他的到来标志着末日和犹太人的救赎。已经看惯了世人嘲笑的萨维，在这个年轻人的玩笑话面前展现出了不安的笑容，但内森却明确地表示自己是认真的。接下来的几个小时内，两人就此进行了激烈的神学讨论，最后萨维接受了他身上背负的救世主的使命。

萨维开始感到强烈的、狂热的喜悦。他骑着马在加沙周围转悠，向那里的居民宣布他天选之人的身份。当然，他以前在其他城镇也这样做过。但现在不同了，内森与他站在一起，流露出坚定的信念，并对上帝为什么选择弥赛亚到来的这一时刻，以及他为什么选择萨维来拯救他的人民，提出了卓有见地的忧虑。随后，加沙的拉比[①]们也加入了追捧的行列。萨维散发着帝王的魅力和优越感，开始任命大使，召集耶路撒冷各地加入自己。

这还只是开始。在接下来的六个月里，内森给世界各地的犹太社群都发出了充满雄辩的长信，把弥赛亚的消息告诉所有人，并向他们解释历史的一个新阶段即将开始。对于萨维所做的一切，内森都给出了详尽的解释，充当了萨维那冲动的本我的解释器。萨维随后开始了一场路演，从耶路撒冷出发，向北前往士麦那和叙利亚的阿勒颇。无论走到哪里，他都被誉为弥赛亚。

在过去的几十年里，犹太人经历了他们历史上最糟糕的驱逐和大屠杀。他们迫切地把所有的希望寄托在这位令人激动的救世主身上，相信美好的希望就在眼前。他们成群结队地去觐见他，但这也导致了犹太教团体的分裂。年轻人更倾向于热情地拥抱萨维和内森的想法，但是相对更保守的拉比们则选择保持沉默，并对此采取了回避和防范的态度。

萨维这个时候露出了他那古老的、癫狂的獠牙：亵渎神灵、吃猪肉、怂恿他人违法。如果有拉比提出抗议，萨维就会带领暴民冲至其家中对其进行威胁。在士麦那，萨维更是拿着一把斧子强行闯入一个拒绝承认他身份的犹太教堂。一进去，他就宣布了末世救赎的日期——1666 年 6 月 18 日。

在芝加哥，末世洪水的那个夜晚终究还是来了。在玛丽安·基奇的家里，团体成员们挤进她的客厅，聚集在一起，他们中有大学生、主妇、出版商、五金店店员和他的母亲以及阿姆斯特朗博士。每个人都在等待萨南德和他那些助手们传递的新消息，没有人知道他们会用什么形式来传达，或者到底会发生什么。令人沮丧的是，守护者们也对这次行动的具体细节模糊不清。

那天晚上，一切似乎都变得充满了独特的意义。当电话铃响起，一个尖

[①] 指犹太教的智者，多为讲经师、神职人员及社团精神领袖等。——译者注

锐、讽刺的声音说道："嘿，我的浴室里有洪水，要不要过来庆祝一下？"即便是恶作剧，团体成员也把它理解为守护者的指引。接着，团体成员们开始争相核对自己从守护者那里得到的密码，比如"我把帽子忘在家里了""我是自己的搬运工"，等等，就连起居室的地毯上发现一小片锡片时，这群人都认为是守护者传递的信息，以此指引他们把身上所有的金属都拿掉。于是女人们开始疯狂地撕掉胸罩上的扣子，其中一个男人（实际上是费斯汀格的一名研究人员）还被强行带到卧室，并被惊慌失措的阿姆斯特朗博士用刀片割断了他裤子上的金属拉链。

当离末世到来仅剩几分钟时，这群人要么静静地坐着，要么穿着大衣跑圈，因为也没有什么可说或可做的了。以下是费斯汀格对刚过午夜那段时间屋内众人情况的描述：

在紧张的寂静中，两个时钟滴答地响着，一个比另一个快了大概10分钟。当较快的那个时钟指向午夜12：05时，一名研究助理大声地读出了时间。但是这群人出奇一致地回答说午夜还没到来。其中一名叫鲍勃·伊斯曼（Bob Eastman）的成员，确定较慢的时钟才是真正正确的那个，他说当天下午，自己亲自校正过那个时钟。而此时，这台正确的时钟显示，距离午夜仅剩下四分钟。

这四分钟是在完全的沉默中度过的，没有一个人说出哪怕任何一个词。当壁炉架上的（较慢的）时钟显示仅剩一分钟时，玛丽安用一种紧张的、高音调的声音喊道："一切按原计划进行！"时钟敲了12下，在期待的寂静中，每一次敲击都带着令人痛苦的清晰感。信徒们依旧一动不动地坐在那里。

起初没人就此发表意见，但在接下来的几分钟，然后是几个小时里，"一种绝望和混乱的气氛笼罩着整个团体"。阿姆斯特朗博士和基奇夫人告诫在场的每个人要有信心，但是当他们对刚刚发生的失败给出一个又一个无法让人信服的解释时，这些团体成员开始变得不冷静了。用费斯汀格的话来说，这个团体似乎要解散了。凌晨4：45，玛丽安·基奇的手颤抖着开始写下一条来自神的信息:"这一小群人整夜独自坐着,传播了如此多的光,以至于上帝拯救了世界免于毁灭。"这不失为一个优雅的解释,但并没有完全打破阴霾。一名团体成员默默地站起来,戴上帽子,穿上外套,离开了屋子。

1665—1666年的那个冬天,犹太世界都处于混乱之中。从法兰克福到阿姆斯特丹,从布拉格到君士坦丁堡,犹太人祈祷、禁食,并不断进行仪式性沐浴,为末日做准备。许多人变卖了他们的财产,去圣地朝圣,希望能看到萨维。写诗、印刷书籍、组织公众游行,欧洲大陆爆发了一场近乎不受控制的大规模的歇斯底里,甚至在波兰,每个主要城市都能看到骚乱。

接下来,萨维迈出了他迄今为止最大的一步:他冒险去了土耳其。在那里,内森宣布他将继承王位,让苏丹做他的仆人。他的船于1666年2月抵达土耳其水域。土耳其当局听说了萨维在欧洲造成的混乱,他们没有冒险,立即扣留了萨维的船,并且给他带上了镣铐,把他带到岸上,体面地关押了起来,并给予了萨维接受探视的权利。内森将这个意料之外的尴尬局面进行了合理化解释,以符合他的理论,说弥赛亚受到的监禁是他与邪恶力量进行内心斗争的象征。而萨维则在加里波利的监狱里保持着他的自命不凡,好让君士坦丁堡的犹太人代表团相信他设定的末世日期仍然有效。

末世日期1666年6月18日在瞩目中来了又去。9月,萨维被传唤到君士坦丁堡议会,苏丹当时就藏在一个格子壁龛里旁听会议进程。萨维面临的选择既简单又直接:要么皈依伊斯兰教,要么去死。他立即选择了前者,围上了头巾,化名为阿齐兹·穆罕默德·埃芬迪(Aziz Mehmed Effendi),并接受了"宫门看守人"的职位,这一职位甚至还为他提供了少量的政府养老金。

玛丽安收到了来自神的另一段信息,神要求她向世人进行解释。于是她打电话给当地一家报纸,告诉他们她得到了一个紧急的信息。整个团体都跟随玛丽安的脚步行动了起来,他们轮流给媒体、通讯社、广播电台和杂志打电话,宣扬着他们对末世洪水为什么没有到来的解释。这种情况持续了好一些时日。在"末世洪水"约定的时间到来之前,这群人选择避世,现在他们却积极地寻求着各界的关注。不仅如此，他们现在也开始了传教，这在以前是不可能的，之前那些想加入的新成员都会被随意搪塞或拒绝，而现在，所有的来访者都被热情地接待并可以参与到讨论中去。这些阴谋论者摇身一变，成了传教士。

这是一个奇怪的悖论。只有当该团体的教条遭受最大程度的嘲笑，当他们对邪教忠诚的根基被证明是一种幻觉时，他们才想向世界宣告他们的信仰。只有当他们被证明是完全彻底的错误时，他们才想就此进行争辩。这听起来很疯狂，但利昂·费斯汀格并不认为芝加哥的信徒是疯狂的，他认为他们就代表着人类本身。

费斯汀格将这段实地研究的纪实报道写进了自己的著作《当预言落空》（When Prophecy Fails）之中。在书中他认为，人们为获得某物而经历的困难、尴尬或痛苦越多，他们保护成果的决心就越大。芝加哥这群人在这条信仰之路上走得太远了，遭受了太多的蔑视，放弃了太多以前的生活。在末世洪水没有到来的四个小时后，阿姆斯特朗博士告诉其中一名研究人员说："我已经走了很长一段路，我几乎放弃了一切，断绝了几乎所有的关系，堵死了其他的路，我已经背弃了这个世界。我没有资格怀疑，必须选择相信。"他和其他人都清楚地认识到，自己并不是那种没有充分理由就会去做这种事的人。现在，理由已经找到了。至于那些情感上的肯定：为了消除他们的疑虑，这群人突然意识到，他们的信仰也需要在其他人身上得到反映。在《当预言落空》这本书的结尾，费斯汀格得出了一个结论，即当一个群体的坚定信念受到挑战时，团体中团结的信念最强烈，并会通过人数的增加来寻找心理强化。他指出基督徒的弥赛亚不应该遭受痛苦。当耶稣在十字架上呼喊时，他的追随者一定是感到悲伤的，并且在真正开始传播这个词之前，可能出现过短暂的怀疑。1954年12月21日的午夜，没有宇宙飞船降落在芝加哥。大西洋的海平面也没有上升，天空之门也都没有开启。被冷酷的现实打击了之后，芝加哥的信徒们开始试图在其他地方寻找它，在其他人身上寻找认同。

费斯汀格的研究隐含着这样一种观点，即所有的宗教都是源于蕴藏着极大不和谐的巨大虚构：我们很想相信世界是有意义的，但它实际上并没有意义。事实上，所有人类文化，如我们的符号、神话和仪式，都可以被视为一种方式，来调和我们内在的、对生死以及期间一切事物产生的那种随机性的理解。

费斯廷格的逻辑很强大，但我们的理性是那么宏伟、美丽和充满未知，如果简单地用这种逻辑来解释它，似乎有点微不足道了。芝加哥邪教并不可与沙特尔大教堂①或巴赫音乐②进行简单类比。或许，我们可以把这种逻辑反过来。费斯汀格认为，人们寻求他人的肯定，是为了让他们所抱持的关于世界的脆弱的理论看起来更强大。但换个角度想一想，我们不是也可以编造故事作为接触他人的理由吗？我们的谎言是否可以铺设通往爱的道路呢？

当萨维选择温顺地臣服于苏丹的消息传到追随者耳中时，萨维的追随者们无不悲痛欲绝。内森先前的那些信以某种方式维持着的6月18日之后的兴奋，在得到消息的这一刻也消失了，徒留尴尬和愤怒。拉比们则坚称这件事压根儿就没发生过。然而，此时，加沙的内森已经准备好了另一个经过精打细算的解释：虽然看起来像是向叛教者屈服，但弥赛亚只是发现有必要深入邪恶的领域，这样他就可以从内部引爆它。叛教的耻辱是他所做的最后的牺牲。

沙巴蒂·萨维死于1676年，至死都是苏丹的仆人。内森则在萨维死后的第四年去世，他宣称萨维的死仅仅是"隐遁"。好几年过去了，萨维的很多追随者依旧坚持着自己的信仰。他们不愿意接受他们的救世主搞了一个彻头彻尾的骗局，也不愿意接受他们如此狂热相信的观点是无稽之谈，他们维护着萨维的形象，维护着彼此。他们甚至假装叛教，并创造出了一种全新的礼拜形式。在土耳其，直到20世纪，都一直有一个叫作东马派的沙巴教派活跃着并颇具影响力。表面上看，他们加入了伊斯兰教，实际上私下庆祝着犹太教的逾越节。

---

① 据传圣母玛利亚在此显灵。——译者注
② 虔诚的基督教徒认为，在巴赫的音乐里可以听见上帝的存在。——译者注

第 7 章

Born Liars
Why We Can't Live Without Deceit

自欺欺人的好处和风险

任何想要引导别人的人，必定具有自我欺骗的能力。

朱塞佩·托马西·迪·兰佩杜萨（Giuseppe Tomasi di Lampedusa）

| 我是个能控场的好人 |

人们一方面说服自己"当个好人"，一方面又会做出可预见范围内最糟糕的行为。自杀式炸弹袭击者杀死了数百名无辜的人，但死的时候却坚信自己可以上天堂。西西里黑手党的成员认为自己是信仰天主教的好人，但同时在周中杀人，在周日做礼拜。比如意大利卡塔尼亚市的黑手党老大尼托·桑塔帕奥拉（Nitto Santapaola）就非常地虔诚，在他的别墅里建了一个小教堂用来礼拜；但同时，他也曾下令将四个孩子绞死扔进井里。即使是在奥斯威辛集中营，监

督毒气室的医生也相信他们仍然忠于希波克拉底誓言，即通过灭绝犹太人，来根治德意志人民身上的恶性肿瘤。

当然，这些都是罕见的极端例子，但大多数人都倾向于对自己的行为进行赞赏。比如，如果一位老板提拔了一位不称职的员工，而老板自己恰好又被这个员工的某些方面所吸引，那这位老板肯定会很轻易地让自己相信这位员工是这项工作的最佳人选；打牌出千的人会说服自己，他的对手不配拥有公平竞争。"成为一个通情达理的人是一件多么简单方便的事情，"本杰明·富兰克林说，"因为它能使一个人为他想做的每一件事找到一个合适的理由。"

心理学家注意到，我们经常将对自己动机的乐观态度与高估自己能力的倾向结合起来。这有时被称为沃比根湖效应，这一说法源自美国幽默作家加里森·凯勒（Garrison Keillor）著作中的理想城镇沃比根湖镇，在那里"所有的女人都很强壮，所有的男人都很英俊，所有孩子的素质都高于平均水平"。在一项对大学生的调查中，88%的受访者都认为自己的驾驶水平高于平均值；在一项对大学教授的调查中，95%的人声称自己的工作与研究能力高于平均水平。其他研究也表明，我们倾向于高估自己身体的吸引力、智力和对他人展现出的公平。大多数恋爱中的人都会认为，他们的亲密关系状况比其他人更好。没错，就好像大多数父母都会认为他们的孩子比其他孩子更聪明、更优秀一样。

人们不单单是在犯错，他们还在自欺欺人。人们确实存储了相当多关于自己和这个世界的准确信息，但在真正需要这些信息之前，我们会将其隐藏在潜意识中，这就像我们的大脑会屏蔽掉它从感官接收到的大部分信息，直到有理由关注它一样。在成人版的窥视游戏中，经济学家丹·艾瑞里（Dan Ariely）和迈克尔·诺顿（Michael Norton）要求大学生完成一个智力测试，并允许其中一半被试秘密获取答案。那些有答案的学生比没有答案的学生表现得更好，因为他们一直在偷看。这也并不奇怪，奇怪的是，他们会自我欺骗，让自己相信自己和他们通过欺骗获得的分数所显示的一样聪明。当提供金钱激励来对他

第 7 章
自欺欺人的好处和风险

们在未来测试中的表现（没有答案）进行准确预测时，他们会夸大自己未来的表现，并说服自己，最初得到的分数就是由他们异常高的智力带来的。结果显而易见，他们失去了获取奖金的机会。

从这个实验中，我们可以看到一些有趣之处，自欺正是我们生活中最大的快乐源泉。从影视人物马沃里奥（Malvolio）到波特先生（Mr Pooter），从大卫·布伦特（David Brent）到极限试镜选秀节目，我们热衷于看到人们展示自己的方式和他们真实的状态之间的差距。也许这是因为我们本能地认识到，我们所有人都需要一点自欺才能生存下去。

当我们被要求对理智这个词进行一个简单的定义时，你可能会认为这个词与摆脱错觉或者幻觉有关。基于此，当我们认为某人存在患精神疾病的风险时，我们就会把这个人定义为"与现实脱节"。在 20 世纪的大部分时间里，精神及心理健康领域都秉持着这样的概念，并把它当作公理。1958 年，美国政府委托撰写的一份报告显示："当个人所见与现实相符时，个体在精神与心理层面对现实的感知可被判断为健康的。这种状态下的感知意味着个体在观察世界的过程中，能够对所存在的不同进行正确的对待和接受，而不会选择对这些不同进行扭曲，来满足自己的愿望。"但是在 1988 年，雪莱·泰勒（Shelley Taylor）和她的搭档乔纳森·布朗（Jonathon Brown）发表的一篇论文，对这种定义进行了颠覆。

当泰勒还是一名年轻心理学家时，就曾与那些遭受过严重创伤或悲剧的人（如强奸受害者或癌症患者）有过接触。与这些人面谈并不是件容易的事，泰勒将其描述为"一种痛苦的谋生方式"。最糟糕的是，泰勒会在不经意间留意到一些病人对他们的未来产生自欺幻想的过程。她会听到一个存活率并不是很高的癌症患者非常自信地说，他康复之后就再也不会得癌症了。但是泰勒也逐渐意识到，那些保持这些不切实际的乐观信念的病人，是最有可能完全恢复精神和心理健康的病人。他们可能一直在对自己撒谎，但这谎言确实是有效的。

这些所有观察到的东西,让泰勒开始研究这种对个体自己有利的虚构在我们健康快乐的生活中,以及那些受创伤者的生活中所起的作用。她得出了一个惊人的结论:正常的人类思维对现实有着明显的积极过滤作用。泰勒认为:"大脑每一次利用正向错觉对事件进行的解释,都会促进关于自我、世界和未来的良性虚构的发展。"我们经常高估自己,并且会因为他人是我们可对比的唯一标准而低估他人。

泰勒所提到的"正向错觉"可分为三大类。

第一类正向错觉是对自己能力和素质的过分自信。这些"充满优越感的错觉"非常顽固:尽管人们非常愿意相信其他人也有优越感,但他们还是忍不住认为自己与众不同。普林斯顿大学心理学教授艾米丽·普龙宁(Emily Pronin)将此称为"偏见盲点"。她在一个实验中,给一组参与实验的心理学背景被试每人发了一本小册子,里面对八种常见的自我欺骗(或认知偏差)进行了描述,在被试阅读后,普龙宁要求他们评估自己与普通人相比,在每种偏差上所呈现出的敏感度。每个人都认为自己比其他人更少会受到偏见的影响。自欺的奇怪循环还不止于此。在一项后续研究中,普龙宁向被试解释了这种偏见出现的原因及过程,但即便如此,这些被试仍然坚持认为自己的自我评估是客观的,而他人的自我评估可能是存在偏见的。

第二类正向错觉是不切实际的乐观主义。我们的过度自信会延伸到我们对未来的感觉之中。当学生被要求想象他们未来的生活会是什么样子时,他们会说自己比同学更有可能以班级第一的身份毕业,然后找到一份好工作,领着高薪,生下一个有天赋的孩子,并且也不太可能有酗酒、离婚或患癌症等问题。在短期内,我们则倾向于高估我们减肥、戒烟或完成困难任务的可能性。在一项研究中,被试被要求对他们(或其他人)完成各种工作项目的速度,以及他们是否能在期限内完成指定的工作项目进行一个预测。他们对自己过于乐观,对他人则又过于悲观。其原因似乎是,他们自己的良好意愿在他们脑海中的体现要比对自己过去行为的理性评估大得多。我们对自己潜力所抱有的那种

第7章
自欺欺人的好处和风险

膨胀的感觉，被我们自我专注的倾向所束缚。

第三类正向错觉是夸张的控制感。我们倾向于想象，可以通过我们身体的灵活性，去影响那些我们明显不能影响的事情。比如，在掷骰子游戏中，当人们想要高点数时就会掷得更大力一些，想要低点数时用力就会小一些。之所以会有这样的情况出现，就是因为我们倾向于认为我们的意志可以塑造这个世界，即使这本身并不可能。在一项实验中，一组成功的专业人士被要求坐在电脑屏幕前，屏幕上有一条上下闪动的线，模拟着像富时 100 指数这样的股市指数。被试被要求按下一系列的按钮，并被告知，这些按钮有可能对曲线的涨跌造成影响。之后，他们被要求评估自己在曲线变动中所做的贡献。大多数被试都坚信他们自己按下的一系列按钮成功地引起了曲线的变动。事实上，所有这些按钮对曲线都不会产生任何的影响，而这次实验的被试都是来自某投行的交易员。

当有坏事发生时，我们很少会为它们负责。为了说明人们有多么不情愿去承担责任，雪莱·泰勒引用了司机对警察所做的解释：

当我接近一个十字路口时，一个标志突然出现在一个以前从未出现过停止标志的地方。所以我没能及时停下来避免事故的发生……电线杆迅速地朝我靠近，当它撞到我的车头时，我正试图躲开它。

在利昂·费斯汀格的追随者、心理学家埃利奥特·阿伦森（Eliot Aronson）的精辟总结中，普通人在说服自己，让自己觉得"我很好，而且能控制局面"这件事情上，花费了很多的精力。社会心理学家安东尼·格林沃尔德（Anthony Greenwald）对这一观点进行了进一步简化，创造了"效益"一词来描述人类解释现实的正常趋势，以便将我们自己呈现为有益和有效的。每当这些命题中的任何一个受到质疑时，我们就会选择编造一些故事，来解决我们行为和自我形象之间的不一致。大多数时候，我们甚至意识不到自己正在这样做。

这不一定是件坏事。如果我们假设自己是有意识的、讲道理的、相当不错的人，并且大多数其他人都和我们类似（只是稍微有那么一点点不同），那么我们就更容易与他人互动和合作。如果我不能欺骗自己，让自己相信我有能力控制自己的命运，那我肯定会被自我怀疑吓呆。哲学家威廉·赫斯坦（William Hirstein）曾提出，自欺的对立面不是自知，而是强迫症。自欺的人可能会对自己说"今晚我不刷牙也没什么大问题"，但强迫症患者就会一次又一次地起床刷牙。这种不断出现的强迫想法很容易被自我欺骗者压制，但在强迫症患者中却非常容易失控，被认为是不能忽视的，或必须采取行动的想法。

我们有充分的理由认为，过度自信是一种可以提供生存或繁殖优势的特征，因此它是通过自然选择进行传播的。对自己不切实际的乐观会帮助我们在危险的古代环境中生存下来，并自信地给那些可能的配偶留下深刻的印象。虽然现在我们住在集中供暖的房子里，而不是山洞里，但我们仍然需要依靠错觉来度过一生。我们会想象膝下有子会让我们更幸福，尽管实证研究表明这充其量只能说是不确定的（当然，预测我们自己的幸福不是我们生孩子的唯一原因，但它肯定会让这个决定变得更加稳固）。我们爱上了一个我们认为特别适合自己的人，这有助于我们和对方在一起用足够长的时间来抚养共同的孩子。我们相信，虽然我们在这个星球上的生命终将会结束，但我们将会以另一种形式继续我们的生活。而且，有些矛盾的是，我们会觉得这有助于我们活得更久。如果失去了愚弄自己的能力，我们可能会变得更加悲伤、软弱，缺乏活力，不愿意迎接或直面挑战。正如雪莱·泰勒所说，正向错觉是"驱动创造力、行动力和远大抱负的燃料"。

但是，存在那么一群人，他们并没有过多正向错觉，他们对真实的自我更了解，对自己的能力或者是未来会如何发展，以及他们对事物的控制力都有着更现实的看法。英国诗人菲利普·拉金（Philip Larkin）将他们形容为"不那么容易受骗的人"。精神科医生则称这部分人为临床抑郁症患者。在各种研究中，与大多数人相比，抑郁症患者都显示出了更坚定的对现实的把握。他们

第 7 章
自欺欺人的好处和风险

不会过分相信自己的能力或美德，不会带着看似温暖的光芒回忆过去，也不会高估自己在控制任务中的水准。严重抑郁的人甚至可以带着对自己消极的幻想继续生活。但是用泰勒的话来说，"似乎与正常人相比，中度抑郁的人有着对自己、世界和未来更准确的看法"。心理学家称这种现象为"压抑现实主义"。在这类紊乱类别出现之前，大多数研究人员和临床医生都把关注点放在了抑郁症患者对现实的扭曲这个方向上。而现在，事实证明，他们对现实的扭曲还不够。

似乎我们大多数人都需要一个自欺的缓冲，来保护我们免受现实那粗糙且残酷的边缘所可能造成的伤害。用美国社会心理学家罗伊·鲍梅斯特（Roy Baumeister）的话来说，我们有一个"最佳的错觉空间"。

现实的边缘每天都在波动和变化着。在加拿大音乐家琼尼·米切尔（Joni Mitchell）的歌曲《两种方式》（*Both Sides Now*）中，我们从幻觉到现实再回到幻觉的变化，被用精致的充满苦涩的诗歌来描述。在歌曲第一节中，云被欣喜若狂地称为"成排的天使头发""羽毛状峡谷"和"空中的冰激凌城堡"。到了第二节，它们已经失去了光泽——它们挡住了阳光，落下了雨雪，通常还会妨碍歌手的生活。爱情要么是"月亮、六月和摩天轮"，要么是为某人的廉价娱乐而制作的"又一场演出"。一方面是光荣的幻觉，另一方面是世俗的、令人沮丧的真理。歌曲的最后反映出了歌手的想法，尽管她从两个方面看待生活，但幻觉仍然存在："我真的一点也不了解生活"。除了这首优美的歌之外，幻觉还对人类与现实的正常关系进行了尖锐得令人不安的描述。

高效能人士的自我欺骗

虽然正向错觉很常见，但有些人正向错觉的量要比别人大很多。还未从大学毕业时，心理学家乔安娜·斯塔雷克（Joanna Starek）曾是一名竞技游泳

145

运动员，她经常想知道为什么两个生理能力相似的游泳运动员会取得非常不同的成就。她猜想，那些更成功的运动员可能是那些更善于告诉自己其实自己比想象得更好的人，即使他们中的一些人明确地知道自己并没有那么好。

后来，斯塔雷克和她的研究伙伴卡罗琳·基廷（Caroline Keating）决定对其中的奥秘一探究竟。她们使用了由两位心理学家哈罗德·萨克海姆（Harold Sackeim）和鲁本·古尔（就是那位现在研究功能性磁共振成像测谎的心理学家古尔）最初编制的"自欺"问卷。该问卷由 20 个相当尖锐的问题组成，包括"别人对你的评价很重要吗""你有没有怀疑过自己的性能力是否足够"，甚至还有"你喜欢排便吗"这种问题。被试可以在从"完全不在意"到"非常在意"的分级范围内进行选择。这个问卷的制作初衷是，几乎每个人（如果他们完全诚实的话）都会对这些问题中的大多数表示"在意"。所以，从另一个角度看，那些总是坚定地回答"不"的人，就更有可能是习惯性的自我欺骗者。

在最初的实验中，萨克海姆和古尔要求他们的被试填写这个问卷，然后让被试读出"过来"这个词，并录下来。然后，他们给每个被试播放一盘磁带，上面有许多不同的人说着同一个短语，他们自己读的那个短语的录音，就随机混在某个地方。虽然，在实验中，许多被试都表示，他们在磁带上听不出自己的声音。但是，当被试自己的声音出现在混合的音频中时，他们的生理反应——脉搏、血压和汗腺分泌，都显示出了活动的峰值。很明显，一些被试已经识别出了他们自己的声音，即使他们没有意识到。这就是自欺的本质，即我们虽然具有同时持有两种矛盾看法的能力，但只允许其中一种进入我们的意识。那些无法识别自己声音的被试，在自我欺骗问卷中均有较高的得分。

斯塔雷克和基廷邀请了纽约州北部一所大学游泳队的 40 名成员（20 男 20 女）来完成萨克海姆和古尔的问卷。另外，这些被试还需要完成额外的一项实验，他们被要求通过立体镜对一组成对的词汇进行观察，一组显示的是专为他们挑选的正向词或负向词，另一组则是一个中性词，例如恐惧-听觉（fear-hear）、失去-鼻子（lose-nose）或奖牌-踏板（medal-pedal）等，这些成对的词汇会同时在他们的左眼或右眼目光区域闪过。正如我们所看到的，感知在某种程度上是我们欲望的仆人，先前的研究也表明，大脑通常会通过选择被试想要看到的单词来处理这种潜在的令人困惑的双重视觉情况。这些被试的自欺得分，会随着其筛选掉负面词汇只期望看到正面词汇的频率升高而升高。当斯塔雷克和基廷将两项测试的总成绩与游泳运动员的比赛结果进行匹配时，她们发现自欺倾向与获得全美锦标赛资格之间存在着明显的相关性，那些较擅长欺骗自己的游泳运动员在大型比赛中总是游得更快。在随后的论文中，斯塔雷克指出，她和其他心理学家所说的这种"自欺"，在体育教练口中被称为"冠军思维"。

自欺和成就之间的联系不仅限于体育方面。研究表明，那些有自我欺骗天赋的人比那些没有的人更有可能在学术或商业上取得成功。有时候，人们会说服自己或者他人，他们所相信的某件事是真的，即使它当下还不是。一项对美国学生进行的研究表明，那些在面谈时不诚实地夸大平均成绩的学生，其成绩后来都提高到了他们当时声称自己所有的水平。

这样的不自量力，不仅仅是让那些享受于此的人受益，它还是经济增长和人类进步的引擎。在《道德情操论》（*The Theory Of Moral Sentiments*）中，亚当·斯密（Adam Smith）描述了"一个穷人的儿子，带着愤怒和野心去了天堂"的寓言故事。这个人渴望过上富人的生活，羡慕富人的财富和奢侈，如他们的宫殿、马车、仆人以及随从。他认为自己天生懒惰，认为"如果他获得了所有这些，他会心满意足地坐着不动，保持安静，享受自己所获得的幸福和宁静"。这个人被这个看上去远大的梦想迷住了，他一生都在致力于实现它，但也最终意识到，自己所预见到的那种宁静实际上是一种幻觉、一个骗局。他确实变得富有了，但必须很努力地去工作，永远不能放松下来。穷其一生，他都在追求一种他可能永远也达不到的、某种人独有的那种优雅的生活状态，并且为此，他还牺牲了自己能力范围内可以得到的真正的宁静。但是，不可否认的是，这个人的自我欺骗给他带来了真正的成就，更重要的是，它还使社会受益。"正是这种欺骗,"史密斯说,"唤醒了人类勤奋的意识,并使其持续地运转着。"

正是这一点,在最早期推动着人类耕种土地,建造房屋,建立城市和社区,发明并改善所有的科学和艺术,使人类生活变得高尚和美好;它彻底改变了地球的整个面貌,把原始的自然森林变成了宜人且肥沃的平原,把人迹罕至且贫瘠的海洋变成了新的生存之地,变成了通往地球上不同民族的伟大的交流之路。

经济史学家约翰·奈(John V.C. Nye)认为,当商业人士变得过于理性和明智时,国家的经济可能就会陷入停滞。每个充满活力的经济体都需要有一部分奈所说的"幸运的傻瓜"存在,比如那些准备好承担风险的过于乐观的企业家等。毫无疑问,如果人们没有做好忽视主流智慧,忽视公共信息,并遵循自我本能的准备的话,我们生活中许多惊人的创新和创造性的飞跃就不会出现。每年都有成千上万的人怀着雄心壮志创办新的公司,但这些人也都充分意识到实现他们梦想,或者成功改变世界的可能性有多小。大多数公司都失败了,或者最终满足于眼前的现状,但其中也有一些公司,它们变成了苹果、星巴克或戴森。我们会有一种错觉,就是我们在不断地写出不是那么好听的交响乐和不是很好看的小说,不断地在别人都尝试过、失败过的知识中寻找着人类生活的秘密。只是偶尔,也会有人在这样的错觉下写出《第二十二条军规》(Catch–22),创作出《埃罗卡交响曲》(Eroica Symphony),或者发现DNA。正如爱尔兰作家乔治·萧伯纳(George Bernard Shaw)所说:"理智的人会使自己适应这个世界,不理智的人则试图让世界适应自己。因此,所有的进步都取决于那些不理智者。"

当然,极度自信的人也是最有可能留下烂摊子的人。在一个实验中,美国心理学家艾伦·兰格(Ellen Langer)为她的被试安排了一个赌博游戏。游戏中,被试会随机抽取纸牌,并打赌谁的牌点数最高。每一个被试都会面对两个对手:一位穿着得体且自信("衣冠楚楚的人");一位衣衫褴褛且粗鲁("笨

第 7 章
自欺欺人的好处和风险

蛋"）。这些被试在面对后者时，展现出了更多的风险行为，被试会认为，'我比他强，我一定能赢'。虽然被试都知道这个游戏的点数高低完全是偶然决定的，但是他们在一个领域的高度自信（"我比那个笨蛋好"）会非理性地蔓延到了另一个领域（"我会抽到点数更大的牌"）。这种流动性是过度自信的一个关键机制，它有助于解释为什么在 1990 年，美国在线和时代华纳的高管会做出业务合并的决定（合并被证明是商业历史上最大的失误之一），或者为什么在 2008 年之前的 10 年里，许多银行高管会有一种"借贷的能力代表着资本市场的博弈能力"的想法。

这种效果其实反过来也能讲得通。很多旁观者会经常做出这样的假设，即因为某人擅长某件事（比如，公开演讲），所以他们可能也会擅长其他的事情（比如，管理）。在个体贡献并没有明显差异的组织中（大多数组织都这样），过于自信的人往往会更快得到提升，所涉及的晋升职位可能也会更高。这是因为他们展示出了更多的"能力暗示"：他们说话更大声，更自信，时常会配以强调的手势，而我们则倾向于做出这样一种假设，就是这些人必须擅长自己的工作，才会做出这些类似的行为。这样就形成了一个反馈循环：他们得到了晋升，这让他们变得更有信心，从而更上一层楼。然后，这些人会按照自己所展现出的那种形象去雇用和提拔其他人，直到董事会的会议桌上坐满了自信的人，他们说话得体，对自己决策的智慧有着坚如磐石且往往不合理的信心。

然而，这里有一个疑问就会产生了，随着时间的推移，难道那些过度自信且能力不足的人不会被发现吗？答案是：不一定。过于自信的人更有可能做出冒险的决定，只要这个决定不涉及过高的风险，他们中的一些人就很有可能会获得可观的回报，尤其是当他们本身所处的营商环境就是良性有利的，比如，遇到一个蓬勃发展的行业或不断上升的市场时，他们的失败会被认为是运气不好，但成功则会被看成天生的智慧所致。结果是什么呢？结果是他们获得了宛如超级巨星般的地位和相应的薪水。只有当他们运气不好时，他们的某个决定才会导致灾难性的事情发生，以至于无法逃避责任。当两个极度自信的人相互碰撞时，这种灾难就会来临。

战争中的武力与欺骗

1532年11月15日夜晚，西班牙探险家弗朗西斯科·皮萨罗（Francisco Pizarro）带领一支疲惫的小部队沿秘鲁北部高地的一座山，进入了卡哈马卡镇。到达城镇广场后，他对隔天即将实施的计划进行了讲解。皮萨罗告诉自己的小队成员，印加皇帝阿塔瓦尔帕（Atahualpa）第二天将在广场接见他们，表面上看，双方是为了土地和黄金的买卖事宜来进行谈判的，因此，印加军队会在外围列队保持警戒。皮萨罗说，实际上他们将在谈判时对印加皇帝进行绑架，而这就是绑架他并勒索他的最佳时机。皮萨罗的队伍对这个计划有什么具体的想法，我们无从得知，但我们知道的是，这支队伍离家很远，甚至离那些距离他们最近的同胞也很远，所以除了在广场上扎营并试图在第二天到来之前休息一下，他们别无选择。夜幕降临时，西班牙人看到了一些美丽但可怕的东西：成千上万个闪烁的光点包围着这座城镇，仿佛夜空笼罩着群山。每个光点都是一堆篝火，用来温暖阿塔瓦尔帕的军队。为了防止队员们精神崩溃，皮萨罗的哥哥赫尔南多（Hernando）只好告诉队员，他估计印加军队大概有40 000人，尽管所有人都知道印加人至少是这个数字的两倍。广场上的西班牙人只有168人，那天无人入眠。

早上，皮萨罗命令他的部队藏在广场周围的堡垒里，等待他的命令。从他们藏身的地方，可以看到一队队印加士兵宛如宽阔的河流，缓缓地向山下的城镇推进。几个小时后，他们听到歌声响起，数百名印加战士鱼贯进入广场，阳光照在他们身上的珠宝上发出耀眼的光。阿塔瓦尔帕本人坐在一个用色彩鲜艳的鹦鹉羽毛以及金盘和银盘装饰的轿子上，由80名穿着礼服的酋长肩扛着

第 7 章
自欺欺人的好处和风险

进入了广场。看到这一切的西班牙士兵们感到异常的恐惧，有些人甚至吓得尿了裤子。他们从来没有对自己将死于乱棍之下的命运有过如此强烈的预感。

在与西班牙牧师的短暂会面后，阿塔瓦尔帕愤怒地拒绝了他和他的人民应该皈依基督教的要求，皮萨罗随即发出了进攻的命令。西班牙人吹着号角，开始用他们笨重但声音巨大的枪开火，冲出他们的藏身之地。他们中的许多人都骑着马，这是印加人从未见过的。阿塔瓦尔帕的战士们被噪音和眼前这看上去半人半兽并以惊人速度向他们逼近的战士吓呆了，他们惊慌失措，纷纷丢下武器开始逃跑。由于人太多，相互的冲撞和踩踏开始了，印加士兵们相撞，摔倒，一个叠在一个上面，使得他们更加容易成为西班牙人的目标，西班牙人很轻易地就用剑穿过了他们的身体。在充满血腥的混乱中，皮萨罗俘虏了皇帝。他把阿塔瓦尔帕囚禁了八个月，并索要了大量的黄金来换取皇帝的自由，在拿到这些黄金后，皮萨罗并没有遵守承诺放了他，而是撕票了。印加人完全依赖于这个被他们尊为太阳神的人，即使在被囚禁期间，也一直服从阿塔瓦尔帕的命令。他的死让印加人变得疯狂和不团结，这也使得西班牙随后的胜利变得更快、更容易。

卡哈马卡之战也许是战争史上最令人震惊的一次失败，至少有 7000 名印加人被不到 200 名西班牙战士杀害。这场战役也在欧洲征服美洲的过程中起了决定性的作用，因此也可以被看作人类历史上规模最大、意义最重大的一次移民的一个关键点。西班牙人高超的技术，那些钢铁制成的剑，笨拙但可怕的枪以及他们的战马使这一切成为可能。另外，鉴于这场战争里双方兵力的明显不对称性，以及这场战争最终的结果，我们不得不赞扬皮萨罗的说服力，因为他必须让他的士兵相信，这样的胜利是有可能的，以便在他们看到阿塔瓦尔帕的军队规模时，阻止他们逃跑或反叛。但是，在此之前，他必须说服自己。

从历史角度来考虑，皮萨罗的乐观看起来很有远见。面对对手压倒性的数量优势，他看到了别人看不到的东西——震慑战略，这是可能使他以少胜多的关键。但是，如果他看错了呢？

350年后,在蒙大拿州小巨角之战中,卡斯特(Custer)将军,也许是受到了皮萨罗胜利的传奇故事的启发,率领他675人的部队与3000名印第安人展开了战斗,高呼着"冲啊,小崽子们,我们抓住他们了"。然后,卡斯特的军队就被歼灭了,他自己本人也被印第安人杀死。现在回想起来,卡斯特本身就是一个定时炸弹。他唯一的天赋就是鲁莽;他在西点军校的班上名列第34名,也就是最后一名,后来还有两次,因行为不端差点被开除军籍。但是当美国内战爆发时,一名军官说他身上有着一种"不顾一切的勇敢",从而引起了将军们的注意,随后,他就被提升了。在提升后的一场战役中,取得了戏剧性的胜利,并在阿波马托克斯接受了邦联停战旗。在他自己的心目中,他早已成为了一个才华横溢、无所畏惧的领袖,而不是经常受到上天眷顾的普通人。

战争结束后,卡斯特受到的关注越来越少。他参与了反对印第安人的拙劣运动。所以,当尤利西斯·格兰特(Ulysses Grant)总统命令军队去处理掉占领黄石河和蒙大拿州大角山之间土地的苏族和夏延族部队时,卡斯特异常渴望借助此战恢复他的声誉。1876年6月25日,他拒绝了用加特林机枪武装他的部队的建议,并蔑视那些比他更了解地形和敌人的人给出的警告,无视他的指挥官精心设计的计划,然后带领着他的下属走向死亡。

威灵顿公爵(The Duke of Wellington)曾经说过,世上没有比一个勇敢的军官更愚蠢的了。如果皮萨罗输掉了当年那场大胆的赌博,那我们现在可能也会像看待卡斯特一样看待他,或者和其他数百名不太知名的、带领小股部队攻击大股部队的指挥官一样,被视为一个不负责任、充满妄想的傻瓜。纵观军事历史,卡斯特之流要比皮萨罗这类人多得多,多到足以让整个研究领域专注于他们身上所展现出的那种失误——"军事无能"。这些军官们会一次又一次地欺骗自己,并且还经常连他们的属下一起欺骗,让他们认为那些本就不可能的胜利是可能的。当然,有的时候他们会蒙对;但更多的时候,他们被证明是错误的。诺曼·迪克森(Norman Dixon)是少数几个将心理学分析应用于军事历史的历史学家之一。他认为,军事领导人呈现出的"低估敌人、高估自己一方能力"的倾向，是军事灾难的一个持续特征。对速战速决不切实际的过度自信，是第二次布尔战争、第一次世界大战、第二次世界大战和吉隆滩之战惨败的重要原因。

这里面临的问题，不仅仅是过度自信的倾向似乎已经融入了正常人的心理之中，更多的是，军事领导人比我们其他人更加倾向于此。像斯塔雷克的冠军游泳运动员一样，一名特别成功的士兵可能也很擅长欺骗自己——这将有助于他在压力下表现良好，并向自己和他人灌输即使在绝望的情况下也有可能获胜的信心。当他这么做时，运气好的话，不仅受到的伤害会很小，而且还有一定的机会受到同行的称赞，并被提升到高级指挥的级别。但是，当他在这个位置上参与战斗和战争的决策时，他那天生的过度自信，很可能就会导致数百甚至数千人丧生。

在 2008 年的总统竞选中，巴拉克·奥巴马曾说，在某种程度上，任何竞选总统的人都是自大狂；你必须至少呈现出一种半疯癫的状态，才会有自己应该掌管这个国家的想法，并且赢得足够多的其他人的支持以让它实现。当然，反过来说，如果竞选人都不能相信这一点，那也就没有人会成为总统，但这似乎又给我们留下了一个异常倾向于过度乐观的统治阶级。事实上，美国军事战略学者迈克尔·汉德尔（Michael Handel）就认为，在战争问题上，政治家甚至比将军更容易自欺欺人，因为政治家经常处理的问题都是那种比较模糊的问题，比如像政治对手的意图或长期政策等，而这些并不像航拍照片、坦克和部队集结那样"确凿"。也许他们更有可能从道德的角度来看待战争，认为这是一场善与恶的战斗，而他们总是站在正义的一边。

多米尼克·约翰逊（Dominic Johnson）是《过度自信与战争：正向错觉的浩劫与荣耀》（*Overconfidence and War: the Havoc and Glory of Positive Illusions*）一书的作者，设计了一个自欺波动分级。军方是否应该只提拔任命那些看起来不太自信的军官，选民是否应该对政客采取与军方同样的做法呢？其实并不一定。当大量的自我欺骗与其他品质结合在一起时，肯定能使自欺的个体成为一位更好的领导者。英国政治家托马斯·霍布斯（Thomas Hobbes）曾说过："武力和欺诈是战争中的主要美德，而自欺欺人恰好对两者都可以起到帮助。"欺骗自己有能力打赢一场仗，可以增强自己的战斗表现；也有助于更好地虚张声势，一方面激发你部队的信心，一方面给对手造成更多的恐惧。赶走一个竞争对手或一群竞争对手最有效的方法其实就是吓唬他们，迫使他们让步。如果虚张声势奏效，那么一方可能就达到了不战而屈人之兵的效果，双方都避免了伤亡，挽救了生命。但是，会有另外的情况出现，那就是如果敌我双方都属于那种过于自信的虚张声势者，当双方发生摩擦时，就更有可能引发灾难性的战争，因为双方都高估了自己胜利的机会，并将不择手段地证明自己的这种预估正确。生物人类学家理查德·兰厄姆（Richard Wrangham）认为，这有助于解释为什么人类历史上会有这么多非理性的毁灭性战争出现。

温斯顿·丘吉尔也曾说过："永远铭记于心，不管你有多确信自己能轻易地获胜，如果对方真的认为他没有机会，就根本不会产生战争。"这是一个我们的领导人天生倾向于忽视的警告。在经过了长时间的思考之后，我们似乎得到了一个令人不安的悖论：自欺可能对个体有用，甚至对群体有益，但对整个物种来说却可能是致命的。

政治家应诚实

自由民主的一个被低估的优点，就是它有助于防止领导人产生错觉。民主党领导人会受制于批评性的反对，受制于那些致力于去伪存真、戳破信息泡沫的自由媒体。独裁者就不会面临这样的问题，他们只会听到关于他们自己的好消息，也更有可能跨越自我欺骗和危险错觉之间的界限。当然，民主政府也存在着集体自欺的能力，一些人认为，美国和英国政府在伊拉克战争前夕就展现出了这种集体自欺。对成熟的民主国家来说，更大的问题是他们的选民和媒体已经发展出了一种扭曲的诚实理念，如果一味地努力，试图从我们的公共生活中根除所有形式的欺骗，那我们最终可能只会欺骗我们自己。

在20世纪的大部分时间里，新闻界与其统治阶级之间的关系是通过一种极其谨慎的相敬如宾来管理的。人们普遍认为，政治家的私生活可能会与他们的公众形象形成鲜明的对比，但这被理解为一种善意的谎言或良性的欺骗。然后，可能是因为像水门事件这样的政治丑闻，或者是因为我们对日益增长的信息的渴望，一种激进的诚实文化悄然发展了起来。我们理直气壮地要求对我们选出的管理者的所有活动有更多的了解，然后，更令人费解的事情出现了，我们开始坚持认为，只要政治家的公共面具被撕下，我们就可以看到面具后那个"真实"的人了，并要确保其每一个想法和行动都是表里如一的，而且是可以被视为一致的。但最终的结果却令人失望，我们所得到的并不是一个更好的政治统治阶层和一个更健康的政体。我们比以往任何时候都更加不满意我们的政治家，并且比以往任何时候都更可能认为他们就是骗子。

使我们的政治家保持诚实似乎已经与要求一位诚实的政治家混淆了。在这本书里，我一直试图说明的就是，欺骗是人类的一个自然组成部分，对"诚实的人"和"说谎者"的简单区分只是模糊了我们在不同环境中行为所蕴含的微妙的真相。我们经常犯的错误是将诚实仅仅视为一种特质，一种个体拥有或不拥有的特质，而不是将诚实视为一种状态，即人们在有利条件下对周遭进行适应的状态。因此，我们通常会对所有的政治家进行谴责，谴责他们都是不诚实的，但只要稍微想一想就能意识到，无论是巧合还是出于其他什么原因，不可能只有反社会的骗子才可能当选公职。

如果我们想要一个更诚实的政治环境，就必须创造条件，引导政治家走向诚实。首先，我们需要对自己更加诚实。正如前文所述，大多数人都喜欢把自己看得比实际更无私、善良和诚实。作为选民，我们如此；作为同事或朋友，我们亦如此。民意调查一次又一次地发现，尽管人们表示自己愿意支付更多的税收来改善公共服务，但真正到了投票的时候，反而通常会投票给那些声称会降低税收的政党。政治家明白我们是根深蒂固的自我欺骗者，并且会利用选民的本能，所以我们才痛恨他们。这是一个社会范例，弗洛伊德称之为"替换活动"。我们会卸下自己正直的不确定性，然后加入一个虽被嘲笑但会让每个人都感到舒适的群体。

其次，我们需要习惯于接受令人不安的政治真相。目前的情况似乎是我们实际上并不想让政治家变得诚实。比如，当他们改变自己的观点，或者承认一些问题根本无法得到解决，又或者表现出除了极高的权威之外的任何东西时，我们会感到不舒服或愤怒。我们也不喜欢他们说任何出乎意料的话。有时，当总统候选人或英国内阁部长发现自己因说了一句讲稿之外的话而陷入困境时，基本上肯定是因为这句话是愚蠢的或冒犯性的，但更多的情况下，这句话也是真实的。根据美国记者迈克尔·金斯利（Michael Kinsley）的说法，"失言"的定义本就是政治家在公共场合说了真话。就好像之前实验中 B 学校的孩子一样，我们的政治家也早已知道，无论他们说什么，他们都会被扒掉一层皮，那不如索性撒谎好了，或者至少避免给出一个诚实的答案。也许对政治家进行道德教育并不是必要的，给他们一个更好的选择才是必要的。

第 8 章

Born Liars
Why We Can't Live Without Deceit

谎言也能成良药

│安慰剂之歌│

在过去 20 年里，心脏病治疗领域出现了一种极具创新的新疗法，并已经在全世界范围内对成千上万患有严重心绞痛和相关疾病的患者实施了激光手术。英国国家医疗服务体系不提供这种服务，甚至在它的发源地美国，这也被当作无其他有效手段之后，最后使用的治疗手段。但是从事激光心脏外科手术的医生们对此却大加赞赏，他们讲述了病人从那种似乎无法治愈的痛苦中获得解脱的故事。

密歇根州威廉·博蒙特医院的威廉·奥尼尔（William O'Neill）医生对美联社记者说："在 20 年的医学生涯中，我从未见过任何东西能给病人带来如此大的对症益处。"奥尼尔有一个病人叫弗兰克·沃伦（Frank Warren），是一名 40 多岁的汽车工人。沃伦多年来一直患有心脏病，这使他总是感到精力不足，即使最轻微的运动也会引起一种灼烧感，并且有时会在他休息的时候突然就疼起来。这么多年来，他前后一共做了八次手术，都没什么作用。但是，在接受激光手术后，他感受到了立竿见影的效果："我可以感到脸上有一阵温暖的感觉，脸色也变好了很多。"一年后，沃伦以 4 小时 29 分钟这个非常值得尊敬的成绩跑完了马拉松。

为什么有人会患有心绞痛呢？是因为动脉堵塞阻碍了血液流动，从而阻碍了氧气流向心脏。因此，他们很快就会呼吸急促，很难进行运动，疼痛会导致虚弱，并时刻面临着致命心脏病发作的风险。在常规的冠状动脉旁路移植手术中，外科医生从患者身体的其他地方取出健康的动脉，并将它们移植到心脏中，以便血液可以绕过堵塞的血管。

但在激光治疗期间，医生会在患者两根肋骨间的侧面，做一个胸部的侧切口。心脏的外层（心包）会被剥开，露出心脏肌肉（心肌）本身。但外科医生要做的并不是移植新的动脉，而是对心肌进行穿刺。医生会用激光枪瞄准病人的心脏，激光枪连接在一台昂贵且外观特殊的机器上。会有一个红色的光点告诉医生激光会击打的位置。随后，医生会扣动扳机（实际上是一个脚踏板），发射激光束，并在心肌上打出一个针头大小的小洞，这样重复 20 次以上。试图挽救某人的生命而在心脏上钻孔，听起来似乎是一件很奇怪的事情，但其实这个想法就是为了在心脏上打开一个新的通道，这样外科医生就可以创造一个新的动脉，使血液流向心脏中那些缺氧的肌肉。

从事激光手术的外科医生不必依靠自己的经验来强化他们对这种手术的信心。因为到 20 世纪 90 年代末，已经进行了许多大规模的试验，其中不乏患有严重心脏疾病（通常使用的术语是"晚期"疾病）的病人。试验结果是显著的，激光手术与那些更成熟的心脏外科手术相比，在成功率方面有显著的优势，普遍在 75% 到 90% 之间。

这种令人称奇的治疗只有一个问题：没有人知道它是如何产生作用的。

支撑激光手术的理论是可信的，结果也自然是不可否认的。但是在激光穿刺后的几个小时内，穿刺形成的新管道就会闭合，而且并没有证据表明流向心肌的血液实际上增加了。

纽约哥伦比亚大学的医学教授马丁·莱昂（Martin Leon）博士是世界上数一数二的心脏病专家之一。他也关注到激光心脏手术在试验中的表现优于其他治疗方法。但他同时也指出，激光心脏手术根本没有与任何不经治疗组进行过对比。2005年，莱昂对一项涉及300名患有心脏病的五六十岁病人的研究进行了监督。这些被试的病情都很重：大多数人之前至少做过一次心脏手术，而且心脏问题都没有得到彻底的解决。被试被分为三组：高剂量（20到25次激光穿刺）、低剂量（10到15次激光穿刺）和仅模拟激光治疗的模拟组。试验者在试验开始前，向被试展示了激光手术机器，并解释了它的工作原理。然后，被试被深度麻醉，戴上眼罩，听着音乐，以制造一种"感觉隔离"的效果。当被试醒来时，那些接受了模拟激光手术的被试被告知手术进行得非常顺利。

12个月后，大多数接受过激光手术的被试都恢复了健康，他们大多数人都沉浸在运动能力失而复得的喜悦中。这些康复者向试验者说，他们的心脏疼痛已经消失不见，并且感觉比多年前更健康、更有活力。一系列客观测试也表明，他们并没有捏造事实。但奇怪的是，第三组被试，也就是模拟手术组，也恢复了活力。尽管没有做过任何手术或任何物理治疗，他们也感觉自己年轻了很多，精力充沛，心绞痛的频率也下降了。事实上，就对被试的影响而言，三种治疗方法之间并没有任何显著的差异。

似乎你可以享受激光心脏手术带来的神奇效果，而不必真正接受激光心脏手术。

安慰剂的拉丁语是placebo（意思是"我愿意"）。Placebo Domino（意思是"我会取悦上帝"）这个词出现在贯穿中世纪的《圣经》拉丁文译本《诗篇》

的第 116 篇中，这个短语构成了天主教为死者举行的晚祷的一部分。后来，也许是因为牧师们在进行这些祈祷的仪式时会收取一些费用，这个词开始被作为一个贬义词使用，指的是一种不真诚的安慰，或者一种谄媚的行为。17 世纪的哲学家弗朗西斯·培根（Francis Bacon）在向统治者发出警告时就使用过这个词，警告他们在接受建议时不要过于公开地表达自己的观点，以免他们的下属只告诉他们那些下属认为他们想听的东西，国王的幕僚们可能会"给他唱一首安慰剂之歌"。已知的安慰剂在医学领域的首次使用是在 1785 年，在乔治·马瑟比（George Motherby）所著的《新医学词典（第 2 版）》(*New Medical Dictionary, 2nd edition*)将其定义为"一种普通的药物或方法"。这个定义中其实已经可以嗅出那么一丝轻蔑的感觉了，它也很快成为那种只为了取悦病人，而不是基于健全的科学原则治疗的代名词。

现代医生都知道，他们可以通过提供并没有实际效果的治疗来缓解焦虑症状。但大多数人都对这种用谎言达成的治愈感到不舒服。它不仅在道德上令人怀疑，从科学的角度来看，有些人仍然认为安慰剂是一种近乎荒谬的存在。今天的医疗机构是建立在科学和迷信之间来之不易的区隔之上的，这种区隔与身体和精神现象之间的区别密切相关，而所谓的安慰剂效应似乎凌驾于这种区别之上。用埃克塞特大学医学教授埃德扎德·恩斯特（Edzard Ernst）的话说，安慰剂效应是"徘徊在科学客观殿堂上的幽灵"。结果，安慰剂被斥为虚无缥缈、不真实、不值得研究的东西。直到 20 世纪下半叶，一位医生在惨烈的战斗中有了惊人的发现，欺骗中所蕴含的治愈力量才开始受到重视。

充当麻醉剂的盐水带来的启示

1944 年 1 月 22 日，英国和美国军队在意大利古老的旅游胜地安齐奥镇附近长达 15 英里的海滩进行抢滩登陆。在这次让轴心国措手不及的完美行动中，

第8章
谎言也能成良药

盟军建立了一个滩头阵地，并准备突围前进。然而，不到一周，德国军队就包围了这些抢滩登陆的盟军士兵，并开始对阿道夫·希特勒所说的"安齐奥脓肿"进行切除。接下来的四个月中，这里爆发了很多第二次世界大战中堪称最野蛮的战斗，将近5000名盟军士兵被杀，18 000人受伤。

亨利·比彻（Henry Beecher）是那天抵达意大利的哈佛大学医学教授，志愿奔赴前线为国效力。他专攻止痛科学，负责在海滩上搭建的一家临时医院里照料受伤的美国士兵，并等待这些士兵被疏散到盟军的安全地带。然而，由于医疗供应非常有限，在伤亡特别严重的日子里，止痛药的需求会严重超标。有一天，吗啡刚好用完了，一名身负重伤的士兵在这个时候被送了进来。比彻担心，如果没有吗啡，接下来的手术会非给士兵带来非常大的痛苦，可能还会导致其心血管休克。但他当下并没有其他的选择了，无奈之下，其中一名护士给这名士兵注射了稀释的盐水，让士兵以为自己被注射了麻醉剂。

比彻接下来看到的情景永远改变了他对医学的看法。这位一直处于极度痛苦中的士兵在注射后立即平静了下来，其反应与比彻观察到的先前病人对吗啡的反应完全相同。在手术过程中，他的病人似乎没有感到什么疼痛，也没有出现休克的症状。比彻对此大感吃惊，这位护士的善意欺骗就像医药库中最强有力的止痛药一样有效。在接下来的几个月里，随着战斗的激烈进行，每当吗啡供应耗尽时，比彻和他的团队就重复使用注射稀释盐水这个办法，每一次都很有效。

比彻从战场回国之后，确信病人对自己所将接受的治疗的看法会深刻影响他对治疗产生的身体反应。回到哈佛大学，他召集了他的同事，提议对这一现象进行严谨的研究调查。比彻和他的同事们随后发表了以临床药物试验审查为基础的论文，认为安慰剂效应远比公认的更广泛。比彻迫使医学界面对它早已默认但在此之前并未注意到的问题：安慰剂药物可以带来的真正好处。

如果人们的身体对那些只存在于他们头脑中的治疗有反应，那么可以推断，在真正的医学干预效果中，可能也有一部分是这种想象造成的。在发表于1955年的一篇题为《强大的安慰剂》(The Powerful Placebo)的论文中，比彻提出，除非考虑到安慰剂效应，否则新药的临床试验可以说是不完整和不准确的。即使使用有效的药物，病人的病情也有所改善，部分的原因也是因为其服用安慰剂这个行为带来的影响。因此，为了测试一种新药，有必要从药物的实际效果中剔除掉安慰剂效应对病人健康的改善。比彻建议同时在两组病人身上对新药进行测试：一组接受药物，另一组接受他们认为是药物，但实际上是糖丸或类似其他非药物的物质。

比彻的工作推动了美国和整个发达世界临床实践的根本变革。现在，为了获得政府的批准，一种新药必须在两个临床试验中与安慰剂进行比较。更重要的是，试验必须采用双盲程序进行。由于安慰剂效应似乎受到人们对该药物的看法的影响，因此试验中的医生和病人都不应该知道哪组服用了安慰剂，哪组服用了真正的药丸。双盲临床试验代表了人们试图从治疗的实际效果中剔除欺骗和自欺的效果所做的一种尝试。

比彻表明，安慰剂会带来客观可测量的生理效应，有时与强效药物相当，甚至超过后者。即便如此，医学界仍有一种感觉，认为这种影响偏离了正常情况，而且在某种程度上是非法的。医学研究人员一如既往地对自己对现实的坚实把握充满了信心，甚至出现了在个别病人的人格中寻找解释的情况。他们推测，"安慰剂效应"主要会出现在那些异常易受暗示的人身上，比如妄想者、神经病患者，或者只是没有那么聪明的人。1954年发表在《柳叶刀》(Lancet)上的一篇论文指出，安慰剂效应仅适用于治疗那些"不聪明或缺少行为能力的患者"，但是还没有实质性的证据对以上观点进行支持。

到了20世纪80年代，脑科学的进步开始为安慰剂的力量提供有力的、"生物化学"方向的解释。一位名叫罗伯特·阿德(Robert Ader)的精神病学家做了一个实验，给老鼠服用加了糖精的水，同时给它们注射一种对免疫系统有抑制作用并会使它们生病的化学物质。过段时间，当一组相同的老鼠被喂以相同

第 8 章
谎言也能成良药

味道的水，但这次并没有进行注射时，它们所呈现出的反应却是相同的。之所以得到这个结果，是因为最开始的时候，这个加了糖精的水就和注射之间建立了联系，引发了类似中毒的疾病反应。阿德创造了一种不可否认的安慰剂生理效应，严格来说，他创造了一种反安慰剂效应，一种引发疾病的惰性药物或良性事件。

后来的研究证实了安慰剂具有在人体内产生真正变化的神奇能力。都灵大学的神经科学家法布里齐奥·贝内代蒂（Fabrizio Benedetti）已经用安慰剂治疗进行了近20年的实验，观察到安慰剂可以缓解身体疼痛、消化系统疾病、抑郁症甚至帕金森。例如，通过虚假地告知一名帕金森患者，通过手术，他们的大脑中已经植入了一个电子模块，并已被"开启"，贝内代蒂发现患者的症状得到了缓解，尽管这种缓解只是暂时的。他将病人身体上出现的生物化学反应与他们对治疗的不同信念紧密地联系了起来。贝内代蒂认为，安慰剂是身体内部健康系统的催化剂。如果你听到火警，看到烟雾，你的肾上腺素就会激增，心率会加快，为快速逃离做准备。同样，当服用安慰剂的行为向大脑发出信号时，表明是时候开始好起来了，那身体里的治疗化学物质就要开始发挥作用了。

但安慰剂效应也有其局限性。例如，没有证据表明它能阻止癌症肿瘤的生长。它似乎对涉及身体疼痛或与更高层次精神功能相关的疾病（如抑郁症）特别有效。在这些情况下，如果我们产生想变得更好的期望，就更有可能变得更好，即使这种期望是基于谎言出现的。制药行业现在普遍认为安慰剂效应是重要的，同时贝内代蒂等人的研究在一定程度上也确定了安慰剂效应确实会产生真正的生理作用。但尽管如此，这种影响在很大程度上仍然是通过生物学的视角来研究得出的，因为这是医学传统上思考人体的唯一背景依托。但也许安慰剂效应应该被视为扩大现代医学范围的一种提示。如果一个谎言治愈了患者的病痛，那是因为它有意义，而意义是在人与人之间产生的，并不是在人的内心。

梅斯梅尔的催眠术是医术还是骗术

1784年5月22日，一群法国最杰出的思想家聚集在巴黎北部帕西美国大使本杰明·富兰克林官邸那雅致的花园中。这些尊贵的先生们将在这个花园里见证一个令人叹为观止的场面，不知情的客人可能会以为自己参加了一场奇怪的入会仪式或晦涩的戏剧表演。一个戴着眼罩的12岁男孩被一个老人从一棵树带到另一棵树。每次他们在一棵树旁停下来，男孩都会拥抱它两分钟。在拥抱第一棵树时，他开始流汗、咳嗽、口吐白沫；第二棵树，男孩开始抱怨自己感到头晕；第三棵树，他的这些情况开始恶化；当他拥抱第四棵树时，他倒下了，呻吟着，躺在地上。那个老人把男孩抱起来，放在观众面前的草坪上。男孩先是扭曲成各种奇怪的形状，然后突然站了起来，掸去身上的灰尘，宣布自己痊愈了。这些围观的绅士们并没有鼓掌，也许他们中有那么一两个人严肃地点了点头，或者在纸上记录了些什么，其中也包括了大使本人。

这一幕不是仪式，而是一种测试。尽管接受检验的观点提出者并不在场，即"动物磁性"的发现与围绕其所做的任何调查都没有关系。

如果有人今天还记得弗朗兹·安东·梅斯梅尔（Franz Anton Mesmer）这个名字的话，那么很可能是因为除了"催眠"这个词让他名垂青史之外，他还是一个庸医、骗子和表演者。但这些都不妨碍出生于德国的梅斯梅尔认为自己是站在科学前沿且极具启迪性的人。作为维也纳大学的一名年轻医生，他对牛顿发现万有引力背后蕴藏的医学含义着迷，并随后开始研究人体是否与天体相协调。梅斯梅尔尝试在病人身体上和身体周围放置磁铁。他的被试（大多是女性）报告说，当梅斯梅尔这样做时，强烈的能量感在她们身上荡漾，有些人当下会产生剧烈的抽搐，但之后却会感觉精力充沛。

梅斯梅尔随后发现，他可以通过简单地在病人身上挥舞双手来获得同样的效果，这就和树上掉下苹果是一个道理。他的结论是，自己发现了一种磁能,这种磁能是由生命体通过一种不可见的流体媒介相互施加的,这种流体从恒星中释出,围绕并渗透到每个人身上。当磁能流经身体时,如果被障碍物阻挡,就会产生疾病,如果磁能再次顺利流动,就会恢复健康。既然宇宙无论如何都趋向和谐,那么医生的作用就仅仅是帮助和增强自然愈合。这是一门只有梅斯梅尔和经严选的门徒才能学习的艺术。梅斯梅尔对现存的教派持怀疑态度,而他却为一个更世俗、更科学的时代重塑了驱魔的宗教艺术,并让自己成为一名传道者。

梅斯梅尔虽沉默寡言却威风凛凛,身材魁梧,有着一双锐利的眼睛和宽阔、平坦的前额。他在维也纳的同事对他所秉持的激进思想充满了敌意,因此在1778年,44岁的他搬到了巴黎,这里被称为"欧洲知识分子骚动的中心"。在妻子的资助下,他在文多姆广场(Place Vendome)租了一套豪华公寓,铺了厚厚的消音地毯,在主房间里摆满了各种充满异国情调的物件。房间的中心部分摆着一台外观看上去有点奇怪但却会给人留下深刻印象的装置:一个10英尺[①]长的橡木浴缸,里面装满了"磁化水"。浴缸的盖子上有洞,洞外布置着连接在一起的铁棒。一切就绪后,这位来自维也纳的神秘医生宣布开业。

梅斯梅尔喜欢集体治疗,这个公寓很快成了镇上最热门的地点。拉上窗帘,梅斯梅尔那些时髦的病人盘腿坐在浴缸周围的同心圆上。在昏暗的灯光下,他们手牵着手,用绳子绑在一起,形成了一条"链",磁能可以通过这条链流动,就像电路中的电流一样。隔壁房间同时会传来缥缈的、超凡脱俗的音乐。当最后的低语声渐渐消失时,梅斯梅尔会进入房间。他通常穿一件淡紫色塔夫绸长袍,在他的病人中间慢慢移动,用一根铁棒轻轻地戳他们。有时,他可能坐在病人的正对面,脚对脚,膝盖对膝盖,把手放在他们的头或肩膀上,直视他们的眼睛。他的病人会在地板上叹息、尖叫、陷入昏迷或倒下、扭动,这时助手会把他们带到一个特别的、铺着床垫的"危机室"来恢复镇静。当病人走出房间,眨着眼睛,迎着巴黎午后的阳光时,他们宣称自己奇迹般地被治

---

① 1英尺≈0.3048米。——译者注

愈了，从倦怠、哮喘到痛风和癫痫，各种疾病都囊括其中。

梅斯梅尔是在伏尔泰（Voltaire）去世的那年到达巴黎的，当时这个城市的"聒噪阶层"①已经厌倦了枯燥的旧启蒙运动对理性和怀疑主义的严格限制，喜爱上了一个新的方向——大众科学，以及那些几乎未经检验过的伪科学。世界充满了神秘而奇妙的力量：牛顿的引力、富兰克林的电、安托万·拉瓦锡（Antoine Lavoisier）的氧气、蒙特哥尔费耶（Montgolfiers）那可以把人送上天的燃气——这些你都能看到吗？谁又能站出来质疑梅斯梅尔的无形磁能流动不如那些据说渗透到世界中的无数其他物质（如以太、瘴气、燃素）真实呢？

在这样有利条件的包围下，这种催眠术很快引起了轰动，梅斯梅尔随即成了整个欧洲最受关注的男人之一。他通过源源不断登门的富有病人和把自己的方法传授给秘密社团而变得富有。梅斯梅尔的做法在杂志上被讨论，在色情漫画中被描绘，在舞台上被模仿，甚至还由法国玛丽·安托瓦内特王后资助，在学院、咖啡馆和沙龙里被激烈地讨论着。在法国整个国家摇摇欲坠、革命已在酝酿的时期，关于催眠术的小册子都比关于政治的小册子还要多。梅斯梅尔的追随者认为他是解决了人类苦难问题的人。他的批评者则谴责他是一个江湖骗子、一个危险的诱奸者，他会侵害那些他抚摸和刺激的女患者。

梅斯梅尔的受欢迎程度令传统医生和科学家焦虑不安，他们的可信度和生计都岌岌可危。1784 年，经过大量的游说，法国国王路易十六最终同意划清科学与迷信、真理与谎言的界限。国王成立了一个皇家委员会，要求他们确定梅斯梅尔的疗法是通过动物磁性起作用，还是仅仅因为人们被骗以为它起作用。这个皇家委员会的委员们包括现在被认为是现代化学之父的安托万·拉瓦锡、天文学家让-西尔万·拜伊（Jean-Sylvain Bailly），和解剖学教授约瑟夫·伊尼亚斯·吉约廷（Joseph-Ignace Guillotin）博士，约瑟夫用自己的名字命名了断头台，而这个断头台就是最后斩掉拉瓦锡和拜伊头颅的那个。而在这

---

① 聒噪阶层指的是那些大都光说不练的中产自由主义者。——译者注

个令人敬畏的委员会里，最有声望的成员是美国大使富兰克林。

考虑到这纯粹是国内事务，法国国王直接要求美国大使介入会显得有些奇怪，尤其是这位美国大使的主要工作是从他的政府中榨取贷款，以资助共和政体的建立。但是富兰克林在法国人的心中却有着特殊的地位。在美国，他是一个令人钦佩但又遭人疏远的人物，他对英国和法国的情感使他在一些人眼中成了犯罪嫌疑人。然而，他在法国却被奉为驯服闪电和建立美国的人。他因对自由和自由思想的热爱而受人尊敬，并因其旺盛的、时刻散发的魅力而受人崇拜。他的形象随处可见，在绘画作品中，在鼻烟壶、戒指和硬币上。对法国国王来说，让富兰克林加入委员会是一个精明的举动：如果有人能让公众相信，这项调查不是对一位过度受欢迎的外国名人的冷嘲热讽和打压，那这个人就必须是另一位外国名人。

富兰克林之前其实就见过这位即将被调查的人。说来也怪，他们的相遇是由于一种称为玻璃琴的音乐安慰剂，这种乐器以其治疗质量而闻名，而且它还是由富兰克林发明的，梅斯梅尔很喜欢这种乐器。这位德国人在他维也纳的豪宅里也摆了一台，并且特别喜欢为客人演奏，其中包括了他的朋友列奥波尔得·莫扎特（Leopold Mozart）和他的儿子沃尔夫冈·阿马德乌斯·莫扎特（Wolfgang Amadeus Mozart），他后来还专门为这种乐器创作了几首曲子。梅斯梅尔把玻璃琴带到巴黎，1779 年，他邀请富兰克林和共同的朋友布里隆（Brillon）夫人到他家来听他演奏。当然，这只是个借口而已。当时，梅斯梅尔仍在寻求当权派的批准，他花了一晚上的时间试图让富兰克林参与到他关于磁流体的讨论中来，但富兰克林只表现出了对演奏的兴趣。

当皇家委员会成立时，梅斯梅尔已经放弃了寻求官方批准的努力，他拒绝合作。他也清楚地知道聚集在富兰克林花园里的那些权势集团的亲信们会往他身上贴上欺诈的标签：这是他们自我保护的本能迫使他们做的。就他而言，重要的是他的方法是有效果的，数百名满意的患者会证明这一点。他曾经表示说，我呼吁的是公众。他巧妙地将这场竞赛描述为诚实的大众和腐败的精英之间的竞赛。然而，严肃的委员们并没有去探究催眠术是否有效，而是把注意力全部集中在为什么它看起来有效这个问题上。当梅斯梅尔的患者瘫倒在他厚厚的地毯上时，他们当下所追寻的又是什么呢？

考虑到富兰克林的年龄（78岁）和旅行可能为他带来的身体不适（他患有严重的肾结石），委员会的大部分工作都在帕西进行。与此同时，在梅斯梅尔这边，查理斯·德斯伦（Charles Deslon）博士却同意充当催眠术的鼓吹者。德斯伦是一名前宫廷医生，也是当时唯一一个从医疗机构皈依催眠术的人，并因其异端邪说被医学院开除。他渴望证明催眠术是合法的，而梅斯梅尔却否认，并谴责这位前宫廷医生所做的一些工作。

在花了几周时间听取德斯伦关于梅斯梅尔催眠术的理论的讲解后，委员们觉得还挺有意思，但就是没什么效果（其中富兰克林只表示这一切很无聊）。随后他们开始了一系列考究的实验，在其中一个实验中，他们故意对一名女性被试谎称，她被隔壁房间门后的德斯伦催眠了，随后这名被试出现了前面所说的情况，被带进了危机室。另一名女性被试，以前对催眠治疗反应很好，但在这次实验中，她在被蒙上双眼、不知情的情况下接受了德斯伦的治疗，据报道没有任何效果。另一位德斯伦的病人被要求喝掉面前放的五杯水，在喝到第四杯的时候，病人开始抽搐，但她还是平静地喝下了第五杯，她是这么多实验中唯一一个被成功催眠的。然后就是我们在这个章节开始时看到的那个实验。德斯伦用一根棍子穿过富兰克林花园里的一棵杏树，使它"磁化"。然后，德斯伦被要求选择一名被试进行实验。一个看上去体弱多病且对动物磁性特别敏感的男孩被选中，而他在到达那棵磁化杏树之前就陷入了危机。通过这些实验，委员们设计了现代医学史上第一个安慰剂对照盲测试验。

该委员会的报告发表于1784年9月，这一报告堪称伟大的杰作，集中体现了富兰克林和他的同事们清晰的思路和想法。它详实地对调查中所使用的寻找梅斯梅尔磁流体存在的证据的手段进行了解释，并明确地告知，没有找到任何可以证明该物质存在的证据。另外，对患者的影响是真实的——没有迹象表明那个体弱多病的男孩或任何其他被试在假装自己所遭遇的危机情况或者假装康复——但依旧有必要从其他地方去找寻对患者产生影响的原因：

> 因此，我们被迫放弃寻找物理证据，转而向精神层面继续探索，现在我们的身份不再是物理学家，而是作为哲学家……虽然磁性对我们来说似乎不存在，但我们依旧被模仿和想象这两种最惊人的能力所打动。这是新科学的种子，即精神对生理的影响。

尽管在被当权派羞辱之后，梅斯梅尔本人离开巴黎前往英国和意大利，并希望在这些地方重新开始（但并未如愿），但梅斯梅尔的催眠术随后仍旧在法国流行了几年。他本人孤独终老，于1815年死于德国康斯坦茨湖畔，这地方离他的出生地不远。玻璃琴为他奏响送葬曲，使他安息。而德斯伦则在催眠中于1786年8月去世。

催眠术报告的作者发现，动物磁性疗法实际上是由社会和心理原因在共同作用下产生的（"模仿和想象"）。重要的是，他们极其重视这些看上去无关紧要或不值得研究的影响。报告中所提出的"新科学"，实际上就是今天我们所说的社会科学——心理学、人类学、社会学与生物医学融合的学科。

两个世纪以来，医学界并没能培育出富兰克林和拉瓦锡当时播下的种子。在远离迷信、魔法和骗术的斗争中，它在科学和一切无形事物之间筑起了一道墙。结果，"精神对生理的影响"成了一个禁忌的话题，被医生和研究人员遗留或忽略。医生们把自己看作物理世界的科学家，他们的研究对象碰巧是人体，一台按照可靠规律运行的自然机器（当然，这也是梅斯梅尔看待事情的方式）。正如医学历史学家大卫·莫里斯（David Morris）所说，如果你把身体想象成一台机器，那么相信谎言可以消除疼痛就像给汽车油箱加满茶水一样不理智。

直到最近几年，人们才开始接受疾病和健康不仅仅是生理问题这个概念。"模仿"越来越被认为对个人和群体的健康起着重要作用。当梅斯梅尔的某个患者周围都是有着相同经历的其他患者时，治疗的效果就会更好，现在有大量证据表明，我们的行为和健康会受到周围人的强烈影响，比如通过社交网络跟踪心脏病和肥胖等疾病传播的大规模研究，都得出了同样的结论。

我们自己的健康还与我们与他人的关系息息相关，尤其是那些试图治愈我们的人。治疗的效果在很大程度上取决于医生在有意识或无意识状态下发出的关于他对治疗的信心的信号，用医学人类学家丹尼尔·莫尔曼（Daniel Moerman）的话来说，医生的行为似乎"激活了药物"。对心绞痛治疗文献进行历史回顾的医学研究人员发现，在20世纪40年代和50年代有效的药物到了20世纪60年代其有效性却出现了急剧下降。这种变化很难用生物化学术语来解释，因为药物没有变化，人体也没有变化。这项研究的作者得出结论，这取决于双盲试验的兴起，双盲试验向医学界揭示了他们一直使用的一些药物并不比安慰剂效果好的事实。换句话说，从真正相信药物有效的医生那里接受药物治疗的病人，会比那些从对药物疗效抱有疑问的医生那里接受药物治疗的病人更有可能康复。

不仅医生本身会影响我们的信心或激发我们的想象力，医生周围的一切其实都会，比如健康和治愈的文化象征。心理学家欧文·基尔希（Irving Kirsch）以尝试一种新的麻醉剂为幌子招收被试学生，他给这种麻醉剂起了一个听起来令人印象深刻的名字——特里凡尼亚（trivaricane）。被试会看到标签上写着"仅用于研究目的"的瓶子，实验者会被介绍为"行为医学研究者"，穿着白大褂，戴着一副外科手套，并解释说她想确保自己没有过度暴露在特里凡尼亚中。在涂抹这种假麻醉剂并让它"见效"一两分钟后，实验者会通过一个机械装置对被试的手指施加力，一次一根手指。被试被要求对每根手指的疼痛程度评分，结果所有的被试学生都表示，接受"麻醉"的那根手指疼痛程度要低得多。另一项关于头痛药丸的英国研究表明，一种无品牌的真药丸比一种无品牌的假药丸效果更好，但比一种包装在著名头痛药物品牌外包装中的安慰剂药丸效果差，有品牌的真实药物效果最好。

第8章
谎言也能成良药

当一个人接受真正的治疗并逐渐康复时,有三件事会同时发生。首先,手术过程或药物中的生理活性成分会作用于病人的身体。其次,病人身体卓越的自愈系统开始发挥作用,其作用会因病人对康复的期望而增强,这种期望是由治疗催化的。最后,病人对治疗他们的人的信念或者与治疗相关的符号,会影响他们的期望,从而影响他们的生理状态。"安慰剂效应"一词用于涵盖后两种效应,当然,如果缺少第一项,安慰剂效应也会发生,但对我们来说,更好被命名可能是"信念效应"——毕竟,如果根据定义来说,安慰剂是没有任何作用存在的。安慰剂只是与所发生的治愈有关联的一个词,因为有人相信他们接受的治疗会使他们变得更好。如果你不相信谎言,它自然也就不会让你变得更健康。

富兰克林对催眠术的怀疑在他加入委员会前不久写的一封信中就显露无遗,这封信是对一位患者的回信,这位患者问他,在他看来,去巴黎看梅斯梅尔医生是否值得。回信具有非常典型的富兰克林风格,语言简单,但充满了洞察力:

有很多的疾病可以自愈,但同时人类也有在自愈时欺骗自己和别人的倾向……人们不得不担心,我们对新的疾病治疗方法带来的巨大优势所抱有的期望,最终会被证明是一种错觉。

然而,在某些情况下,当这种错觉持续时,依旧会产生作用。在每一个大城市都有许多人从来就与"健康"这个词不沾边,因为他们热衷药物,但要是总是服用药物无疑会损害他们的体质。如果这些人能够被说服停止服药并寄希望于通过医生的手指或用铁棒指着他们就能治愈,那么即使他们弄错了病因,他们也有可能得到好的疗效。

富兰克林在这里暗示了医学谎言的有用性——它可以帮助人们感觉更好,并且不会产生对潜在破坏性物理治疗的依赖。但是欺骗病人是可以被接受的吗?许多医生会先说服自己。据俄勒冈健康科学大学的安妮·海姆(Anne Helm)称,所有药物处方中都存在35%到45%的安慰剂。2003年对800名丹麦临床医生进行的研究发现,几乎一半的医生一年中至少要开10次安慰剂给病人。但这些并不是"纯"安慰剂，是含有少量活性成分的药物，但这些药物并不会对所讨论的疾病起作用。

尽管安慰剂处方很常见，但在医学界仍旧是一种有争议的做法。毕竟，医生的治愈能力以及安慰剂效应的可能性，部分依赖于患者对医生的信任。正如哲学家西西拉·博克所说："允许广泛的欺骗行为……是为滥用权力和日益增长的不信任创造条件。"该过程的其他各方会被迫成为欺骗的帮凶。《美国药物协会杂志》(*Journal of the American Pharmaceutical Association*)上的一篇文章为那些面对明显是安慰剂的处方的药剂师提供了一个解释给病人的脚本："一般来说，大多数病人都会使用更大的剂量，但你的医生认为这个剂量对你是最有效的。"

当然，医生并不是为了这个而欺骗病人，他们这样做通常是为了病人的利益。不管怎么说，在这种情况下，要说清楚什么构成欺骗或者什么不构成欺骗都不是简单的事。如果医生给病人开了一颗药丸，且明知药丸本身对他们的病情没有任何的效果，却希望服用药丸的行为会促进病人的康复，那么这是在欺骗吗？他肯定不是完全诚实的。如果他是，他就会说："我给你的药丸没有能治愈你症状的活性成分，但你真正需要的是一些值得相信的东西，这就可以了。"但是如果他说了这些，那么他显然会破坏掉那种可能让病人感觉更好的效果。另一方面，医生也不需要进行很彻底的欺骗。布朗大学临床精神病学教授沃尔特·布朗（Walter Brown）建议，在一些情况下，医生其实可以告诉病人，尽管他们正在服用的药丸并不含活性药物成分，"但许多有你这种情况的人已经发现它是有帮助的"。

如果医生编造了一个虚假的"科学"故事来解释治疗是如何进行的，那这肯定会构成欺骗。这也是让科学家们对那些衍生出的替代医学行业感到不安的原因，因为该行业似乎在欺骗性地借用生物医学科学的语言来增强自己的权威性。比如，顺势疗法①机构就会谈到分子聚集和纳米气泡，然后用药理学的语言来修饰其治疗方法。怀疑论者对顺势疗法感到愤怒的是，它设法双管齐下，将自己呈现为传统医学的替代品，同时依靠其华而不实的词汇来获得似是而非的权威感。

但是，顺势疗法却是有效果的，即使大多数证据表明它们纯粹是通过信念效应以及富有同情心的医生的治疗经验而起作用的。考虑到这一点，甚至怀疑论者可能都会觉得，从我们的药店货架上，或者从国民健康保险制度上禁止它们是不合适且破坏性的。事实上，传统医生完全回避替代疗法可能是危险的。如果一些病患将传统医学和"补充"医学视为科学和护理之间（或技术和传统之间）的竞争，那么他们可能会拒绝提供唯一治愈希望的传统医学治疗。

也许循证医生应该集中精力扩大地盘，而不是捍卫自己的地盘。已经有越来越多的医生接受了这个观点：健康更广泛、无形的那些方面也是重要的。当你告诉他你的症状时，一个看起来关心你的医生比一个盯着电脑屏幕的医生更可能治愈他的病人。一个人在晚年保持健康的最佳方式是保持社交活跃——这些既是科学真理，也是民间智慧。但是，在我们的医生成为"精神科学家"和身体科学家之前，还有很长的路要走。

以科学为基础的医学在人类历史上是一个非常受欢迎的学科，但却发展得较晚。在我们历史的大部分时间里，我们一直在若干个关于身体如何工作的错误想法之间徘徊。不管我们是否能意识到，隐喻、仪式和象征就是我们对抗疾病的全部。如果人们对萨满的触摸、药剂师的长生不老药、甚至是放血等治疗方法有积极的反应（这种治疗持续存在的原因之一是它们经常起作用）至少部分是因为人们相信它们，或者相信配药给他们的医生。

拉瓦锡和富兰克林都是蒙田的狂热读者，他们的报告受到了蒙田写于

---

① 顺势疗法是替代医学的一种。顺势疗法的理论基础是"同样的制剂治疗同类疾病"，意思是为了治疗某种疾病，需要使用一种能够在健康人中产生相同症状的药剂。——译者注

1574年的一篇题为《想象的力量》（*The Power of the Imagination*）的文章的影响。在这篇文章中，蒙田认为医学是建立在欺骗的基础上的。蒙田说，医生会利用病人的信任做出"虚假承诺"和"欺诈性捏造"，如果他们的治疗有效，那主要是因为病人本身活跃的想象力。蒙田在其文章中描述了一个女人的例子，这个女人确信自己吃的面包里有一根针，然后就生病了。她的医生并不相信她说的东西，在缓解她的症状方面也一直没有成效，直到有一天医生们给这个女人开了催吐剂，并悄悄地在她的呕吐物中放了一根针，结果，这个女人痊愈了。驱魔或切除的隐喻是医学中最持久和最有力的比喻之一，在驱魔或切除的隐喻中，治疗者将邪恶的东西（如精神、肿瘤、胆结石）从身体中移除。2009年的一项研究发现，接受手术矫正疼痛性脊柱撕裂的患者报告说，手术后，当他们看到切除的椎间盘碎片时，情况有了更大的改善。

虽然没有人知道为什么信念——不管它们是否正确——对我们的身体健康如此重要，但英国行为科学家迪伦·埃文斯（Dylan Evans）就此提出了一个有趣的解释。他指出，我们是唯一会行医的动物（黑猩猩受伤时会互相照顾，但灵长类动物学家从未观察到一只黑猩猩会给另一只黑猩猩提供医疗援助）。他认为，这是激发对康复的积极信念的一种方式：

大约500万年前，当人类谱系开始与黑猩猩的谱系分离时，免疫调节的能力就已经建立了。在某个时候，我们的祖先发现他们可以刻意激活这种能力。他们很偶然地发现，他们可以训练自己的免疫系统，以感觉比较舒服和有益的方式对某些刺激做出反应。这些刺激——也许是在彼此的伤口上轻轻覆上叶子，或者在对方生病时给对方一些特殊的草药——是医学的起源。

早期人类群体中，经历过文化激活的人可以获得信仰效应的力量，这比那些没有获得这种力量的人明显更有优势。换句话说，我们物种的生存和繁殖依赖于我们欺骗自己和他人的能力，这种能力让我们认为即使没有客观的理由，我们也会变得更好。这也就不难理解，为什么谎言会对我们的健康和幸福产生如此深远的影响了。

第 9 章

Born Liars
Why We Can't Live Without Deceit

谎言在我们生活中的力量

> 我们通过给自己讲故事去生存。
>
> 琼·狄迪恩（Joan Didion）

广告商向公众兜售的是谎言吗

2002 年，制药巨头默克（Merck）公司的研究主管对外宣称，该公司的目标是"控制中枢神经系统"。据《连线》（*Wired*）杂志的史蒂夫·希尔伯曼（Steve Silberman）称，这一宏伟目标的关键是开发一种强大的新型抗抑郁药，代号为 MK-869，这将使默克公司能够与辉瑞（Pfizer）和葛兰素史克（GlaxoSmithKline）等竞争对手展开竞争，后者开发了一些最畅销、最著名的抗抑郁药。在早期的测试中，MK-869 表现出色：服用它的人报告说，他们的欣悦感有显著和持久的改善。但是当它与安慰剂进行对照测试时，MK-869的光芒突然就消失了。服用安慰剂的那组志愿者同样感觉到更显著的欣悦感，程度与服用真药的志愿者相当。在一次又一次的试验中，默克公司始终无法证明MK-869比安慰剂糖丸的效果更好。

MK-869并不是唯一被这样处理的新药。在21世纪的第一个10年里，新药在安慰剂试验中的失败率比这种试验成为标准以来的任何时候都要高。生产成本高昂、高效的抗抑郁药物始终未能证明其可以对抗安慰剂效应，精神分裂症、克罗恩病和帕金森那些新出现的堪称神奇的疗法也是如此。跨越无用边界的不仅仅是新药，已经存在了几十年的药物，包括一些业界最受欢迎的药物（如百忧解），在最近与安慰剂进行的比对试验中也出现了效果衰减的问题。如果这些老药现在接受监管机构的测试，那么也可能不会通过效果测试。这些药物其实并不比以前弱，新药也并不是很简单就开发出来的无技术含量的东西。但在控制我们中枢神经系统的竞争中，制药公司生产的昂贵开发药物面临着一个看似改进了很多且非常有效的竞争对手——安慰剂糖丸。如果它们想继续让大众花高价买药，就必须找出原因。

答案也许并不在实验室里。但我们可以通过对饮酒、退伍军人所患疾病和早餐麦片的营销方式的研究来接近真相。70多年来，谷物品牌雪迪斯（Shreddies）一直是英国、加拿大和新西兰超市货架上和橱柜里的固定产品。任何在这些国家长大的人都会立刻认出这些方形的全麦麦片。雪迪斯这个牌子归宝氏谷物公司所有，而该公司属于全球化食品集团卡夫的一部分。对于营销人员来说，像雪迪斯这样的品牌虽然很好，但也存在一些问题。一方面，它知名度非常高，甚至可以说是根深蒂固的存在，堪称购物者必需之储备，商家完全可以依靠它的销售来维持一个稳定的收入来源；另一方面，熟悉滋生被动，消费者很少注意到他们熟知的品牌，很容易被更新颖、更具刺激性的替代产品分散注意力。因此，品牌经理面临的挑战是将熟悉的东西陌生化。或者说在这种情况下，让雪迪斯看起来具有新鲜感。

第 9 章
谎言在我们生活中的力量

这很难。关于一小块麦片，虽然有很多东西可说，但在过去的几十年里，几乎所有的东西都被说过了。这正是奥美广告代理公司的多伦多办事处在 2006 年面临的问题。当时雪迪斯要求该公司制作一张新的海报和一条新的电视广告，给其古老的品牌带来一丝新鲜的活力。这将是雪迪斯几年来第一次愿意在广告上砸钱，需求简报被发给了该机构的所有高级创意团队，他们被要求为电视和海报宣传活动提供创意，并将其作为首要任务。与此同时，另一份不那么引人注目的简报放在了一位名叫亨特·萨默维尔（Hunter Somerville）的 26 岁文案实习生的桌子上。他被要求为雪迪斯包装盒的背面提出一个新的品牌短语，必须是吸引顾客眼球的、新的、有趣的东西。他和他那些更资深的同事面临着同样的问题，尽管是简短的那么一句话，但依旧需要想出一些关于雪迪斯的崭新宣传辞藻，既不能是陈词滥调，也不能是谎言。

在结束了即兴喜剧演员的职业生涯之后，萨默维尔进入了广告行业，他之所以做这个，是因为他觉得写出一个比他在电视上看到的大多数广告词更有趣的广告词并不是什么难事。作为一名消费者，萨默维尔看广告时感到最为恼火的一件事就是，广告商们经常编瞎话为产品加上很多"新"的属性，经常会出现"现在新增加了××××"或"现在所有的××××都去除了"这类措辞，但实际上，根本就没有什么新的东西出现，这一切似乎都是谎言，让人感到有点绝望。现在，既然他转换了角色，他至少明白了那种绝望来自哪里。当截稿日到来时，他只有一个想法，就是这整件事是如此荒谬、如此愚蠢，以至于他担心自己在汇报的那一刻可能会被赶出大楼。"我只是觉得这很有趣。"他告诉我。萨默维尔的想法是在汇报中展示一张旋转了 45 度的雪迪斯照片，这个照片会保持左右平衡，然后配以文稿，说这是一种"新"形态的雪迪斯——"钻石雪迪斯"。

汇报当天的晚些时候，该机构的创意总监对所有的新创意进行了审核，但并没有看到任何令他们兴奋的东西。当萨默维尔向他们展示自己的想法时，创意总监和老板们先是沉默了片刻，然后开始了止不住的笑。钻石雪迪斯是他们一整天见过的最有趣的东西了。萨默维尔后来回忆起这一幕时表示,老板们笑得是那么地开心,几乎让人感到尴尬。他被要求按照同样的思路创作电视广告的脚本,然后是海报和一个网站。当创意总监看到这个想法背后那些可能的发挥空间时,他们对这个想法显然越发喜爱了。随后他们把这个创意交给了宝氏的营销总监,她同样非常喜爱。

萨默维尔这个愚蠢的想法成了一场大型广告活动的基础,其前提是雪迪斯正在推出一种令人兴奋的新产品——由一组"麦片科学家"设计的"角度升级",这将为早餐时段带来彻底的改变。超市货架和广告位上开始出现一包包的钻石雪迪斯,其前面都摆着一个超大的翻转过来的雪迪斯标志。该机构模仿产品发布的惯例,针对这种新的雪迪斯进行了焦点小组讨论并拍摄下来。焦点小组的面前摆放着两个盘子,每个盘子上都放着一些雪迪斯。一个盘子里,放的是老雪迪斯,另一个放的是旋转了角度的钻石雪迪斯。焦点小组的主持人会要求小组中的每个人取一个正方形和一个钻石雪迪斯品尝。消费者通常都会表现得更喜欢钻石雪迪斯。"它更有味道。"一名男子说,另一个人则表示"它更脆"。

这场营销活动实际上并不是件严谨且严肃的事情,但许多消费者对此却很认真,他们给宝氏发电子邮件,诉说自己对该品牌新形象的感觉,当然褒贬不一。但是,更多的人呈现出的是一种被营销活动带跑的状态。比如一名男子就在易趣网上拍卖了他声称的"最后一盒方形雪迪斯",并最终以36美元的价格售出。甚至还有超过10 000人在网上投票,选出他们最喜欢的雪迪斯形状。从商业的角度来看,这场营销活动取得了惊人的成功:在经历了多年稳定但不引人注目的增长后,雪迪斯的销量飙升。亨特·萨默维尔很高兴看到大众的反应如此积极,但他并没有感到特别惊讶。"有时候我也觉得钻石雪迪斯味道更好。"他笑着说。

英国广告业的一名高管兼行业发言人罗里·萨瑟兰(Rory Sutherland)认为,钻石雪迪斯的故事只是所有现代品牌运作方式的一个极端例证:安慰剂效

第9章
谎言在我们生活中的力量

应的体现。无论是运动鞋还是软饮料，大多数类别的产品多年来都没有发生什么根本性的变化，也不太可能在很短的时间内发生变化，而且通常在竞品之间本来也就没什么额外的选择。萨瑟兰说，广告的任务不仅仅是传达信息，更多的是创造消费者愿意支付的"象征性价值"。如果你相信穿这个牌子的运动鞋会让你成为一名更好的篮球运动员，你就会为此付出更高的代价。

相信"象征性价值"的结果是，你可能真的就会把球打得更好。麻省理工学院的经济学家做了一个测试，他们向进入该大学体育馆的学生兜售一种SoBe牌的肾上腺素激增的能量饮料，并告诉这些学生，这种饮料可以赋予他们"卓越的运动能力"。其中一些被试被以全价推销，另一部分则以折扣推销。锻炼后，这些被试被问及锻炼后的感觉，是比平时好还是差。那些喝SoBe的人说，他们和正常状态下相比，疲劳感没有那么重了。这听起来挺有道理，因为这种饮料中确实含有少量的咖啡因，但更有趣的是，那些为这种饮料支付全价的被试比那些打折购买的被试所报告的疲劳感更少。不过，由于这个结果是基于自评产生的，所以研究人员设计了一个更客观的测试，这一次研究人员声称SoBe所提供的是"精神能量"。同样，一半的被试以全价购买，另一半以折扣价购买。然后，被试被要求完成一系列字谜，结果显示，支付折扣价的人比支付全价的人解出的谜题少了30%。他们确信他们以折扣价买到的饮料浓度并没有那么高，而这种想法让他们在解谜中表现得并不像那些全价购买的人那么好。

广告商经常被指责向公众兜售谎言，但实际上，广告可以是具有欺骗性但诚实的，这是事实。比如说，没有哪款除体味剂真的蕴含着把青春期男孩变成异性磁铁的力量，但实际上现在我们看到的大多数广告就好像虚构的小说一样，消费者会被带入一种公开的、被引导相信的欺骗状态。无论是广告制作者还是看广告的人，对欺骗（或自欺欺人）这种行为进行一些了解对我们无疑是有好处的。与其他品牌相比，喜欢亨氏烤豆的味道但没有通过盲品测试的人不一定是被骗了，因为品牌是她享受美食的一个完全合理的组成部分，如果使用

179

苹果笔记本电脑或驾驶宝马的乐趣与我们对这些品牌的联想有关，那么品牌所有者为增强体验收取更多费用似乎就具备了一种合理性。

如果你不这么想，那么你对人们通过购物所获得的满足感的理解可能就比较狭隘了。人们通常认为，买东西只是为了获得物质上的满足，但他们也在有意和自愿地付出代价，以一种精神和情感上受刺激的方式被欺骗着。在《浪漫主义伦理与现代消费主义精神》(The Romantic Ethic and the Spirit of Modern Consumerism)一书中，英国社会学家科林·坎贝尔（Colin Campbell）提出，消费与其说是单纯的获取，不如说是想象中的慵懒快乐。对坎贝尔来说，现代消费者的形象是自欺欺人的"梦想家"，他们"有能力制造一种众所周知是假的但感觉是真的错觉"，并围绕渴望的对象继续编织着这种错觉。

英国女作家弗吉尼亚·伍尔夫（Virginia Woolf）在其短篇小说《新装》(The New Dress)中，描述了一位年轻女子第一次试穿裙子的场景：

容光焕发的她，突然就这样出现了。摆脱了所有烦恼和皱纹，她梦想中的自己就站在那里——一个美丽的女人。就那么一瞬间……她看着自己，就在桃花心木外框的镜子里，一个灰白色的、神秘迷人的女孩，这就是她的本质、她的灵魂；让她感到美好、温柔和真实的不仅仅是虚荣和自爱。

这件衣服让伍尔夫的主角完成了一个梦想，展现了一个新的自己。但是，当她第一次穿这件衣服去参加聚会时，梦想就破灭了。每个人都认为她看起来很可笑，这些看法折磨着她，她"清醒地意识到现实"。坎贝尔认为，伍尔夫故事中的女人再现了现代消费者在自我欺骗和错觉破灭之间的摇摆。产品的现实永远不会像梦想那样好——但如果是这样，就没有理由再做梦了。产品本身只是一种消费者对期待、渴望和假装的快乐进行体验的借口。我们为想法买单，而不仅仅是一件衣服。创造想法，则一直是广告的功能。

罗里·萨瑟兰表示，除此之外，通过广告来丰富品牌的象征价值，是一种与使用更多或更好的材料相比更环保的改进产品的方式。因为意义并不像很多材料那样,是有限的资源。

当人们想到这种可以让双方都感到满意的欺骗时,就会觉得不舒服,因为我们往往会倾向于认为,存在一个纯粹的、自发的、真实的体验领域,而那些狡猾的广告商则在这个领域上蒙上了一层欺骗的面纱(就像上帝花园里的那条蛇一样)。但是我们对物质的感觉和美感与我们赋予事物的意义是密不可分的。购买葡萄酒的经验会让我们意识到,我们的经验和信念之间一定存在着一些关系。个别品类葡萄酒的命运,甚至整个葡萄酒厂的命运,取决于在比赛中授予评级和颁发奖牌的专家的决定,这是一套建立在某款特定葡萄酒具有客观可衡量的和一致的质量要求的前提下的系统。但是,美国酿酒师罗伯特·霍奇森(Robert Hodgson)发表在《葡萄酒经济学杂志》(Journal of Wine Economics)上的研究文章对这一标准提出了质疑。

霍奇森是一位退休的统计学教授,他在美国加利福尼亚州洪堡县经营着一家小酒厂,他对为什么自己酒厂的一款葡萄酒可能在一场比赛中赢得金牌,而在另一场比赛中却一事无成这个问题非常感兴趣。所以他做了一件以前没人做过的事情:他对葡萄酒专家的判断进行了大规模的定量分析,并与加利福尼亚州公平葡萄酒竞赛的评委们一起进行了自发的盲品测试,随后分析了数百场葡萄酒比赛的数据。他发现,评委给同一款酒的评分往往差异很大,金牌似乎是随机分布的,而不会一直由一款酒夺得。

波尔多大学的认知心理学家弗雷德里克·布罗克特(Frederic Brochet)对霍奇森的发现并不足为奇,几年前,他用两瓶酒招待了57位法国葡萄酒专家,一瓶标有"大克鲁"[①](Grand Cru)商标,另一瓶标有廉价餐酒商标。专家们非常喜欢大克鲁,并滔滔不绝地给出了非常多的解释——但是两个瓶子里装的实际上是同一种酒。布罗克特认为,这个实验所得到的结论是,大脑无法向我们传输关于世界的客观报告,我们所经历的总是原始数据和我们期望的混合。在

---

① 大克鲁指的是法国葡萄酒产区中的特级园、特级庄,被誉为法国葡萄酒的金字塔尖。——译者注

做决定时，比葡萄酒本身的实际物理品质有更大影响的，实际上是你品尝葡萄酒的方式。当然，这些期望是从别人那里继承来的。布罗克特的被试清一色都是葡萄酒评论家，但是，试想一下，如果他们所处的文化中，"大克鲁"一词并没有任何意义，那他们所品尝的这种酒的味道肯定会有所不同。

同样的道理也适用于经常被当作佐酒良伴的奶酪上。英国心理学家埃德蒙·罗尔斯（Edmund Rolls）向 12 名被试展示了一种闻上去像奶酪味道的不明气味，这种气味被分别标记为"切达奶酪"或"体味"。当它被贴上奶酪的标签时，被试普遍认为这个味道闻上去相对不错。在功能性磁共振成像扫描中，参与解释气味并将其与感觉联系起来的大脑区域在接收到正向标签后变得很活跃。食品科学家哈罗德·麦基（Harold McGee）指出，某些奶酪的刺鼻气味，如老布洛涅奶酪，是腐烂的味道——这是我们天生就觉得恶心的东西（因此我们都会尽量避开）。但同时，某些国家的一些人——当然尤其是法国——会觉得这种气味令人胃口大开，这就证明了我们的感官受制于我们从所生活的文化中继承的理念。

我们普遍会觉得越贵的酒越好喝。美国加州理工学院和斯坦福大学的研究人员为斯坦福葡萄酒俱乐部的成员组织了一次品酒会，为他们提供了五种不同的赤霞珠，这些赤霞珠只能通过价格来区分。被试不知道的是，总共只有三种葡萄酒，所以有时他们会品尝到带有不同价格标签的同一种葡萄酒。所有的被试都表示，标价高的葡萄酒，味道会更好。以前其实也做过类似的实验，但在这个实验中，被试是仰卧在功能性磁共振成像仪中啜饮葡萄酒的（葡萄酒通过管子吸入被试的嘴里）。当被试认为他们在喝更贵的酒时，扫描显示大脑中决定经历是否愉悦的区域会表现得更加活跃。更高的价格为被试带来了更多的愉悦感，所以愉悦是被试当下的体验。

如果我们可以有幸喝上一口"大克鲁"，那么首先进入我们口腔的会是一种信念，其次才是液体。当我们去看一部评价很好的电影或欣赏一幅毕加索的画时，情况也同样如此。当然，如果电影真的很烂或者画真的很骇人，我们也可能会根据现实情况调整我们的反应。但我们的信念（先入为主、假设、期望和欲望）始终决定着我们的反应，其程度早已超过我们思考的边界。而且，这些信念其实也并不是原发的，它们是前辈们塑造的文化苍穹中的繁星——毕加索是一位伟大的艺术家，昂贵的葡萄酒味道更好。我们始终坚信，自己可以摆脱这些共同的先入为主的观念，纯粹作为个体来体验这个世界，但这始终也只是我们告诉自己的另一个故事罢了。

为什么欺骗能减轻疼痛

当亨利·比彻在战区工作时，令他惊讶的并非只有欺骗所蕴含的力量。他还观察到了另一点，就是那些受伤最重的士兵所感受到的痛苦似乎比他想象的要少得多。因为比彻想为最需要的人保留本就供应有限的吗啡，他开始在给受伤士兵注射止痛药之前对他们是否需要注射进行额外的询问，他会非常注意措辞，并以一种格外谨慎小心的方式来进行询问，因为他希望自己的询问是受伤士兵可以接受且不会给他们造成尴尬的。"你疼吗？"他会问。如果答案是肯定的，他就会接着说，"你需要我提供一些帮助来缓解疼痛吗？"在多次询问之后，答案会一次次地从那些骨头骨折、皮肤烧伤、腹部被弹片击破的男人口中传来"不，医生，我觉得自己还好"。即使是在战区，比彻依旧希望推进他的研究，他把这些受伤士兵的反应全部记录了下来。在这些受伤士兵最后一次注射吗啡带来的止痛效果消散很久之后，四分之三受重伤的士兵依旧会表示自己已经没有注射吗啡的必要了。

在战后发表的一篇论文中，比彻提出了这个令人困惑的发现，并推断了其原因。他将这些受伤士兵的情况与他在波士顿医院做麻醉师时习惯处理的情况进行了比较。比如，一名男子在高速公路上发生了车祸，他的伤势和伤口，假设与战区的某名士兵完全相同，但这名发生车祸的男子所感受到的疼痛肯定会更加强烈。比彻觉得，也许这与每个人如何看待自己受伤这件事及其影响有着很大的关系。几乎就在车祸发生的那一刻，一个普通人开始思考一个已经彻底改变的未来，包括很大可能不是一个更好的未来、可能存在的永久性身体伤害、保险索赔、休假导致的财务问题等，这一切必然会给他的妻子和家庭带来压力。相比之下，当战区的士兵被子弹击中时，他会突然从危险和可怕的环境中解放出来。他知道自己将被送往安全的医院，并被允许按照自己的节奏恢复健康，而且，往远想一想，他可能会被送回故土，还可能会被誉为战斗英雄。比彻就此写道："他的麻烦已经过去了，至少他认为已经过去了。"普通人的事故代表着灾难和不确定性的开始，而士兵的负伤则是从混乱中获得的有尊严的解放。

疼痛是所有感觉中可以带来最直接的身体觉和内脏觉的一种感觉，不需要语言技能或教育的支持，我们就可以轻松地感受到被快速移动的铅块击中、烧伤或被掌掴所带来的疼痛。但是，比彻指出，我们感受到的疼痛，实际在很大程度上会受到我们赋予它的意义的影响。士兵和普通人可能遭受同样的伤害，他们的经历，或者说他们身体的经历，取决于他们如何将所受之伤害融入他们的生活故事中。故事的真实或虚假远不如其带来的影响重要，例如，想象自己成为一个战争英雄，抑或是成为一个残疾的丈夫所带来的影响。

在第二次世界大战后的许多年里，美国的医院一直在应对人手不足带来的压力。不仅如此，病房、手术室和床位都被退伍军人占据，这些人非常幸运地从战争中幸存下来，但却在努力应对战争遗留给他们的长期伤害。随后的20世纪50年代，在朝鲜战争中受伤的人也加入了这个群体，他们所有人都试图重新过上正常的生活，却被持续的、有时难以忍受的痛苦所困扰。纽约州布朗克斯区的退伍军人医院以及后来旧金山锡安山医院的病人在休息或候诊时，会发现一个身材瘦小、脸色苍白、说话轻声细语的男人向他们走过来，他有一双深情的大眼睛，一口浓重的俄罗斯口音，这个男人会询问这些退伍军人们是否准备好参加一个关于他们状况的面谈。当这个人被问到自己的身份时，他说,他虽然为医院工作,但并不是医生,而是一名人类学家。

马克·兹伯罗夫斯基(Mark Zborowski)1908年出生于乌克兰,但当他还是个小男孩的时候,他的家人就为了躲避俄国革命搬到了波兰。作为一名学生,兹伯罗夫斯基加入了共产党,但这却让他的父母感到沮丧。他于1928年离开波兰并前往法国,这一举动可能是为了避免因激进活动而被监禁,到了法国之后,他在格勒诺布尔大学学习人类学,并找了一份服务员的工作。1933年,他搬到巴黎,并深度参与到反苏联的托洛茨基政治活动中,为托洛茨基的儿子列夫·谢多夫(Lev Sedov)领导的一个团体工作,该团体煽动破坏斯大林政权。安静、谦逊、不知疲倦的兹伯罗夫斯基成了谢多夫最信任的副手。

1941年,随着欧洲被战争撕裂,兹波罗夫斯基搬到了美国,他受到了很多同情托洛茨基的富有的纽约人的帮助。其中一人将兹伯罗夫斯基介绍给当时最负盛名的文化人类学家玛格丽特·米德(Margaret Mead)。米德对兹伯罗夫斯基所拥有的欧洲犹太人第一手文化资料非常感兴趣,于是给了他一个研究助理的职位,也正是因为这个职位,他开始了往后堪称成功的学术生涯。20世纪60年代中期,在米德的支持下,他被任命为锡安山医院的人类学家,在那里他重新开始了他在纽约曾经研究过的一个课题:不同背景的人应对疼痛的方式。有关这个课题的研究,后来汇编成为了一本书并出版,这本书叫作《痛苦中的人》(*People In Pain*)。

基于研究目的,兹波罗夫斯基将他的病人分为爱尔兰人、意大利人、犹太人和老一代的美国人四组,老一代美国人就是我们现在所说的盎格鲁-撒克逊白人新教徒。他对退伍军人如何应对他们的痛苦,以及他们的应对策略是否反映了他们的文化传承非常感兴趣。他预计他们对疼痛本身的反应会高度地一致,毕竟他们都曾为作为同一支军队的士兵在战斗中负伤,而且,其中大多数人都是在同一场战争中受的伤,这就好像意大利天主教徒心脏病发作时的感觉与波兰犹太人心脏病发作时的感觉是完全相同的。但当他与病人进行面谈,并与医院的医生和护士交谈时,他发现了一些令人惊讶的事情。"人们对疼痛的反应不仅仅是个体化的,"他后来写道,"意大利人、犹太人、黑人或北欧人中间还存在着额外的区别。"

在医院工作人员的心目中,意大利人和犹太人经常被归为一类,因为他们被认为是高度情绪化的,并且具有"较低的疼痛阈值"(尽管兹波罗夫斯基指出,以前的研究表明疼痛阈值的这种变化是一个普遍的错误见解)。他们更有可能用夸张的手势、过度修饰的语言和大声的哭喊来表达他们的痛苦,无论是在最疼的时候(当护士取下绷带时)还是在与医生谈论他们病情的时候。犹太人和意大利人想要也需要与他人谈论他们的痛苦,描述这种痛苦的感觉,以及它对他们的家庭和职业生涯造成的影响。他们感情外露,不羞于流泪。

但是,兹波罗夫斯基依旧在犹太人和意大利人之间发现了显著的差异。意大利病人主要关心的是当时感受到的即时疼痛感,而犹太人更关注疼痛的意义。意大利人会担心他们的痛苦本身会如何影响他们当下的状况(他们的工作和家庭生活);犹太人更有可能谈论的不是痛苦本身,而是它对他们的潜在状况和未来意味着什么——他们对痛苦进行了诠释。

犹太人与意大利人对治疗的态度也有所不同。意大利病人在疼痛时会大声呼救,但一旦服用止痛剂,他们会立即忘记痛苦,表现出"快乐和愉悦的性格特点"。犹太病人相比之下则更不愿意接受药物治疗,他们会对副作用表示担忧,并担心这种药物可能会有赖药性,尽管它减轻了他们的症状,但犹太病人依旧认为它治标不治本。有时他们甚至会假装吃药,然后把药藏在枕头下面。即使他们接受了药物治疗,他们仍然感到焦虑和沮丧,非常负面地等待着病痛再度发作。意大利人会对他们医生治愈疾病的能力充满自信,但犹太病人则会因为医生使用止痛药而担心医生本身并没有足够的能力治愈疾病,他们会经常从其他专家那里寻求第二种甚至是第三种意见。

与犹太人和意大利人对疼痛的反应形成最鲜明对比的是老一代的美国人,他们给出的反应不带任何的感情色彩,经常会以一种最小化其影响的方式提及他们的痛苦。他们通常会说，这只是抽筋，肌肉酸痛或是一点点背部肌肉的疼痛。只要有可能，他们就避免谈论此事，他们害怕被别人看作过度戏剧化，经常会把"抱怨对任何人都没有帮助"挂在嘴边。但是，如果你追问他们的感觉，他们可能就会悄悄地承认自己有时候会疼得无法忍受，甚至会疼哭。当然，他们是永远不会在别人面前哭的，他们寻求的往往是独处。用兹波罗夫斯基客观但令人心碎的话来说，从社会中退出似乎是对强烈疼痛做出的最频繁的反应。

与犹太人或意大利人不同，老一代美国人更喜欢医院治疗，而不是家庭治疗，因为医院充满了客观化和制式化的东西。当与医生在一起时，他们扮演了一个独立观察者的角色，客观地描述他们的状态，以便医生做出正确的诊断和治疗。在需要知识和技能的情况下，情绪化被视为一种障碍。老一代美国人在谈论他们的身体时，就好像他们自己是一辆需要定期检查的汽车，当出现故障时，会被带到汽修专家那里进行修理一样。他们对医生的信任是出于对科学知识的尊重而产生的，同时，他们还是乐观主义者。尽管他们的疼痛仍在继续，但医学找到答案似乎只是时间的问题。

像老一代美国人一样，爱尔兰人也喜欢安静地受苦，但在他们的疼痛概念中也多少掺杂了戏剧性。当兹波罗夫斯基问爱尔兰病人他们做了什么来减轻疼痛时，他们说了"嗯……你能做什么？就忍着呗""就是必须要忍着啊，仅此而已""我其实并不介意忍着。如果有必要的话，我是可以忍受疼痛的"这样的话。

对爱尔兰人来说，疼痛是必须去"承受"的东西，就好像战士必须学会承受打击一样，它是一个值得尊敬的对手，疼痛会攻击他们，但永远不会打倒他们。承受疼痛并不是被动的忍耐，而是一种性格驱使下形成的行为，一种培养勇气和英雄般耐力的行为。对疼痛的承受是拒绝投降，是战胜疼痛的救赎。兹波罗夫斯基将这种方法与犹太病人的方法进行了对比。一位犹太受访者做出了以下一番描述：

嗯……我来告诉你我认为什么是疼痛，或者对我来说，我认为什么是最疼的。你知道什么是胆囊炎发作吗？嗯……我忍了八个月。我疼得在地上打滚，满地打滚，甚至我疼得都咬住了地毯。八个月啊！现在你还认为你的那种感觉算疼痛吗？

虽然这个病人在叙述中也提到了"承受"疼痛，但他这里的意思与上面引用的那个爱尔兰病人所说的意思非常不同。在这里，疼痛更像是病人喉咙处的恶魔或猛兽，他没有忽视自己的疼痛，也没有勇敢地承受疼痛，他选择与疼痛进行搏斗，并试图摆脱它。没有道德高尚的意志之争，剩下的只有绝望的逃避。英国作家大卫·莫里斯（David Morris）在对兹波罗夫斯基的研究进行评论时指出，犹太教中有一个很突出的传统，即认为疼痛是邪恶的，并没有任何基督教所赋予的救赎的力量。

如今，兹波罗夫斯基的研究很少被学者引用，部分原因是任何针对种族群体特征进行的分配都存在被视为种族主义的倾向。当然，这种谨慎是有道理的，但也不必因此对我们身体的事实进行掩盖，我们的身体确实不只是生物机器那么简单，它们根植于社会和文化之中。兹波罗夫斯基写道："疼痛的生理学研究必须不仅在实验室和诊所中，也要在复杂的社会迷宫中进行。"

皇家委员会关于催眠术的报告发表几天后，本杰明·富兰克林（一个对宗教明显持怀疑态度的人）给他24岁的孙子坦普尔（Temple）写了一封信：

这份报告谈了很多。每个人都认为它写得很好，还有许多人对其中所描述的那种想象力的力量感到惊讶，比如想象力可以引起抽搐等。有些人担心异教徒可能会从中学到些什么，从而弱化我们对《新约》中一些神迹的信念。另一些人则认为，这份报告将彻底结束催眠术的风靡，但是这个世界上有大量的轻信存在，荒谬的欺骗也已经存在了许久。

富兰克林可能对1993年的一项研究感兴趣，这项研究收集了28 000名华裔美国人的死亡信息，以及近50万名美国白人的死亡信息作为对照组。

第9章
谎言在我们生活中的力量

在中国传统文化中，金、木、火、水、土五行被认为塑造了我们身体与自然环境之间的关系，而且每年都会有一个专门的元素对应。研究人员发现，如果华裔美国人患有疾病，并且出生年份被中国占星学和医学认为是不吉利的，那么他们就会比正常人更有可能早死。例如，出生在土年的人被认为更容易患肿瘤等疾病，而出生在土年的美籍华人死于癌症的年龄，平均比出生在其他年份并患有相同疾病的人早了近四年。中医认为肺属金，生于金年且患肺病的美籍华人平均比其他年份出生的肺癌患者早死五年。其他一系列的情况也是如此，在所有情况中，同样的情况都不适用于对照组。此外，在美籍华人群体中，这种影响的强度与"对中国传统文化的支持和传承"相关。人们越相信这些传统，他们就越有可能屈服于传统所预示的死亡。

人们也许真的是靠故事来影响生老病死的。许多其他研究发现，宗教信仰与长寿密切相关。即使你明白信念效应所蕴含的力量，仍然很难理解隐喻和符号对我们肉体和精神的渗透：它们可以增加血红细胞，产生蛋白质，使神经受体失效。但是，对我们都有的那种说谎的能力进行延展和回应，似乎是我们人类这种被赋予想象力、语言和文化的生物的重要组成部分。欺骗对我们的幸福，以及我们所做的所有努力来说都是必不可少的。也许真的有那么一种东西，像梅斯梅尔的无形流体一样，围绕着我们，支撑着我们。

正如医学人类学家丹尼尔·莫尔曼所记录的那样，药物疗效的一个重要决定因素是药物的颜色。当患有抑郁症的病人被给予不同颜色的相同药物时，黄色药物的疗效是最显著的。如果是失眠患者的话，蓝色的安眠药往往更有效，这一点适用于除了意大利之外的所有国家，在意大利所做的研究，得出了一个令人困惑的性别差异。对于女性来说，蓝色的安眠药是高效的，但对男性来说，蓝色的安眠药甚至比其他颜色的药片更不容易起作用。虽未经证实，但莫尔曼认为，蓝色对意大利男人可能有着特殊的意义：蓝色是所有意大利运动队所使用的颜色，其中也包括国家足球队，蓝色并没有让意大利的男性感到困倦，反而让他们更容易想到"意大利蓝色军团"！

其他研究表明，绿色药丸更能减轻焦虑，白色药丸则对缓解溃疡最有效。一天吃四颗安慰剂糖丸的病患比一天吃两颗安慰剂糖丸的更容易从胃溃疡中康复。大一点的药丸比中等体积的药丸效果好，体积最小的药丸效果最好。病人认为昂贵的安慰剂比他们认为便宜的安慰剂效果更好。假手术如果用上那些有着令人印象深刻的外观、令人兴奋的名字的机器的话，效果会非常好。

把我们所吃的药丸看作不断变化的故事宇宙中存在的一种符号，有助于帮我们一窥安慰剂效应增强的奥秘。在20世纪八九十年代，全球的制药公司在新的情绪改善类药物的大规模流行中都表现得很出色。吃一颗可以让你感觉到更快乐的药丸，从科幻变成了平淡无奇的生活现实。与此同时，在广告限制放松的推动和帮助下，制药公司在药物销售方面也做得比以前更好了。最有效的药物品牌，立刻变成了改善心理问题方面的一种显著的可识别标志。行业本身的营销做得如此成功，也让21世纪参与试验的志愿者们更愿意相信他们正在服用的药丸会让他们感到更快乐——在这种相互作用下，还真的就使得越来越多的人感到更加快乐。安慰剂并没有活性药物成分这个事实并没有改变，改变的是吃药这个行为背后的文化意义。

第 10 章

Born Liars
Why We Can't Live Without Deceit

你会撒"善意的谎言"吗

登峰造极是一回事,责任则是另一回事。

摘自亨利·加尼特(Henry Garnet)所著
《歧义论》(Treatise on Equivocation)

| 谎言真有好坏之分 |

彭柯丽(Corrie ten Boom)参演的《隐匿之所》(The Hiding Place)是一部扣人心弦的描述纳粹占领下的荷兰小镇生活的作品。居住在哈勒姆市的主角一家都是虔诚的基督徒,多年来在当地社区都非常活跃,也一直为有需要的人提供着帮助。当德国人在 1942 年入侵荷兰时,柯丽和她的姐姐贝茜、84 岁的父亲卡斯帕以及其他一些家庭成员住在一起。一天,一个提着手提箱的女人敲响了主角一家的大门。她看上去很焦急，并告诉柯丽的父亲，自己是一个犹太人，丈夫被捕，儿子藏了起来，她自己则刚刚被充满敌意的德国士兵威胁，由于害怕情况变得更糟，所以不想现在回家。她听别人说主角一家对犹太人很友好，想知道她是否可以在他们家避难。柯丽的父亲非常热情地把这个女人迎进门。随后的几周内，陆续有犹太难民前来，躲进了主角一家住处内一个只能通过隐藏活板门进入的地下室。从那时起，他们的家就成了犹太人和荷兰抵抗运动成员的避难所。

两年后的一个晚上，大门被敲响。这次来拜访的人是屋里每个人都害怕的对象——党卫军。原来，一名邻居向党卫军通风报信，说主角一家非法窝藏犹太人，于是党卫军来查看，想弄清楚房子里是否真的藏着犹太人。

数百年来，这种场景一直是关于说谎的争论中反复出现的主题。虽然变化的形式很多，但通常这种场景都被称为"门口的凶手"，并且都会以一个简单的问题形式出现：当凶手询问你朋友的下落时，你应该对凶手撒谎吗？这是一个非常重要的进退两难的窘境，不是因为人们经常面临这样的问题，而是因为它以最明显和戏剧性的方式提出了一个关于说谎的道德层面的基本问题。谎言本质上是一件坏事吗？还是说要视谎言所带来的结果而定呢？

柯丽毫不犹豫地选择了撒谎。党卫军照例搜查了房子，但并没有找到他们要找的东西或人。两名犹太男子、两名犹太妇女和两名荷兰地下组织成员都藏在柯丽卧室的一堵假墙后面，没有被发现。但是，党卫军带走了柯丽，她和她的家人一起被送进了集中营，贝茜和卡斯珀再也没有活着离开那里。据估计，柯丽的家人和朋友们在那段黑暗的岁月里，帮助至少800名犹太人躲过了种族灭绝行动。

《隐匿之所》这部作品中其实还包含了一个小插曲，就是有人在说谎这件事上采取了与柯丽截然不同的态度。柯丽的妹妹诺尔莉是一个虔诚的女孩，基本《圣经》不离手，大家都知道她绝对诚实。诺尔莉坚信《圣经》谴责说谎行

第 10 章
你会撒"善意的谎言"吗

为,上帝不允许有任何的例外出现。在事情发生的前一天,诺尔莉和一个叫安娜丽丝的难民在客厅里聊天,党卫军突然冲了进来,安娜丽丝的金发和堪称完美的伪造文件骗过了德国当局,党卫军并没有识别出她是犹太人。党卫军军官指着安娜丽丝问诺尔莉:"她是犹太人吗?"诺尔莉无法违背自己的原则,诚实地做了回答,两个女孩都被逮捕了,安娜丽丝被带到阿姆斯特丹的一个旧剧院,那里关押着犹太人,随后她被送往集中营。

《圣经》在说谎这个问题上的规定其实并不像诺尔莉所认为的那样清晰。人们通常认为十诫其中包括了不能说谎,但实际上并没有。与不能说谎最接近的一条是第九条戒律(第八条是针对天主教徒和路德教徒的):"你不应该在涉及你邻居的问题上做伪证。"这显然是对伪证行为的禁止,但它没有明确禁止其他形式的说谎行为(对戒律进行更广泛的解读是一个解释层面的问题)。《新约》对此也没有任何的规定。耶稣没有明确解决说谎是否正确的问题,这可能也说明,说谎对他或他的第一批追随者来说并不是一个非常重要的问题。

《圣经》在说谎行为上的模糊性意味着在基督教最初的几百年里,其主要思想家在说谎的问题上态度是模糊和矛盾的。一些人甚至注意到《圣经》中有一些情节似乎是支持欺骗的,比如上帝欺骗亚伯拉罕(Abraham),让他认为自己必须杀死儿子以撒(Isaac),以此来测试他的信仰;雅各(Jacob)与他的母亲利百加(Rebekah)勾结,欺骗他的父亲,让父亲认为自己是长子以扫(Esau);在《出埃及记》(The Book of Exodus)中,埃及的助产士在上帝的允许下对法老撒谎,以拯救希伯来人的孩子。在《新约》中,耶稣复生,在去以马忤斯的路上遇到了两个门徒,但他却伪装成了另一个人。一些基督教学者将这些情况视为一种证据,以此证明在为正义的事业服务时,《圣经》是允许谎言出现的。

但是这种说法在五世纪时发生了变化,因为奥古斯丁加入了这场关于谎言的辩论。在对这个问题进行的两次权威调查《论说谎》(On Lying)和《反对说谎》(Against Lying)中,基督教最伟大的哲学家奥古斯丁改变了教会对

193

这个问题的思考，并对后代，包括我们自己的后代产生了深远的影响，甚至说他创立了"说谎"的现代概念也并不夸张。首先，他比以往任何时候都更清楚地将谎言定义为"带有欺骗意图的虚假陈述"，这是一个不完美但可行的定义，大多数关于说谎的讨论仍然以此为出发点。其次，他毫不含糊地宣称说谎在道德上是错误的，无论背景如何，都没有例外。

奥古斯丁认为，上帝给了人们说话的机会，这样他们就可以互相交流思想。所以，用此机会来进行欺骗是一种罪恶，因为这与上帝的意图相左。他还认为，说谎是对教会权威的威胁，如果基督徒允许善意的谎言（"有益的谎言"）存在，那么整个基督教信仰和实践的摩天大楼就有腐败的风险，并最终会崩塌，因为"每当有人发现难以实践或难以相信的事情时，他就会遵循危险的先例，并按照说谎者的想法和行为来对其进行解释"。奥古斯丁认为，每一个谎言都必须被定义为一种罪恶，即使是为了保护某人的生命而撒的谎也必须如此。回到那个问题中，如果要将一个无辜者的下落透露给一个凶手就要撒谎吗？奥古斯丁所建议的回答是"我知道他在哪里，但永远不会告诉你"，不管后果如何，都会如此作答。

但即便是奥古斯丁，也没有对"所有的谎言都是同等严重的罪恶"这个观点进行争辩。他根据原谅的难度将谎言分为了不同的等级。以下就是这个谎言等级的排序，最不可原谅的放在最上面：

1. 在传教过程中出现的谎言；
2. 伤害他人，同时对任何人都没有益处的谎言；
3. 伤害他人，但有益于他人的谎言；
4. 为了取乐而欺骗某人的谎言；
5. 在谈话中为了取悦他人而撒的谎；
6. 既不伤害任何人又有益于某人的谎言；
7. 不伤害任何人，并通过激发忏悔的可能性使他人受益的谎言；
8. 不伤害任何人，并保护一个人免受身体玷污的谎言。

第 10 章
你会撒"善意的谎言"吗

关于说谎的另一篇主要论著是由意大利学者托马斯·阿奎那（Thomas Aquinas）在 13 世纪写的。阿奎那沿用了奥古斯丁理论的基本框架——说谎是带有欺骗意图的虚假陈述，而且总是有罪的，但增加了更多的区别和限制。阿奎那并不反对玩笑话，他在他的书中提到，开玩笑说的谎言并不是不可饶恕的罪行。同时，他也不认为奥古斯丁所反对的那种有益的谎言是不可原谅的，只有恶意的谎言——"被告知会造成伤害的谎言"——才是无法原谅的。

在基督教存在的最初 1500 年里，说谎行为背后的道德问题在很大程度上是学者们争论的焦点。但是，当新教创立者马丁·路德（Martin Luther）在德国维滕贝格城堡发表鼓动性声明并使教会变得四分五裂后，说谎行为本身才成了争论的焦点。

如果说存在所谓"欺骗的时代"，那肯定就是 17 世纪初的欧洲。对宗教多样性相对宽容的态度在这个时候已经让位于广泛的迫害、审问和思想控制。成千上万的宗教领袖——天主教徒、新教徒和犹太教徒——被迫在忠于信仰和流亡或死亡之间做出选择，许多人被迫变得表里不一。与此同时，政府正在扩大对其臣民的控制（前面提到的"门口的凶手"往往都是由公职人员扮演），政治操控也日益严重。宫廷的规模和复杂程度都在增长，吸引着越来越多雄心勃勃、有事业心的年轻人走向权力的中心。普通人已经习惯了政客（或当时的朝臣）那副无情骗子的嘴脸，他们为了自己的利益，什么话都说得出口。

英国尤其如此，文学评论家莱昂内尔·特里林（Lionel Trilling）甚至称其为"文化偏执"。当时，英国的作家和思想家无不被欺骗的现象所吸引和震惊。弗朗西斯·培根作为马基雅维利的一位读者，对自我隐藏的艺术进行了分析，并得出结论认为，最好是"在名声和观点上开诚布公；习惯上保密；要有及时掩饰的能力；如果没有补救办法，就要有假装的能力"。莎士比亚笔下的哈姆雷特对宫廷的装腔作势感到厌恶，并说道："不，我并不知道什么是'似乎'，我只有那种真实情感的流露。"莎士比亚的戏剧充满了聪明的说谎者、精心的伪装和巧妙的欺骗形式，马洛（Marlowe）、查普曼（Chapman）和韦伯斯特

（Webster）的戏剧也是如此。所有这些剧作家都把一个角色所说的和他所想的之间存在的差距作为他们主要的题材之一。

不得不说，观众倒是深深地被这些问题所吸引。同时，需要在真相和欺骗之间做出可怕选择的不仅仅有牧师，许多平民同样也被迫做出这样的选择，要么玷污他们最深的信仰，要么生活在谎言之中，即使只需要随便做做样子，也很可能建造起内心的地狱，惶惶不可终日。16世纪50年代，英国布里斯托尔市的新教徒理查德·韦弗（Richard Wever）宁可跳入磨坊引水槽中淹死自己，也不愿意因参加天主教弥撒而被玷污。那些不愿意采取如此激烈的方式表达自己不满的人选择采取各种其他形式的欺骗手段，要么是应允参加仪式，然后悄悄不去，要么是派个代理人坐在他们的位置上，目的是欺骗会众认为他们确实去参加了弥撒。

"心理保留"应对"门口的凶手"

在欧洲各地的宫廷和宗教学院，学者们正在阅读相关资料并构建一套复杂的说谎防御体系。用美国历史学家佩雷斯·扎戈林（Perez Zagorin）的话说，欺骗理论的理性化就像是那个时代政治、宗教和知识生活中"一片被淹没的大陆"。为了生存或发展而欺骗应另当别论，在忠于上帝的同时进行欺骗也是被允许的。诡辩是一种道德推理的方法，它会伴随每个案例出现并进行推理，并不依赖于那些不做妥协的规则，这种推理方法在学者中越来越受欢迎，尤其是那些耶稣会的学者们。

诡辩家们在奥古斯丁对说谎进行谴责的言论中寻找着漏洞。早在13世纪，基督教圣雷蒙德（St. Raymund of Pennafort）教圣就考虑过如何回答"门口的凶手"这个问题。他提出，一个人可以通过说一些模糊或否定的话，比如"他不在这里"或"他不在这里吃饭"等，来欺骗那个想谋害他所庇护之人的凶

第 10 章
你会撒"善意的谎言"吗

手。这种技术——在使用某个词语的双重含义来说出字面上真相的同时,在其中隐藏更深的含义——在大多数情况下被称为"含糊其词"。诡辩者圣阿方索·德·利古里(St. Alfonso de Liguori)提到,面对那些我们其实明确知道答案是肯定的问题时,回答"不"是被允许的,只是因为回答者的真实意图并不是说"不"。随着欧洲各地的牧师和平民打开大门,寻找潜在的凶手,并对凶手们进行审讯,诡辩家们得以将含糊其词的界限推得更远。最终,他们迈出了重要的一步,即认为可以通过对一个错误的陈述增加一个"心理保留"的属性来使其变得正确。也就是说,你可以陈述一些你明确知道是虚假的东西,但如果你在自己的脑海中为这些东西添加一些单词,它就会变成真的。

西班牙神学家纳瓦罗斯(Navarrus)博士被后世称为心理保留主义最有影响力的倡导者,他曾写道:"有些真理部分在言语中表达,部分在头脑中表达。"纳瓦罗斯认为,向上帝说出真相是基督徒压倒一切的道德责任,但是如果能带来更大的利益,对人类保留一部分的真相就应该是道德的。例如,心理保留主义者可以对一个对话者大声回答"我不知道",但默默地在后面加上一句"如何告诉你",并且仍然说出实情。该教义的信徒声称基督也在使用心理保留主义,他告诉他的门徒,他不知道审判日为何时,尽管他的全知意味着他必须对此有所了解。

1606 年,英国天主教牧师约翰·沃德(John Ward)被俘虏他的新教徒问及他是否是一名牧师,以及他是否曾经漂洋过海,也就是说,他是否曾经在法国或意大利学习天主教。沃德都给出了否定的回答,但实际上,两个问题的答案都是"是"。后来,当有证据表明沃德否定的苍白时,他声称自己并没有撒谎,并解释说他在第一个回答后面,在心理上增加了"阿波罗"一词,在第二个回答的"海洋"之前增加了"印度"一词。在沃德受审的时候,心理保留主义早已经因为此前对两名牧师罗伯特·索思韦尔(Robert Southwell)和亨利·加尼特的审判而在英国臭名昭著了。

1586 年,索思韦尔 25 岁,他在老朋友加尼特的陪伴下从法国前往阔别了

197

10年的祖国——英国，执行一项明知可能使自己丢掉性命的秘密任务。索思韦尔家有八个孩子，他是老小，在英国诺福克郡霍舍姆·圣·费思镇的一个天主教贵族家庭长大。在15岁时，他被送到法国北部杜埃市的一所天主教大学学习，随后又在法国巴黎和比利时图尔奈市进修，并最终被罗马的耶稣会学院录取。在那里他开始学习诡辩家的论点和心理保留技法。作为一名非常有天分的学生，他在学习的同时还会写一些优美的诗歌。本·琼生（Ben Jonson）就曾说过，他很乐意毁掉自己大部分的诗来换取索斯韦尔的《燃烧的宝贝》（*The Burning Babe*）。1584年，索斯韦尔被任命为牧师，两年后他开始了英国之旅。

作为天主教传教士，索思韦尔和加尼特面临着致命的危险，他们之前的几任都已经被处决了。伊丽莎白女王非常担心来自西班牙和罗马的威胁，并认为每位天主教徒都是潜在的叛徒。她甚至通过了一项法律，规定任何在国外被任命为牧师的英国臣民如果在英国境内逗留超过40天，就要被处死，且任何帮助他们的人也一并要被处死。传教士被迫伪装成平民进行工作，使用假名，伪造职业。他们在天主教教徒家里避难，这些天主教教徒敢于冒险庇护他们，并愿意在搜查时为他们提供藏身之所。不仅如此，他们还需要随时准备好应对危险的质询，并在被捕时准备好心理和语言策略。

索思韦尔在被一个名叫安妮·贝拉米（Anne Bellamy）的年轻女子出卖给当局并最终被捕之前已经躲了六年。贝拉米是他经常避难的其中一个家庭的女儿。在监狱里，他遭受了残酷的折磨，因为抓他的人试图获取有关他的朋友和那些与他联系的人的信息。但索思韦尔除了承认自己是一名耶稣会的牧师之外，其余什么也没说，甚至连自己骑的马的颜色这种无关紧要的信息都没有透露。入狱三年后的1595年，索思韦尔因叛国罪受审，安妮·贝拉米在作为证人出庭作证时提到，索思韦尔曾告诉她，在被当局询问家中是否有牧师时，说谎是被允许和接受的行为，她可以说不，只要她加上心理保留的部分，在脑中把"不"变成"不是为了告诉你"就行。

在审判中，总检察长爱德华·柯克（Edward Coke）爵士抓住这个证词，

第 10 章

你会撒"善意的谎言"吗

指控索思韦尔用邪恶的耶稣会教义腐蚀这个女孩的道德。索思韦尔这位堪称雄辩的被告并没有对安妮的证词予以否认;相反,他认为心理保留这种做法就是对上帝真实意图的遵循。他反守为攻,向柯克提出了"门口的凶手"问题。他问柯克,如果法国入侵英格兰,女王被迫外逃,只有你知道她的下落,你会怎么办?如果你被讯问,你会不会在即使已经宣誓的情况下,用心理保留这种技法来否认自己知道女王的下落呢?至于柯克是怎么回答的,当时并没有记录,但法院的首席大法官显然并没有被索思韦尔说服:"如果这一学说被允许,它就将取代所有的正义,因为我们是人不是上帝,所以只能根据人的外在行为和言语进行判断,而不是他们掩藏的秘密和内在的意图。"

陪审团宣布索思韦尔有罪。1595 年 2 月 20 日,他被送往泰伯恩刑场[①]执行死刑。索思韦尔被绑在雪橇上拖过街道,在距离绞刑台还有一段距离时,雪橇停了下来,他被允许在此向民众发表一番感人肺腑之言。言语中他承认了自己耶稣会牧师的身份,并为女王和国家可以得到救赎而祈祷,随后他被套上绞索,随着绞刑台打开,他挣扎着,并试图在临死前用双手画一个十字架。行刑就这样结束了,索思韦尔的尸体被肢解成了四块,头颅被示众,但人群中并没有出现之前那样"卖国贼"的呐喊声。

与此同时,亨利·加尼特依旧逍遥法外,直到他因与火药阴谋[②](或当时众所周知的火药叛国罪)有关而被捕。加尼特其实并没有直接参与这一天主教成员试图暗杀詹姆斯一世和国会议员的阴谋,但人们认为他对此早有所知却并没有上报,于是政府决心以他为靶子杀鸡儆猴。政府的调查人员在一个偶然的机会发现了加尼特在 1598 年写的一篇论文,这篇文章通篇都在为含糊其词和心理保留的合法性进行辩护,实际上这篇文章是要写给他的朋友索思韦尔的,意在为索思韦尔的行为找到一些理论落脚点。总检察长爱德华·柯克爵士对这

---

① 泰伯恩刑场是 1300—1783 年伦敦马布尔拱门附近的公开绞刑场。——译者注
② 火药阴谋是一群亡命的英格兰乡下天主教极端分子试图炸掉英国国会大厦,并杀掉正在其中进行国会开幕典礼的英国国王詹姆士一世和他的家人及大部分新教贵族的一次并未成功的计划。——译者注

一发现很感兴趣，再次提起公诉，并将其作为整场审判的核心，给加尼特贴上了"伪装和破坏专家"的标签，判加尼特叛国罪成立。在圣保罗教堂墓地的刑台上，一名官员嘲弄地命令加尼特老实交代所有的事情，不要含糊其词。加尼特回答道："现在哪里是含糊其词的时候。"

对索思韦尔和加尼特的审判让大多数英国人突然意识到心理保留学说的存在。当然，之前不知道也是因为作为门外汉的普通民众是没有理由知道天主教会内部晦涩难懂的争论的。但是当他们通过这些耸人听闻和被广泛报道的审判接触到该学说后，他们的反应是厌恶和愤怒。政治家和新教徒不失时机地谴责这一教义是非英语耶稣会的不道德行为的典型。对于普通的大众来说，心理保留只不过是穿着华丽外衣的直白谎言，更虚伪的是，他们甚至还声称自己并不是明摆着的样子，也就是说，这些谎言叙述本身都不是真实的。

17世纪的这场争论持续地损害着天主教会的声誉。教皇英诺森十一世（Pope Innocent XI）为了挽回这一颓势，于1679年做过一次公关尝试，试图通过谴责心理保留学说来减少教会所面临的公共关系灾难。这一举措可能确实可以使教会避免进一步的负面宣传，但它并没有解决当面临说谎或自证其罪的选择时该怎么办的根本问题。因此，即使教皇明确下令禁止此学说后多年，心理保留主义在天主教内也依旧存在。事实上，它一直延续至今。

2009年，爱尔兰政府成立的一个调查委员会公布了一份关于爱尔兰普遍存在的指控神职人员虐待儿童的报告。报告中以某种令人感到困惑的语气描述了委员们对心理保留学说的发现："这个经过了几个世纪发展和讨论的概念允许一个教会人员故意向另一个人传递一个具有误导含意的印象，同时自己感受不到任何说谎带来的罪恶感。"报告中提到了这样一个例子：

约翰打电话给教区牧师，投诉一名助理牧师的行为。教区牧师明知道约翰已经来了，但不怎么想见他，因为牧师认为约翰是个没事找事的人。于是他让一个助理牧师去开门。约翰问助理牧师教区牧师是否在家，助理牧师回答说

第 10 章
你会撒"善意的谎言"吗

他不在。这显然是不真实的,但在教会看来,这个回答并不是谎言,因为当助理牧师告诉约翰教区牧师不在时,他在心理保留了"对你来说"这几个字(对你来说教区牧师不在)。

正在接受调查的枢机主教德斯蒙德·康奈尔(Desmond Connell)向调查委员会解释了这一概念:

嗯……心理保留学说一般会告诉你,说谎是不被允许的。但另一方面,在某些情况下,你可能会被置于一个必须回答的位置,这个时候可能就需要一个模糊的表达,并且当下你已经意识到与你交谈的人会接受你给出的这个不真实的版本,不管它是什么——允许它发生,但不纵容或不希望它发生,要不然说谎就将成立。这实际上是一个试图处理社会关系中可能出现的非常困难的局面的问题,就是人们可能会问一些你根本无法回答的问题,但每个人又都明确地知道这种事情容易发生,所以心理保留在某种意义上就成了一种不说谎的回答方式。

在他们的调查过程中,调查委员会发现牧师们正在使用含糊其词和心理保留等旧手段来逃避调查。玛丽·柯林斯(Marie Collins)曾被一名来自都柏林的牧师虐待,她作证说,当都柏林大主教管辖区在 1997 年的一份公开新闻声明中称,该管辖区将在她关于虐待的投诉上与警方合作时,她就已经感到深深的不安了,因为她有充分的理由相信声明中所提到的合作不是真的。当某位牧师代表她对此事的进展进行询问时,大主教告诉这位牧师"我们从未说过我们会全力合作"。

枢机主教康奈尔不得不强调,他在用教区基金赔偿神职人员儿童性虐待受害者的问题上并没有向媒体撒谎。这份报告显示,枢机主教是这样向新闻界解释他的误导性声明的:

……教区基金(报告的重点)不用于此目的;他并没有说教区基金没有用于这样的目的。通过使用现在时态,他没有排除教区基金在过去存在被用于

201

这种目的的可能性……枢机主教康奈尔认为两者之间存在巨大的差异。

不同宗教与文化对谎言的立场

不难想象奥古斯丁在悲伤和愤怒中摇头的画面。他可能会说，例外所带来的问题在于，一旦你允许任何例外产生，那其他人就可以选择他们允许发生的例外，并为其找个理由。

如果说奥古斯丁为说谎写了道德规范手册，那么伊曼努尔·康德则将它的转变迎合了这个世俗的时代——这个人类普遍道德观念取代上帝赋予道德观念的时代，个人的权利成为讨论对错的基点。康德是哲学家中的鲁滨孙，他用世俗的材料建造坚固的道德居所，在现代生活的伦理丛林中开辟道路。谈到说谎，康德本质上同意奥古斯丁的观点：说谎是错的，无论何时何地，都没有例外。

康德论点的基础是个体的尊严。我们必须对那个站在门外且想杀死我们朋友的人说实话，因为每个人——即使是杀人犯——都有知道真相的权利（显然，康德并没有考虑如果我们的朋友幸存下来，他是否还想和我们做朋友这一点）。否定一个人获得真相的权利就相当于否定了他的人性（一种即使是我们当中最糟糕的人也必须具备的品质）。不仅如此，说谎者也玷污了自己的人性：

一个人对自己的责任被仅仅视为一种道德存在（即个体的人性），而这其中，最大的反叛当属诚实的对立面，说谎……因为谎言带来的耻辱会像影子一样伴随着说谎者。外在的谎言使自己成为别人眼中蔑视的对象；内在的谎言则更糟，自己会在自己眼中变得可鄙，也侵犯了自己的尊严。通过谎言，一个人放弃了，或者可以说，摧毁了他作为一个人的尊严。

康德关于说谎的思想实际上构成了他对道德哲学的第一个贡献——《道

第 10 章
你会撒"善意的谎言"吗

德形而上学的奠基》（*Groundwork of the Metaphysics of Morals*）一书。该书出版于 1785 年，当时康德 61 岁。这本论著受到了那些与他同时代的人的欢迎，他们对康德非常尊敬，或者说近乎敬畏，同时也把康德推上了当时存活于世的最重要的哲学家之位。然而，并不是每个人都接受这本书中提到的观点。1796 年，巴黎的一位年轻作家就大胆地提出了公开的质疑。

本杰明·贡斯当（Benjamin Constant）是瑞士出生的贵族，同时也是 16 世纪为躲避压迫逃离法国的胡格诺派教徒的后代。他出生于 1767 年，阅历丰富，老成持重，曾分别在德国、法国和苏格兰接受教育，是第一批自认为是自由思想家的人之一，热情地为法治、人权和废除奴隶制而奋斗。他风度翩翩，英俊潇洒，好赌又好色，经常与那些被戴了绿帽子的丈夫决斗，而且通常同一时间要应付不止一位女士的浪漫追求。但是，他一生最爱的还是德·斯塔埃尔（De Staël）夫人——一位才华横溢的作家、社会名流和整个欧洲社会的贵妇人。这两人 10 年来一直在追求一种疯狂的、理智上充满活力的关系。在瑞士遇到贡斯当之后，德·斯塔埃尔夫人于 1795 年带着她这位年轻的情人去了巴黎，并带贡斯当融入了名流的生活圈子。此后，贡斯当便投身于这座城市的知识和政治生活中。

贡斯当发表了一篇文章，向康德提出了"门口的凶手"的问题。对于贡斯当来说，这不仅仅是一个假设性的问题。法国大革命后的恐怖统治仍令巴黎动荡不安，成千上万人的生命在此期间遭到随意的践踏。虽然在贡斯当到达的时候，这座城市已基本恢复平静，但大多数家庭都对贡斯当所提的那个问题中的凶手前来造访的恐惧记忆犹新，许多人甚至支持牺牲朋友来保全自己的做法。在贡斯当的传记作者斯蒂芬·霍姆斯（Stephen Holmes）教授所描述的这种"歇斯底里的环境"中，贡斯当敏锐地意识到了这个问题的原因，即为什么一个男人可能会为了保护自己、家人或朋友而撒谎（他可能顺带想了想自己相当复杂的爱情生活）。

霍姆斯说："对贡斯当来说，宣称所有的谎言都是不道德的想法似乎是荒谬的。"用贡斯当自己的话来说："道德准则把说真话定为一种责任，如果这一准则被单一地、无条件地采用，任何社会都将变得停滞不前。"贡斯当承认，有时候说谎是必要的。他也知道，一个人可能会因为说谎而被处死，但是过于关注谎言的道德性，甚至把它真空起来也是危险的。很自然，贡斯当强烈认为所有的道德争论都需要建立在现实的基础上。他生活在一个从"抽象原则走向极端原则"中恢复过来的城市里，了解极端带来的结果只能是一场血腥的恐怖。说谎是生活的事实，真正的当务之急是强化社会制度、强化法治与议会，从而确保人们不会因为担心被扔进监狱或被解除职务而捏造出恶意的谎言。

1797年，康德在一篇名为《论出自人类之爱而说谎的所谓法权》（*On the Supposed Right to Lie From Philanthropy*）的文章中回答了贡斯当。他坚持自己的立场，认为说谎永远是不对的，即使凶手就在你家门口询问着你朋友的去向。康德蔑视"真理的普遍道德法则应该或可能有例外"这样的观点，并认为例外是一种适得其反的东西。如果每个人都同意对杀人犯撒谎是没问题的，那么杀人犯最终会变得不相信任何人说的话。你必须坚持到底，维护真理的神圣，有些原则比你朋友的生命更重要。

在这场辩论发生200年后，李康教授对西方社会对待说谎的态度产生了兴趣。李康在中国长大，并一直对西方文化保持着一种局外人的态度，但作为一名移民加拿大的加拿大公民，李康已经在多伦多生活了20多年。李康被西方人谴责谎言的力度震惊了，媒体会对政客大呼"骗子"，传教士会在讲坛上严厉谴责欺骗，老师会对学生进行训话，家长会警告孩子，内容都是不要说谎。然而，在李康看来，这些团体的每一个成员或者甚至可以说是所有其他人，都理所当然地在撒谎，甚至对那种被我们称为善意的谎言的说谎行为是持支持态度的，这种谎言似乎会根据一种不明显的逻辑轨迹扩大或缩小。他想弄清楚这种看上去很奇怪的集体虚伪的例子其根源是什么。

李康在成长过程中对撒谎持截然不同的态度。他说："一般来说，在中国或其他东方国家，人们更普遍地认为，在很多种情况下撒谎都是合适的。"在

第 10 章
你会撒"善意的谎言"吗

这个问题上并不存在自我折磨的辩论,正当化的谎言只是生活中一个不起眼的事实罢了。换个角度来看,说实话也可能被认为是错误的,尤其是当这些实话涉及对个体成就的宣扬时。这种持续的反思帮助李康形成了一种假设:西方对说谎的禁止是基于对个人的提升,而中国人对说谎的态度则是围绕着对群体和谐一致性的崇敬而形成的。

2001年和2007年,李康教授针对中国和加拿大的儿童分别进行了关于说谎态度的实验。北美儿童是在一个非常强调个人成就、自尊和抱负以及个人权利和自由的社会中长大的,这种社会有着以笛卡尔(Descartes)、克鲁索(Crusoe)、托马斯·杰斐逊(Thomas Jefferson)和迈克尔·乔丹(Michael Jordan)为代表的文化。相比之下,中国儿童是在一种颂扬大我(集体)优于小我(自我)的文化中长大的,这种观点不仅借鉴了共产主义意识形态,也借鉴了深厚的宗教和文化传统。

在李康的第一项研究中,年龄在7到11岁之间的中国儿童和加拿大儿童都阅读了四个简短的故事,其中有两个故事描述了一个孩子做好事的过程,而另外两个故事则描述了一个孩子做坏事的过程。这两组共四个故事中存在着一个相同的情节,即当故事中的人物被老师提问时,他都给出了要么真实要么不真实的回答。这些回答有时候是出于自己做了坏事而撒的谎,有时候是出于自己做了好事而撒的谎。参与研究的孩子们听完这些故事后先是被问及角色对老师说的话是不是谎言,然后被问及故事中的角色做的事情是好是坏。所有的孩子,不分国籍,都表现出了对说谎的基本理解,都认为说谎是错误的。但是当参与研究的孩子们被要求对那个出于自己做了好事而撒谎的故事做评价时,两组之间出现了显著的差异。

加拿大的孩子认为故事中的孩子说谎本就是件坏事,这个判断仅仅是因为孩子确实说谎了,这足以使他们谴责他。中国的孩子则认为孩子出于做好事而撒的谎是道德上的积极行为。当他们被要求解释时,这些参与研究的孩子指出,这个故事中的角色并不寻求表扬……也不是在吹牛,而是给出了一个善意的谎言。另外，这些中国孩子还对故事中直言自己做了好事的角色给予了相对负面的评价，批评他直接寻求表扬的行为。但是，在自信和自尊的文化中长大的加拿大孩子对这个角色说真话的评价却是相对积极的。

李康认为，这种"谦虚效应"源于儒家思想，儒家思想以更大的大我为名鼓励个体的谦逊（佛教和道教也是如此）。在这种哲学中，美好的生活取决于关键社会关系的健康，从家庭开始向外延伸。《论语》中有一段话清楚地告诉我们，诚信绝不是个人的事：

叶公语孔子曰："吾党有直躬者，其父攘羊，而子证之。"孔子曰："吾党之直者异于是。父为子隐，子为父隐，直在其中矣。"

这段话的意思是，叶公对孔子说："在我的族人中有一个坦白直率之人，他的父亲偷了一只羊，这个人就告发了自己的父亲。"孔子回答说："我们那里正直的人做的事情有所不同。父亲会为儿子掩饰，儿子会为父亲掩饰——所谓直率，就在其中。"

美国学者丹尼尔·贝尔（Daniel Bell）认为，儒家关心的关键问题是我们所扮演的角色以及我们在这些角色中所承担的义务。当谈到对谎言的道德评价时，对抽象的真理概念或个人权利的关注不如谎言对我们这些肩负义务之人造成的影响重要。也就是说，关注的实际上是谎言对群体的和谐与完整性的影响。这与康德的出发点颇为不同。

在第二项研究中，李康向加拿大和中国儿童展示了四种不同的情景，这些情景都是儿童所熟悉的。在每一个故事中，儿童主角都面临着一个两难的选择：是说出帮助朋友但伤害群体的真相，还是选择伤害朋友但帮助群体。例如：

来看看苏珊的故事。苏珊的班级要选一些同学代表班级参加学校的拼写比赛。苏珊的朋友迈克拼写不太好，但他真的很想参加这个比赛，所以他让苏珊选他。苏珊心想："如果我选迈克，我们班在拼写比赛中就不会有这么好的成绩,但是迈克是我的朋友,如果我不选他,他会很难过的。"当苏珊的老师问她要选谁时……

然后孩子们会被问道:"如果你是苏珊,你会做什么?"在另一个例子中:

凯莉的朋友吉米是班上跑得最快的学生。吉米在学校田径日告诉凯莉,他今天不想跑步,他要去图书馆看书,并要求凯莉不要告诉任何人。但是凯莉知道,如果吉米不在队里,她的班级就没有获胜的机会。老师问凯莉知不知道吉米在哪里,是说实话帮她的班级还是撒谎帮她的朋友呢?

和李康早期的研究结果一样,孩子们对这些问题的反应会受到他们成长环境中的文化所影响。加拿大孩子更有可能告诉老师他选迈克,因为迈克热爱拼写,而且会说自己根本不知道吉米去了哪里。中国孩子则更有可能把迈克排除在拼写队之外,并让吉米回到班级跑步的队伍里。随着孩子们年龄的增长,这种差异会变得更加明显。李康认为,这是孩子们越来越适应各自文化规范的表现。

至今还没有人发现一种完全可以接受谎言或者完全不允许撒谎的文化。有些类型的谎言总是被认为是可以接受的,另一些则被认为是应该受到谴责的。文化间的差异就在于什么是可接受的谎言,也正是基于这个点,跨文化的误解才会产生。1960年,在巴布亚新几内亚马南岛做居民观察研究的人类学家注意到,欧洲游客往往认为马南岛岛民是说谎者,即说一套做一套,而岛上居民对他们的这些白人游客也持同样的看法。正如研究人员所说:"困难在于,在马南岛岛民中出现的说谎情况与在欧洲游客中出现的说谎情况并不完全相同。"双方都认为自己说谎的情况和时机拿捏得很准,但又都不理解对方说谎的情景。

1991年,英国人类学家弗雷德里克·贝利(Frederick Bailey)指出,当他第一次在印度进行研究时,有一个现象让他感到非常困惑和恼火:有许多有礼貌的年轻印度人对他的援助请求做出积极的回应,并向他保证他们会"做一些必要的事情",但后来他发现,这些印度年轻人实际上并没有任何做这些事情的意图。最终他通过了解才弄清楚,这些印度人在"什么是可接受的谎言"这个问题上与自己有着截然不同的看法。研究秘鲁东部沙兰纳华人的珍妮特·萨斯金德(Janet Suskind)曾经记录过当地一种有趣的现象,野生动物的肉在当地被看作非常珍贵的食物,沙兰纳华人喜欢通过馈赠这些肉来表现自己的慷慨。但是有两个问题出现了,一个是肉本身就很稀缺,一个是老是这么慷慨肯定不够分。但你又不能直接拒绝对方,直接的拒绝在当地会被认为是一种侮辱,但如果被说成是说谎者,则并不代表侮辱。所以慢慢地,人们开始公开谎报他们自己所储藏的肉类的数量,但事实上,这种撒谎在当地被认为是"一种必要的社交礼仪"。对于沙兰纳华人来说,撒谎解决了这种僧多粥少的处境与他们社会义务之间的冲突。善意的谎言是我们用来掩盖日常社会问题的一剂良药。这同时也为人类学研究提供了一条卓有成效的路线:如果你想找到理解特定社会体系内部紧张关系的捷径,那你就需要去找出这个特定社会体系中被认为是合法的那些谎言。

经济学家第默尔·库兰(Timur Kuran)认为,那些没那么重要的、个人的欺骗行为可能会产生更广泛的公共影响。我们中的大多数人在某个时候,也许是在出租车后座或办公室餐厅的桌旁,都会发现自己面临着一个选择,要么假装同意我们不相信的政治声明,要么冒着招致不快(或者更糟糕的是,招致社会排斥)的风险进行争论。用库兰的话来说,我们都必须处理我们的"表达效用"——我们想要诚实的愿望——和我们的"名誉效用"——我们在社群中的地位期许之间的冲突。我们经常选择通过撒谎来达到这个目的。

如果我们每个人都始终如一且完全诚实地对待自己的信念,那数百万场争论和争斗就将爆发,社会也将因此撕裂。但是一个看似无害的谎言也可能会带来超出你自身良知的后果。如果你为了维护自己的声誉而撒的谎能让房间里的其他人——这些人私下里可能和你有同样的想法——相信"正确的"社交行为是顾左右而言他,那么这个谎言可能就会产生连锁反应。这些小谎言的积累会导致大的公众谎言,使得那些过时的传统或社会习俗在人们不再相信它们之后很久仍能继续存在。马丁·路德·金说过："不少怀有崇高理想的人因为害怕被称作与众不同而选择不露锋芒。"

人类欺骗的能力源于我们的祖先在非洲大草原上与他人建立关系的需要。但说得委婉一点就是，从那以后，事情再也没有因此变得简单过。我们高度社会化的天性是说出真相最好的理由，同时它也是我们必须说谎的理由。

说谎会阻止道德规则的制定和遵守，因为在所有的罪恶中，谎言无疑是我们彼此相处最需要的。生活总是会给予那些严格坚持说实话的行为重重的一击，因为如果希望生活中至少有些好的东西，那肯定就会涉及其他人，正如亨利·加尼特所说，我们对其他人的义务将不可避免地与我们完美的渴望诚实的愿望相冲突。康德认为，说谎总是错误的，因为它会对我们与他人的关系产生致命的破坏。这种说法确实准确无误，但另一方面，布朗定律又提醒我们，在一个正常运转的社会中，说真话是唯一可能的违约。所以我们又看到了另一种事实，即同样的关系也在要求我们时不时地撒谎。神学家或那些形而上学的哲学家可以提出普遍的道德要求，而我们其余的人却只是想和婆婆保持良好的关系或者保护朋友免受伤害。

即便是康德自己，在这个问题上也并不像他声称的那样顽强不屈。在《道德的形而上学》（*Metaphysics of Morals*）一书中，在理论上会把他的朋友交给杀人犯而不是选择说谎的康德也在思考着更多日常的问题，比如在信的结尾写上"你忠顺的仆人"是否更好被接受，或者当一位作者问你是否喜欢他的作品时，你该对他说些什么，即便实际上你并不喜欢他的作品。康德沉思道："人们可能会妙语连珠地一笑置之，但谁又总是能保持如此的机智呢？"这位伟人从来没有任何一刻像现在这样看起来像一个普通人。他写道："回答时若稍有犹豫，对作者来说就已经是一种耻辱了。那么，我们能因此奉承他吗？"在这些让人感到皱眉耸肩的句子中，我们似乎可以窥见康德在与日常生活中混乱的道德做斗争，并已接近于承认含糊其词确有其用途。

第 11 章

Born Liars
Why We Can't Live Without Deceit

如何做一个
诚实的人

| 诚实是我们要努力追求的 |

意识到谎言对我们的生存至关重要后,我们不得不更加努力地思考"诚实"到底意味着什么。诚实不是轻而易举就可以拥有的,而是我们必须努力追求的。

康德曾在《实践理性批判》(The Critique of Practical Reason)这本书中说过:"有两种东西,我对它们的思考越是深沉和持久,它们在我心灵中唤起的惊奇和敬畏就会日新月异、不断增长,这就是我头上的星空和心中的道德定律。"但是,达尔文和他的继任者却将人类描绘成拥有相当不稳定内在道德准则的动物。尽管绝对称不上是那种纯粹自私的动物,但我们确实像当代哲学家彼得·雷尔顿（Peter Railton）所说的"我们"——自然倾向于首先照顾自己的亲友。正如我们已经看到的，我们被有用的错觉包围。我们的大脑不是为了寻找那些关于我们自己和我们周围世界的真相而设计的。美国人类学家罗宾·福克斯（Robin Fox）曾经对我说："大脑的工作不是给我们一个准确或客观的世界观，而是为我们提供一个有用的观点，一个我们可以据此采取行动的观点。"它的主要工作是帮助这个包裹着组织、骨骼和肌肉的身体生存和茁壮成长。反映现实确实很重要，但对大脑来说，这却是一个次要的考虑因素，对别人说实话也是如此。

这并不意味着康德的仰慕放错了地方。我们都在设法矫正自己本性中的积习，克服我们天生的偏好和偏见，以期能更接近真相。但是该怎么做呢？通力合作。首先，我们发展了说真话的社会规范，用书面或不成文的道德准则表达一种理解，即说实话通常比撒谎更可取。其次，我们养成了就事物分别进行探究的习惯，这归功于伏尔泰、培根、拉瓦锡和富兰克林留给我们的逻辑程序和严谨的科学程序。最后，我们发展了法律、民主和自由表达权利的制度，使得每一个宣称的真理都会受到挑战，每一个片面的观点都会形成对立或对比。

当然，拿这些来对抗不诚实或腐败还远远不够，它们不会改变我们的本性。但我们可以留意本杰明·贡斯当的观点：人是有缺陷的生物，但保持诚实是人的社会义务，而不是抽象的道德准则，这就是为什么我们必须不断努力维护和改善一个开明、自由的社会制度。这也是为什么我们应该注意在学校和工作中去设计和维持社会环境，这往往会鼓励真诚。诚信体系需要我们共同来维护。

| 想诚实就要对自己的确定性抱持怀疑 |

相信自己的想法在现代文化中根深蒂固，我们都被教导要跟随自己的内心，相信自己的直觉。但是我们的直觉可能会被误导。例如，美国心理学教授蒂莫西·威尔逊（Timothy Wilson）的研究表明，我们甚至不能很好地预测自己的行为，我们的朋友甚至知情的陌生人都比我们更加清楚我们自己将如何行动。没错，我们虽本就有特权可以接触自己的想法和动机，但是这也经常导致信息爆炸的情况。由于无法顺着心理脉络对外展行为进行很好的了解，我们就会根据对自己性格的错误分析，针对我们将要做的事做出古怪的预测。我们高估了自己坚持节食或锻炼的可能性，低估了自己爱上完全不合适的伴侣的倾向。我们会否认真实的动机和意图，同时又承认那些不存在的动机和意图。

所以，基于此，成为一个诚实的人的一个重要且被低估的方面就是不要相信自己感受到的那种确定性。我们大多数人都经历过这样的情况，即我们明确知道自己没有掌握所有的信息，也坚定地认为自己在某件事上是对的。我们有一种自然的倾向，会认为我们越强烈地相信某事，我们就越有可能是正确的，但事实并非如此。美国神经病学家罗伯特·伯顿（Robert Burton）认为，我们在信念的强度和它正确的可能性之间辨别的相关性是大脑制造的自欺幻觉——他称之为"知道的感觉"。当我们坚持一个明确的观点或重申一个长期持有的信念时，我们经历的那种充满热情的确定性是不可信的。这是我们生来就要感受到的东西，虽然它可以帮助我们做出决定或者采取行动，但它与我们是否真的是对的并没有多大关系。

"知道的感觉"会以各种方式把我们引入歧途，因为它会鼓励我们在面对正讨论或有矛盾的观点时关闭我们的大脑，从而允许内在的、非理性的偏见和成见统治我们的精神栖息地（我们对能够辨别某人是否在对我们撒谎的过度自信只是其中的一个例子）。我们必须警惕我们自欺的大脑可能会使用的诸多诡计。美国物理学家理查德·费曼（Richard Feynman）曾说过："首要的原则就是你不能欺骗自己，因为你是最容易被欺骗的人。"

当然，没有确定性的生活几乎是不可能的，比如我们会确定站在行驶的汽车前面会被撞死，在某个时候我们需要再次进食，或者《宋飞正传》(*Seinfeld*)

是有史以来最好的情景喜剧。然而，在合理的范围内，我们可以尝试用"我相信"来代替"我知道"这个词，即使这可能意味着我们承认对上帝是否存在或人为的气候变化是否真实并不那么确定。美国经济学家泰勒·考恩（Tyler Cowen）评论说，尽管大多数人似乎都在以一种100%正确的信念工作，就好像他们那正确的政治信仰一样，但实际上，以60%左右的正确信念工作才是更明智的。承认这种内在的易错性，虽然说起来容易做起来难，但不妨让我们从现在就开始试试看，无论你认为自己的核心信念是什么，你都会明白我的意思。有一点必须提及，如果我们都少听一点自己的感觉，多听一点彼此的感觉，这世界可能就会变得更好。

为错觉保留必要的空间

温哥华岛与北美太平洋海岸之间有一条狭长的水域，这里有峡湾般的水湾、茂密的森林、岩石群和几乎无法穿越的岛屿。几千年来，一个被称为夸扣特尔的捕鱼民族居住在这片区域以及温哥华岛的北部和邻近的大陆。夸扣特尔人以他们美丽的艺术和陶器以及独特的习俗而闻名，比如炫财冬宴①。在炫财冬宴上，不同队伍的首领会竞相捐出巨额的财富来一较高下。另外，夸扣特尔人也因他们的萨满，即通过与神灵交流来治愈病人的治疗师而闻名。1887年，德国裔美国人类学家弗朗茨·博厄斯（Franz Boas）在一个夸扣特尔萨满吟唱一首治愈之歌时制作了最早的关于这种行为的录音。这名萨满的名字叫奎斯莱德（Quesalid）。在记录了他的声音后，博厄斯还记录下了奎斯莱德关于多年前他是如何成为一名萨满的描述：

年轻的时候，奎斯莱德是一个愤世嫉俗的年轻人。美洲土著部落的萨满

---

① 炫财冬宴是北美西北海岸印第安人为了炫耀财富和提高声誉所进行的一种仪式。——译者注

有点像牧师、医生和摇滚明星的混合体，很受尊敬，甚至有点被人们畏惧，人们会为萨满的服务支付很高的费用。在他的家人和朋友中，几乎只有奎斯莱德一人对萨满以及他们拥有的财富和声望感到不满。在他看来，萨满都是诈骗犯，专门掠劫穷人、弱者和愚蠢之人，所以他制订了一个计划来揭露他们。首先，他会赢得萨满的信任，这样萨满们就会与自己分享他们的秘密。然后他会把这些秘密全部公开，永远摧毁他们的力量。

他开始和当地的萨满们混在一起，直到最后，其中一个人提供给他一个萨满学徒的机会。果不其然，奎斯莱德上的第一堂课就是如何欺骗：他被教导如何装出昏厥和神经系统痉挛（有时萨满似乎在与神灵战斗）以及尝试成为"读梦者"：萨满会雇用一些探子，窃听村庄里的私人谈话并向他们报告，这样以后他们似乎就可以装出那种仅凭直觉就说出病人的症状和病情来源的状态了。

他甚至了解到了最大的秘密——夸扣特尔萨满标志性动作背后的真相。当部落的一个成员生病时，部落成员会询问萨满的意见，如果萨满认为值得，就会举行一个经过精心准备的仪式。在一个充满音乐、歌唱和诵经的篝火仪式上，萨满将俯身在病人的身体上，把嘴放在受影响的部位（如病人的胸部）并做出要吸出病人体内恶魔的样子。现在奎斯莱德知道了它是如何操作实现的：萨满把一小撮鹰的羽毛藏在嘴里，咬破自己的舌头让它流血。他俯身看着病人，随着鼓点越来越快，音乐越来越强，他抬起头，吐出那簇沾满了鲜血的羽毛。

奎斯莱德最严重的怀疑得到了证实：萨满那些厉害的魔法不过是一种花招，一种卑鄙的欺骗。他本决定公布他的发现，但是后来发生了一件令他意想不到的事情。他在萨满中做学徒的事情已被整个部落熟知，有一天，他被一个生病的男孩的家人召唤，这个男孩说自己梦到奎斯莱德成了自己的治疗者。众所周知，当这种情况发生时，无论病人梦见谁，那个人都最有可能治愈他们。这家人住在附近的一个岛上，迫切需要帮助，奎斯莱德根本没有拒绝的机会。夜幕刚刚降临，男孩村子里的人就划着独木舟来接他了，这个时候奎斯莱德已经把一些鹰毛藏在了上唇的下面，开始进行他的第一次治疗仪式。

独木舟刚一靠岸，奎斯莱德就被迎到男孩祖父的家里。房子中间有一堆火，周围坐着村里的男人、女人和孩子，音乐此时正萦绕房梁，那个男孩躺在房子后面，看上去很虚弱，呼吸急促。当奎斯莱德跪在他身边时，男孩睁开了眼睛，虚弱地指着自己的下肋骨，低声说道："欢迎。可怜可怜我吧，让我活下去。"奎斯莱德这个萨满学徒把他的嘴靠近男孩患病的位置，按照所学咬破了自己的舌头。几秒钟后，他抬起头，把一团血羽毛吐到手掌之中，然后围着炉火跳起了舞，乐手们演奏得又响又快，奎斯莱德哼唱着一首神圣的治愈之歌，把男孩的"病灶"展示给每个人看，然后把它埋进了火的炽热灰烬之中。这个时候，男孩坐了起来，并且看上去已经好多了。

美国人类学家阿尔弗雷德·克罗伯（Alfred Kroeber）在1952年写道：

接下来是一个老问题——骗术。也许世界上大多数萨满或巫医都会在治疗中，尤其是在权力展示中使用一些花招帮忙。这种花招有时可能是经过计划之后的故意为之，但在许多情况下，意识也许并不比下意识所处的位置更深。这种态度，不管有没有经过抑制，似乎都会发展成为一个虔诚的欺骗[①]。田野人种志学者似乎普遍相信，这些萨满即使知道自己在欺骗别人，也依旧相信萨满的力量，尤其是其他萨满的力量：当他们自己或他们的孩子生病时，依旧会询问其他萨满的意见。

在不是很情愿的情况下，奎斯莱德从冒充萨满的学徒变成了萨满，从欺骗的敌人变成了错觉的实施者。虽然他的故事发生在一个远离我们的社会，但它提出了一些问题，在某种程度上，我们每个人每天都参与其中。

英国剧作家阿兰·本内特（Alan Bennett）认为，"做自己"实际上是一个"莫名其妙的禁令"。他指出，这句话真正的含义也许是"假装成为自己"。加拿大社会学家欧文·戈夫曼（Erving Goffman）指出，舞台表演和现实生活之

---

① 虔诚的欺骗指为了强化宗教信仰而实施的对受骗者有益的欺骗。——译者注

间的界限非常微妙。诚然，成为一名好演员需要技巧和训练，但这并不能掩盖一个事实，即大多数人只要有一个剧本和一套简单的指导就能向观众传达某种真实感。戈夫曼说，这是因为"生活本身就是一件充满戏剧性的事情"。普通的社交包括围绕一系列现成的台词、表情和手势进行的即兴创作，我们利用这些来使我们的"表演"令人信服（"人"这个词来源于拉丁语，意思是演员戴的面具，这个词源并不能忽略）。在戈夫曼看来，我们都是隐约忘记自己在演戏的演员。大多数时候，我们都在玩双重游戏，意识到别人在对我们演戏，但同时又相信别人呈现给我们的东西。在《便士巷》（Penny Lane）这首歌中，披头士乐队的演唱涉及了一系列构成街区生活的角色，如银行家、消防员、理发师。一位年轻的护士用托盘卖着罂粟花，这让她觉得自己仿佛置身戏中。"她确实在演戏。"披头士乐队歌手保罗·麦卡特尼（Paul McCartney）唱道。

挪威戏剧家亨里克·易卜生（Henrik Ibsen）的作品《野鸭》（The Wild Duck）中有一个角色说："剥夺一个人的生命，你就剥夺了他的幸福。"易卜生认为，我们中的许多人觉得现实如此令人不快，以至于我们戴上了理想主义的面具，一个既是盾牌又是面具的面具，并用它为自己创造了另一种生活。这是一个贯穿许多现代戏剧和文学的主题，尤其是在美国传统戏剧和文学中，它与资产阶级生活的惨淡景象联系了起来。想想美国作家阿瑟·米勒（Arthur Miller）笔下的推销员，约翰·契弗（John Cheever）笔下的游泳者，理查德·耶茨（Richard Yates）笔下那些不断渴望和退缩的角色，或者莱斯特·伯纳姆（Lester Burnham）在《美国丽人》（American Beauty）这部电影中展现出的那种缓慢的自我毁灭。在这些故事中，生活的谎言被描绘成一种对真理的不诚实逃避，而艺术家的工作则是摘下这个面具，但也许这同样会导致艺术家之间充满竞争性的嫉妒。我们还可以用另一种方式来看待我们欺骗和自欺的能力：作为我们充满挑战性的创造力的表现，这就意味着我们拒绝接受这个世界的本来面目。尤金·奥尼尔（Eugene O'Neil）的剧作《送冰人来了》（The Iceman Cometh）的主角宣称："是白日梦的谎言赋予我们这些不道德的疯子以生命，不管是酒醉还是清醒。"犹太裔美国政治哲学家汉娜·阿伦特（Hannah Arendt）曾评论说："我们说谎的能力——但不一定是我们说出真相的能力——属于少数几个明显的、可论证的证实人类自由的东西。"

我们与现实保持联系的需求与编造不真实的故事（并相信它们）的强烈需求之间始终处于一种紧张的状态。没有前者，我们就不能与我们的环境或彼此长时间的相处；没有后者，我们就不会有推动人类进步的想象力。也许我们应该接受我们对两者的需求，平静地戴上面具，同时不要让自己忘记它们是面具。用美国现代派诗人华莱士·史蒂文斯（Wallace Stevens）的话来说，最终的信念是相信一部你知道它是虚构的小说。

在治愈了他的第一个病人后，奎斯莱德被誉为伟大的萨满。唯一不相信奎斯莱德展现过神奇力量的人就是奎斯莱德自己，但是这确实成功动摇了他原本的怀疑。随着他成功的消息传播开来，他又一次接受了邀请，在邻近部落的治疗仪式上施展了他的技术，并发现自己可以治愈被别人认为无望的病人。在随后的几年里，他通过从事他曾经认为是虚假的东西而变得出名和富有。奎斯莱德告诉博厄斯，虽然自己仍旧是一个怀疑论者，但他同时也对自己的工作感到非常自豪。

Born Liars: Why We Can't Live Without Deceit

ISBN: 978-1-78648-455-0

Copyright © 2011 by Ian Leslie

Authorized Translation of the Edition Published by Susanna Lea Associates Ltd.

No part of this publication may be reproduced, stored in a retrieval system or transmitted in any form or by any means, electronic, mechanical photocopying, recording or otherwise without the prior permission of the publisher.

Simplified Chinese rights arranged with Susanna Lea Associates Ltd. through Big Apple Agency, Inc.

Simplified Chinese version © 2022 by China Renmin University Press.

All rights reserved.

本书中文简体字版由 Susanna Lea Associates Ltd. 通过大苹果公司授权中国人民大学出版社在全球范围内独家出版发行。未经出版者书面许可，不得以任何方式抄袭、复制或节录本书中的任何部分。

版权所有，侵权必究。

北京阅想时代文化发展有限责任公司为中国人民大学出版社有限公司下属的商业新知事业部，致力于经管类优秀出版物（外版书为主）的策划及出版，主要涉及经济管理、金融、投资理财、心理学、成功励志、生活等出版领域，下设"阅想·商业""阅想·财富""阅想·新知""阅想·心理""阅想·生活"以及"阅想·人文"等多条产品线，致力于为国内商业人士提供涵盖先进、前沿的管理理念和思想的专业类图书和趋势类图书，同时也为满足商业人士的内心诉求，打造一系列提倡心理和生活健康的心理学图书和生活管理类图书。

《好奇心：保持对未知世界永不停息的热情》

- 《纽约时报》《华尔街日报》《赫芬顿邮报》《科学美国人》等众多媒体联合推荐。
- 一部关于成就人类强大适应力的好奇心简史。
- 理清人类第四驱动力——好奇心的发展脉络，激发人类不断探索未知世界的热情。

《人性实验：改变社会心理学的 28 项研究》

- 人性真的经得起实验和检验吗？
- 一本洞察人性、反思自我、思考社会现象的醍醐灌顶之作。
- 影响和改变了无数人的行为和社会认知的 28 项社会心理学经典研究。

《折翼的精灵：青少年自伤心理干预与预防》

- 一部被自伤青少年的家长和专业人士誉为"指路明灯"的指导书，正视和倾听孩子无声的呐喊，帮助他们彻底摆脱自伤的阴霾。
- 华中师大江光荣教授、清华大学刘丹教授、北京大学徐凯文教授、华中师大任志洪教授、中国社会工作联合会心理健康工作委员会常务理事张久祥、陕西省儿童心理学会会长周苏鹏倾情推荐。

《灯火之下：写给青少年抑郁症患者及家长的自救书》

- 以认知行为疗法、积极心理学等理论为基础，帮助青少年矫正对抑郁症的认知、学会正确调节自身情绪、能够正向面对消极事件或抑郁情绪。
- 12个自查小测试，尽早发现孩子的抑郁倾向。
- 25个自助小练习，帮助孩子迅速找到战胜抑郁症的有效方法。

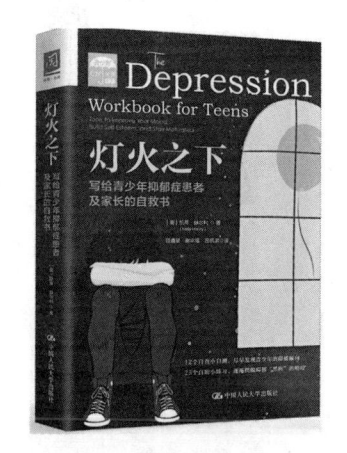

《未成年人违法犯罪（第10版）》

- 中国预防青少年犯罪研究会副会长、中国人民公安大学博士生导师李玫瑾教授作序推荐。
- 一部关于美国未成年人违法犯罪预防、少年司法实践和少年矫治的经典力作。
- 面对未成年人违法犯罪，我们只能未雨绸缪，借鉴国外司法和实践中的可取之处，尽可能地去帮助那些误入歧途迷失的孩子。

《逆商：我们该如何应对坏事件》

- 北大徐凯文博士作序推荐，樊登老师倾情解读，武志红等多位心理学大咖在其论著中屡屡提及。逆商理论纳入哈佛商学院、麻省理工MBA课程。
- 众多世界500强企业关注员工"耐挫力"培养，本书成为提升员工抗压内训首选。

《逆商2：在职场逆境中向上而生》

- 《逆商：我们该如何应对坏事件》的职场版，专为企业和职场人士如何在逆境时代突围、成功登顶量身打造。
- 樊登读书会、冯仑、毛大庆、拆书帮、有书等知名人士和媒体鼎力推荐。

《坚毅力：打造自驱型奋斗的内核》

- 逆商理论创始人保罗·G.史托兹博士又一力作，作者在本书中提出的是"坚毅力2.0"的概念——最佳的坚毅力，它是坚毅力数量和质量的融合，即最佳的坚毅力是好的、强大的和聪明的坚毅力合体。
- 这是一本理论+步骤+工具+模型+真实案例分析的获得最佳坚毅力的实操书。
- "长江学者"特聘教授、北京大学心理与认知科学学院博士生导师谢晓非教授作序推荐。